W0398879

PRENDS MA VIE SEIGNEUR

DU MEME AUTEUR

MARTHE ROBIN, LA CROIX ET LA JOIE

Editions Peuple Libre (1981)
(ouvrage traduit en huit langues)

RAYMOND PEYRET

PRENDS MA VIE SEIGNEUR

La longue messe de

MARTHE ROBIN

«Toute existence est un calvaire...
Toute vie chrétienne est une messe...»

EDITIONS PEUPLE LIBRE
DESCLEE DE BROUWER

DECLARATION

Conformément aux décrets du pape Urbain VIII, nous déclarons ne prétendre anticiper en rien le jugement officiel de l'Eglise, à qui seule appartient de décerner le titre de Saint. A l'avance, nous nous soumettons filialement et sans réserve à sa décision.

IMPRIMATUR

Valence, le 18 février 1985

Robert LIOTARD
censeur diocésain

Médaillon de la couverture : photo Taly (26100 Romans) libre de droits, avec l'aimable autorisation des familles Serve, Brosse et Gaillard.

L'auteur de ce livre tient à exprimer ici ses remerciements à tous ceux qui l'ont encouragé et l'ont aidé à recueillir les documents publiés dans cet ouvrage. Il remercie tout particulièrement les membres de la famille de Marthe, les membres du Foyer de Charité de Châteauneuf et toutes les personnes qui ont permis, par leurs observations, une meilleure approche de la vérité.

Tous droits de traduction, de reproduction même partielle ou d'adaptation en quelque langue et par quelque procédé que ce soit, réservés pour tous les pays.

Avant-propos

Dans les tout premiers jours de décembre 1981 paraissait un premier livre : «Marthe Robin, la croix et la joie». Bien que je fusse inconnu du grand public, dix mille exemplaires ont été vendus en l'espace de quelques semaines. On dut par la suite procéder à quatre nouveaux tirages. De plus, huit traductions ont vu le jour : en hollandais, en portugais, en anglais, en espagnol, en coréen, en chinois, en allemand et en italien. Trois autres sont en préparation...

Pourquoi un tel succès de librairie, auquel j'étais loin de m'attendre ? Une seule explication est possible : Marthe Robin était très connue, très aimée, bien au-delà des frontières françaises. Des dizaines de milliers de personnes l'avaient rencontrée dans sa petite chambre de Châteauneuf-de-Galaure ; beaucoup avaient reçu d'elle une parole d'encouragement ou de lumière. Elles voulaient en savoir plus sur Marthe, elles attendaient un livre qui leur fît connaître sa vie et leur permît de découvrir comment une jeune fille très ordinaire a pu, avec la grâce de Dieu, devenir une mystique de haut niveau.

«*La croix et la joie*» situait Marthe dans son temps et son cadre de vie

Je m'étais donc mis à l'ouvrage quelques semaines après la mort de Marthe. Au départ, je n'envisageais que de faire une brochure. Au fil des semaines, celle-ci s'est transformée en un petit livre de deux cents pages. Ma satisfaction, une fois qu'il a été publié et largement répandu dans le public, a été de constater que, si j'ai reçu un abondant courrier, il ne s'est trouvé personne pour protester contre les violences que j'aurais pu commettre à l'égard de la vérité. Or je suis prêtre-journaliste dans le diocèse même où elle vécut. Des lecteurs certes révélèrent quelques inexactitudes de détail ; elles ont été corrigées dans les tirages successifs au fur et à mesure qu'elles m'ont été signalées par mes aimables correspondants. Mais jamais la personnalité exemplaire de Marthe n'a été mise en cause.

Le seul reproche qui me fut adressé est d'avoir été trop bref. «Est-ce qu'il n'y a pas de livre plus détaillé sur ce sujet ? Ce petit livre est presque trop concis !» C'était la réflexion d'un prêtre coréen que m'a rapportée un missionnaire belge... Mais dans l'épilogue de «Marthe Robin, la croix et la joie», j'avais pris soin d'écrire : «Le lecteur qui a lu, même très attentivement chacune des pages de ce petit livre, ne connaît pas encore Marthe». Ce premier livre n'était que le résultat d'une enquête de journaliste. Ecrit quelques semaines après la mort de celle-ci, il ne pouvait en dire plus, me semble-t-il. S'il a eu un avantage, c'est celui de situer Marthe dans son temps et dans son cadre de vie.

«Prends ma vie, Seigneur» : un itinéraire spirituel

L'heure n'est pas encore venue pour un livre d'histoire : il y a encore trop d'acteurs vivants pour qu'il soit possible de tout écrire sur Marthe. Mais comme bien des personnes - à commencer par le Père Finet lui-même -m'ont encouragé à ne pas en rester au premier livre, j'ai tenté de pousser plus loin mes recherches. Voici donc «Prends ma vie, Seigneur : la longue messe de Marthe Robin». Ce sous-titre ne manquera pas de surprendre quelques lecteurs. La pensée, mise en exergue sur la première page du livre, devrait suffisamment les éclairer sur la messe dont il s'agit ici. «Toute existence est un calvaire. Toute vie chrétienne est une messe. Ne cherchez pas en dehors de vous l'hostie dont vous avez besoin». Cette nouvelle biographie voudrait être l'illustration de cette pensée. Marthe n'a-t-elle pas dit elle-même le 3 octobre 1931 que ces mots de «victime» et «hostie», qui reviennent si souvent dans sa bouche, devenaient de plus en plus «sa vie», «tout le résumé de sa vie» ?

Ainsi en écrivant ce deuxième livre, je ne cherche plus à situer Marthe dans son temps et dans son cadre de vie, mais à la faire connaître de l'intérieur, à suivre son itinéraire spirituel. Pour ce, je me réfère le plus souvent possible aux paroles de Marthe ; je m'efforce aussi, dans la mesure de mes moyens, de remonter aux sources où elle a pu puiser.

Tel qu'il se présente, ce nouvel ouvrage est encore incomplet et imparfait ; on y trouvera des phrases malhabiles ;

d'aucuns souhaiteraient peut-être plus de chaleur dans le texte. J'accepte par avance ces critiques, sachant bien mes limites : je ne suis pas écrivain de métier. Mais je pense que malgré ces imperfections, il vaut la peine de rendre public le fruit de mes recherches. A défaut d'être chaleureux ou poignant, je me suis efforcé d'être vrai. La vérité doit toujours prendre le pas sur la littérature.

La vérité, ce ne sont pas seulement les faits que je rapporte, mais surtout la signification de cette vie exemplaire : elle est comme une fumée d'encens qui s'élève vers Dieu. Oui, la vie de Marthe est belle comme une messe : elle a son chant d'entrée, joyeux d'abord puis tourmenté, et son écoute de la Parole de Dieu ; elle a son offrande sanglante et sa communion avec le ciel ; elle se prolonge par un envoi en mission qui fut particulièrement fécond et qui n'est pas encore achevé. Marthe ne disait-elle pas :

> *«Jusqu'à la fin du monde, je serai l'apôtre de l'amour. Aussi longtemps qu'il restera sur la terre des hommes qui souffriront, qui lutteront, qui chemineront dans l'erreur, j'intercèderai en leur faveur, je viendrai les aimer, les secourir, leur montrer leur véritable patrie».*

Avec sœur Elisabeth de la Trinité que le pape Jean-Paul II a béatifiée au moment où je rédigeais cet ouvrage, Marthe Robin est la grande mystique française du XXe siècle. La fréquenter pendant des mois, comme je l'ai fait, même au seul travers de documents et de témoignages, est déjà une grâce insigne ; ce fut pour moi comme une retraite spirituelle. Je serai donc mal venu si je cherchais à en tirer quelque avantage financier. C'est pourquoi, comme pour le premier livre, je déclare abandonner mes droits d'auteur au profit des Foyers de charité missionnaires, ceux du Tiers-monde notamment.

Raymond PEYRET

P.S. du 8 mars 1985 : *Je dois un merci tout particulier au Père Finet qui a lu attentivement le manuscrit de ce livre et m'a apporté son plein soutien. J'en ai été très touché. Il m'a signalé quelques corrections de détail dont j'ai tenu compte. Il m'a fourni aussi des détails complémentaires intéressants. Le livre étant à ce moment-là déjà composé et entièrement monté, je n'ai pu en insérer que quelques-uns dans les «notes» tout-à-fait à la fin de l'ouvrage, sous le titre «Notes du Père Finet».*

Plan de l'ouvrage

PREMIERE PARTIE

Le chant d'entrée dans la vie et l'écoute de la Parole de Dieu

«Je vous bénis, Seigneur, à chaque aube naissante
Des bons et chers parents que vous m'avez donnés,
De mes frères, mes sœurs, ma famille bien grande,
De la chère maison où nous nous sommes aimés.

«Je vous bénis, Seigneur, des affections profondes et pures
que votre amour immense a mises en mon chemin.»

«Je n'ai qu'un désir, celui d'aimer ! D'aimer à la folie !
Je n'ai besoin de rien : qu'être tout amour,
que grandir en amour pour finir en beauté.»

CHAPITRE 1 :

«Me voici Seigneur ! Me voici comme un enfant...»

Ma seule beauté
est de rester toute petite,
à ma place voulue par Dieu».

(M.R.)

A quelque quarante kilomètres au nord de Valence, au cœur d'une petite région de collines verdoyantes, un modeste village de la Drôme : Châteauneuf-de-Galaure.

Le nom est bien de chez nous, simple avec pourtant une allure de noblesse, sentant à la fois le neuf et l'ancien : un document de 1271 ne fait-il pas déjà état de *Castrum novum de Galabro ?*

Le gros du bourg est assis à mi-pente entre le plateau que curieusement ici on appelle «*la plaine*» et le bas de la vallée où coule entre les grands arbres une rivière paresseuse. La rue principale descend de la colline, bordée de maisons construites en galets ronds, posés en arête de poisson.

Du haut de Châteauneuf, la vue est belle et très étendue ; le regard embrasse, de gauche à droite, les ruines du château de Clermont au village voisin de Hauterives où naquirent le bienheureux Amédée et le célèbre facteur Cheval, la tour octogonale de Ratières, la vallée de la Galaure et de charmants coteaux d'herbage. Bref, un village qui n'a sans doute rien de bien rare, mais qui est situé dans un cadre reposant et qui, par son histoire comme par sa culture, sent bon la France...

Une famille nombreuse

Marthe Robin aimait beaucoup son village. Elle y naquit un jeudi, en fin d'après-midi, le 13 mars 1902, dans la maison même de ses parents. Une maison perdue au bout des champs, sur «*la plaine*», au quartier des Moïlles, à quelque deux kilomètres du centre de Châteauneuf.

Le père, Joseph Robin, était un modeste paysan : il n'avait pas dix hectares de terrain. De santé robuste - il mourut à 76 ans - c'était un homme jovial, social, mais un tantinet autoritaire avec sa femme et ses enfants.

Mme Robin, née Amélie-Célestine Chosson, mourut elle aussi à 76 ans. Elle était accueillante, bien qu'elle ne manquât pas de travail entre le ménage de la maison, ses six enfants, les bêtes et le travail au champ. Mais elle ne se plaignait guère. C'était un petit bout de femme, le fichu perpétuellement sur la tête, toujours en train de trotter, mais seulement à l'intérieur de la propriété, car ailleurs on ne la voyait guère...

Marthe qui était la dernière-née, avait quatre sœurs et un frère :

- Célina, l'aînée, est la seule survivante en 1985. Mariée en 1908 dans le village voisin de Saint-Sorlin, elle est devenue une solide nonagénaire.
- Gabrielle était aussi une campagnarde fort bien portante ; décédée en 1967, elle a encore des descendants à Châteauneuf-de-Galaure et à Hauterives.
- Alice fut la plus proche de Marthe ; elle est décédée en 1977, sa famille habite toujours le village.
- Henri était d'un abord réservé. Il ne s'est jamais marié et a vécu, jusqu'à sa mort en août 1951, avec sa sœur Marthe.
- Enfin Clémence : celle-ci est décédée, à l'âge de cinq ans, de la fièvre typhoïde comme nous n'allons pas tarder à le raconter.

Baptême au hameau de Saint-Bonnet

La première sortie de Marthe aura été pour son baptême. La famille Robin n'était guère dévote. On sait par exemple qu'Henri n'a jamais fait sa «première communion». Ce qui ne l'a pas empêché d'ailleurs d'être choisi pour être le parrain de Marthe. Mais Madame et Monsieur Robin tenaient au baptême et c'est ainsi que le 5 avril 1902, moins de trois semaines après sa naissance, Marthe a été portée sur les fonts baptismaux, en la petite église de Saint-Bonnet-de-Galaure. Il faut dire qu'à l'époque le hameau de Saint-Bonnet était paroisse, avait un prêtre résident et que le quartier des Moïlles dépendait de cette paroisse.

Au début du siècle, la cérémonie liturgique du baptême se passait tout en latin ; elle comptait de nombreux signes de croix et exorcismes. Sans doute, la famille Robin n'a pas dû y prêter trop attention, mais aujourd'hui, quand après coup on connaît la vie de Marthe, ce n'est pas sans une certaine émotion qu'on évoque ces rites et ces paroles de jadis : «*Ce signe de la sainte croix que nous traçons sur son front, toi, démon maudit, n'aie jamais l'audace de le profaner...*». Ou encore : «*Je t'adjure, esprit impur, au nom de Jésus-Christ et par la force de l'Esprit Saint, sors de cette créature de Dieu que Notre Seigneur a daigné appeler pour qu'elle devienne le temple du Dieu vivant et la demeure du Saint Esprit*». Une prière prophétique en vérité !

Puis, le curé de Saint-Bonnet, l'abbé Caillet verse l'eau sur le front de Marthe : «*Marthe, je te baptise au nom du Père et du Fils et du Saint Esprit*». La voici justement et pour toujours temple du Dieu vivant. L'abbé en éprouve sans doute une grande joie, peut-être teintée de cette inquiétude secrète que ressentent parfois les prêtres que va devenir cette enfant ? Sa famille l'aidera-t-elle vraiment à grandir dans la foi ? Toutes questions légitimes, à condition toutefois de croire en la grâce de Celui qui «*éclaire tout homme venant en ce monde*». Le baptême n'est pas l'heure de l'inquiétude, mais de l'espérance...

«Comme un enfant tient la main de son père
sans bien savoir où la route conduit...
Me voici, Seigneur ! Me voici comme un enfant...»

Marthe ne connaissait pas ce cantique, mais on aurait pu le mettre sur ses lèvres. Ne voulait-elle pas rester «*toute petite*» devant Dieu ?

La petite enfance et le temps de l'école

L'abbé Caillet reverra la famille Robin à l'église de Saint-Bonnet, dès l'année suivante. Aux Moïlles en effet, l'eau du puits avait provoqué une épidémie de typhoïde et Clémence y succomba. Rude mois de novembre 1903 pour les parents Robin ! Tandis qu'on portait en terre le corps de Clémence qui n'avait que cinq ans, il fallait soigner de la typhoïde Alice et Marthe. Alice eut du mal à se remettre d'aplomb ; c'est à partir de cette époque qu'elle commença à boîter et qu'elle dut suivre un traitement pendant plusieurs mois à l'hôpital de la Charité, à Lyon. Marthe, elle, guérira, mais ce bébé de vingt mois a été marqué par la maladie et restera fragile.

On imagine facilement le déroulement de la première enfance de Marthe : ses premiers pas, ses premiers jeux avec son frère et ses sœurs, les petits services qu'elle pouvait rendre à la maison comme tout enfant. Sur le coup de midi, elle allait chercher son papa dans les champs. Scène pleine de tendresse. Son papa l'appelait : «*ma mimi*».

Marthe avait six ans quand sa sœur Célina s'est mariée : «*Mon gros chagrin a été le mariage de ma sœur... Mon beau-frère avait pris ma sœur !*» Cela n'empêchera pas la petite Marthe de danser, mais elle en a bien gros sur le cœur. Heureusement, Mme Serve est allée s'établir au hameau des Epars, sur la commune limitrophe de Saint-Sorlin. A vol d'oiseau, c'est tout près des Moïlles. Aussi Marthe ira-t-elle la voir souvent, quand elle sera adolescente.

C'est à six ans encore que Marthe commence à se rendre à l'école. Ses jambes ne sont pas bien hautes et l'école communale de filles est bien loin, tout en bas du village de Châteauneuf. On se représente sans peine la petite fille, le nez en l'air et les cheveux au vent de la plaine ; elle marche au milieu de la petite troupe composée de son frère, de ses sœurs et de ses petits voisins. Deux bons kilomètres à pied le matin, deux bons kilomètres le soir. Car à midi les enfants ne revenaient pas à la maison ; ils allaient manger sous le préau de l'école ou parfois chez une amie, mais de toutes façons, c'était un repas tiré du panier.

Comme tous les enfants...

Quels souvenirs Marthe a-t-elle gardés de son école communale ? Rien que des bons, semble-t-il. Affectueuse, elle aimait beaucoup la directrice ainsi que les maîtresses. Et comme elle était obéissante et appliquée, elle devait être bonne élève, à cette réserve près qu'elle était souvent malade, ce qui l'obligeait à manquer la classe facilement deux ou trois jours de suite. C'est pour cette raison d'ailleurs qu'elle n'a pu passer le certificat d'études. Bien sûr, elle aurait pu se présenter par la suite, mais timide, «*elle n'a pas osé*». Et puis à quoi lui aurait servi ce diplôme ? Notre paysanne ne caresse pas plus d'ambitions personnelles que le commun des enfants de cette époque.

Si on essaye de cerner la personnalité de Marthe aux alentours de ses dix ans, on se rend compte qu'elle n'apparaît pas spécialement comme «une petite sainte», elle est comme un enfant, et comme tous les enfants : rieuse, sensible; elle sait taper du pied quand elle n'est pas contente ! Espiègle aussi... Un jour, à la foire de Châteauneuf, ne s'est-elle pas amusée à pendre une queue de lapin dans le dos d'un monsieur ? Elle est bonne camarade encore et elle a bon fond : quand une fille triche en jouant à la marelle, elle s'en rend compte ; elle ne fait pas d'histoires, elle note pourtant avec franchise et sérénité : «*Tu as triché !... Ça fait rien ! Continue !*». A la maison, elle est obéissante. Elle dira plus tard de sa vie qu'elle a toujours obéi...

S'il y a un trait plus frappant chez elle, c'est peut-être son empressement à rendre service et à vouloir s'occuper des malades. Quand sa maman en particulier souffre de la bile, Marthe s'en inquiète : «*Je ne pouvais pas la quitter, même pour aller en classe*». Devenue adulte, elle reconnaîtra : «*J'aurais franchi monts et vaux si on m'avait laissé faire pour aller voir un malade, non pour le soigner, mais pour l'aimer*».

Au catéchisme

Pour aller au catéchisme, Marthe n'a pas eu à «*franchir monts et vaux*», mais c'est tout juste ! Logiquement en effet, puisqu'elle était inscrite à l'école de Châteauneuf, elle aurait dû se rendre à onze heures, après la classe, chez la dame ou la demoiselle qui faisait le catéchisme. Mais Monsieur le curé de Saint-Bonnet s'y opposait formellement ! Marthe et Henri étaient de la paroisse de Saint-Bonnet, ils devaient l'un et l'autre suivre le catéchisme à Saint-Bonnet ! Il n'y avait probablement que très peu d'enfants dans ce cas. Et il semble que ni Henri, ni les enfants de la famille Achard ne se soient soumis à cette exigence cléricale qui tenait plus de la querelle de clocher que de la volonté d'évangéliser...

Quoi qu'il en soit, Marthe est allée suivre le catéchisme à Saint-Bonnet, ce qui l'obligea à faire de nouveaux kilomètres au milieu de la journée, du moins dans les toutes premières années, car par la suite l'abbé Caillet a dû assouplir sa position. On voit en effet qu'à dix ans, Marthe fait sa première communion en l'église de Châteauneuf-de-Galaure.

Le catéchisme que Marthe avait entre les mains n'avait rien de comparable avec les albums en couleurs ou les manuels très bien illustrés dont disposent les enfants aujourd'hui. C'était un petit livre gris, approuvé par Mgr Charles Cotton, évêque de Valence. Le contenu ? Dans les six premières pages, on trouvait un «*abrégé de l'histoire sainte*». C'était dense et sans saveur... Puis, le catéchisme proprement dit était, selon la pédagogie du temps, tissé de questions et de réponses précises, à apprendre par cœur.

En voici quelques extraits significatifs.

D. - *Qu'est-ce que le Symbole des apôtres ?*
R. - Le Symbole des apôtres est une profession de foi abrégée qui nous vient des apôtres.

D. - *Combien y a-t-il d'articles dans le Symbole ?*
R. - Il y a dans le Symbole douze articles, qui sont autant de vérités que nous devons croire.

D. - *Parmi les vérités contenues dans le Symbole, n'y en a-t-il pas quelques-unes qu'il est plus nécessaire de croire ?*
R. - Oui, parmi les vérités contenues dans le Symbole, il y en a quelques-unes qu'il est plus nécessaire de croire : ce sont les principaux mystères de la religion.

D. - *Qu'est-ce qu'un mystère ?*
R. - Un mystère est une vérité révélée en Dieu, que nous devons croire, quoique nous ne puissions pas la comprendre.

D. - *Est-il étonnant qu'il y ait des mystères dans la religion ?*
R. - Non, il n'est pas étonnant qu'il y ait des mystères dans la religion puisque dans la nature elle-même il y a une foule de choses que notre faible raison ne peut comprendre.

Comment réagissait Marthe devant cet enseignement à partir de tous ces concepts ? La servante de presbytère de l'abbé Cluze (qui fut curé à Châteauneuf de 1909 à 1912) racontait que Marthe au catéchisme n'avait «*aucune mémoire pour les formules*». Quand M. le curé l'interrogeait, «*elle allongeait le cou à droite, puis à gauche*» ! Propos d'autant plus surprenant que tous ceux qui ont connu Marthe, s'accordent à dire qu'elle avait une mémoire au-dessus de la moyenne ! Un jour viendra où Marthe sera une passionnée du mystère de l'Incarnation, du mystère de la Rédemption comme du mystère de la Trinité. Mais à ce moment-là, elle a rectifié le contre-sens radical que faisait le catéchisme de Mgr

Cotton sur le mot «*mystère*». Dans le vocabulaire de la foi, ce mot ne désigne pas un casse-tête, un irrationnel sans intérêt pour nous, mais au contraire une lumière de Dieu pour éclairer notre vie ! Le casse-tête ne produit pas l'appétit, le mystère de Dieu en revanche invite à un engagement personnel.

Est-ce à dire que le catéchisme n'a pas intéressé Marthe ? Tout d'abord, on aurait tort de confondre le catéchisme avec le catéchiste. Si de fait Marthe a été «*bouillonnante de questions*», c'est que le catéchiste qu'elle a eu, savait communiquer sa foi. Mais il convient de faire une autre remarque importante : avant la séance de catéchisme, on était invité à dire la prière que voici :

«Afin d'être docile et sage,
Seigneur, donnez-moi votre Esprit
Pour apprendre selon mon âge
Les vérités de Jésus-Christ.

Esprit-Saint, faites-moi comprendre
Ce que vous allez m'expliquer
Mais en me le faisant apprendre
Faites-le moi bien pratiquer.»

Ainsi, malgré ses apparences très scolaires, conceptuelles, desséchantes, ce catéchisme visait à une expérience spirituelle, c'est-à-dire à une recherche de Dieu qui ne soit pas seulement de l'ordre du savoir, mais qui oriente la vie de manière nouvelle. Et l'Esprit-Saint apparaît ici comme le catéchiste numéro un, l'autre catéchiste étant davantage un intermédiaire. Ce n'est pas le catéchiste qui fait connaître Dieu, c'est l'Esprit-Saint ! L'Esprit-Saint, même quand Il ne s'est pas encore révélé à nous, nous révèle à Jésus-Christ... Je serais enclin à penser que Marthe aimait faire cette prière au Père et à l'Esprit-Saint et c'est ainsi que progressivement, «*selon son âge*», elle a pu faire l'expérience de Jésus-Christ.

L'éducation au sens du partage

> *«Ce que vous allez m'expliquer*
> *...Faites-le moi bien pratiquer.»*

La pratique commençait à la maison : la pratique de la charité. En ce temps-là, de nombreux mendiants passaient dans les campagnes, offrant leurs services parfois et demandant l'aumône. Madame Robin avait l'habitude de les accueillir et de leur remettre un casse-croûte : du pain et du beurre avec une tranche de saucisson ou un morceau de tomme. C'était déjà un exemple qu'elle donnait à ses enfants... Mais la maman avait inventé un moyen pour les éduquer au sens de l'entraide et du partage. C'est ainsi que chacun d'eux, à tour de rôle, était invité à se priver des gâteries du goûter pour les donner aux mendiants. C'est un genre d'habitudes qui généralement vous marque pour la vie... (1).

La prière et les sacrements

Dès l'âge de cinq ans, la future sainte Thérèse de l'Enfant Jésus montrait d'étonnantes prédispositions pour la piété. Elle aimait avec son père visiter une église, adorer le saint-sacrement ; elle «*donnait souvent son cœur au bon Dieu*» ; les dimanches et les fêtes la comblaient de joie.

On ne trouve pas chez la petite Marthe d'élans de piété aussi prononcés. Mais, réminiscence sans doute de ce qu'elle a pu entendre au catéchisme, elle s'est réservée du temps pour la prière, bien que sa famille ne l'ait pas beaucoup aidée dans ce domaine...

> «*Mes sœurs ne voulaient pas que je prie tout le temps*, reconnaît-elle ; *mais je priais dans mon lit surtout... Je priais la sainte Vierge. Je lui parlais surtout. Je lui disais des prières trouvées dans un gros vespéral de mon grand-père. Quand j'allais au village faire des commissions, j'avais toujours mon chapelet dans ma poche et en route je le disais.*»

C'est donc, préparée par une prière personnelle, pleinement volontaire, et par la pratique du partage, que

Marthe accueillera Jésus dans l'Eucharistie. Les sacrements ne sont pas des actes religieux étrangers à la vie ; ils s'y intègrent. Ce qui est premier dans l'Alliance avec Dieu, c'est la vie, et les sacrements sont là pour exprimer en quelle relation nous sommes avec Lui. Même si Marthe «*n'osait*» pas trop «*laisser voir*» qu'elle aimait Dieu, elle l'aimait et, pour elle, les sacrements avaient un sens.

Marthe a reçu le sacrement de confirmation à l'âge de 9 ans, le 13 mai 1911, et elle a communié pour la première fois le 15 août de l'année suivante : «*Je crois que ma communion privée a été une prise de possession de Notre Seigneur. Je crois que déjà Il s'est emparé de moi à ce moment-là.*» Etonnant sens de la communion : elle n'a rien d'un repli sur soi ou d'un refuge dans le petit cercle fermé du «nous deux» ; elle est ouverture et soumission à ce Ressuscité qui nous invite à porter le regard au-delà de la vie humaine pour lui en donner sa pleine signification.

Marthe fait la communion solennelle le 21 mai 1914. Avec celle-ci s'achève le catéchisme, puis quelques semaines après le temps de l'école...

L'adolescence

Maintenant, il faut se mettre au travail !

Selon l'expression de jadis, propre au terroir de la Galaure, elle «*allait en champ les chèvres*». La formule est calquée sur le patois, mais le lecteur devine facilement ce qu'elle signifie... Et, à ce sujet, on raconte que lorsque Marthe conduisait ses bêtes non loin de l'église (de St-Bonnet ou de Châteauneuf, je ne sais) elle restait à jeun ; elle laissait un moment le chien garder le troupeau et partait communier à la messe, puis elle revenait en mangeant un croûton de pain (2). Ainsi l'action de l'Esprit se poursuit en elle ; elle n'est jamais contrainte de l'extérieur. En évoquant cette époque de l'adolescence, elle confiera plus tard à Marie-Ange Dumas : «*Je priais beaucoup plus en pensant qu'en parlant*».

Contrairement à ce qu'on serait tenté de croire, garder le troupeau était un travail qu'elle n'appréciait pas beaucoup, surtout quand il y avait quelque vipère dans les parages... Elle détestait s'occuper des vers à soie et des cochons, mais elle s'est contentée d'en faire l'aveu à son amie Jeanne Bonneton ! (3) Il semble bien que personne d'autre ne se soit rendu compte de cette allergie...

En revanche, le travail de la maison lui convenait tout à fait. Elle aimait aider sa mère dans le ménage, dans la cuisine tout particulièrement. Aussi, c'est avec un grand plaisir qu'elle répondit à l'invitation de sa sœur Célina, durant l'hiver 1915-1916 et l'hiver 1916-1917. On se souvient que celle-ci s'était mariée dans le village voisin de Saint-Sorlin-en-Valloire : son mari était mobilisé ; la maison était grande ; il y avait deux enfants en bas-âge et un beau-père octogénaire. C'est dire que le travail ne manquait pas. Marthe s'est hâtée d'aller rendre service à Célina.

On se tromperait si on faisait de Marthe un bourreau de travail. Comme toutes les adolescentes, elle aimait rire et danser. Les veillées d'hiver au coin du grand feu de cheminée la comblaient. «*Les vieux parlaient lentement des récoltes entre deux bouffées de pipe, ou de leurs souvenirs d'enfance, évoquaient les anciens temps*» (4). Les femmes tricotaient, les enfants jouaient ou faisaient de grosses crêpes. Parfois, la soirée se transformait en bal familial. On chantait et on dansait. Marthe n'était pas la dernière à danser le rigaudon, la polka ou la mazurka. D'autres fois, on se réunissait encore avec les voisins pour monder les noix ou manger les châtaignes. On racontait des histoires savoureuses et Marthe éclatait de rire ! En comparaison, nos soirées de télévision où chacun est rivé à son fauteuil devant le petit écran paraissent bien ternes.

C'était le bon temps !... C'est-à-dire un temps rythmé par la gaieté et l'amitié. Dans le cœur de ceux qui l'ont vécu, il en reste un souvenir inoubliable : le chant tout naturel de l'entrée dans la vie. La présence de Dieu était à peine sensible pour celle «*qui eut par la suite un destin glorieux, inattendu, la sainte de chez nous*» (5), mais, c'était déjà une liturgie qui s'ouvrait dans la ferme des Moïlles...

CHAPITRE 2 :

Parole de Dieu : «Si quelqu'un veut venir après Moi, qu'il porte sa croix...»

«De toutes mes forces, j'ai voulu le bien et j'ai trouvé Dieu...»
«J'ai tant de fois résisté - et résisté jusqu'au tourment - je me sentais si indigne de faveurs divines, et je ne pouvais m'imaginer que cela put être ! J'ignorais totalement qu'on puisse voir autrement que par les yeux du corps»
(12 mars 1930)
«Après des années d'angoisse, de péché, après bien des épreuves physiques et morales, j'ai osé, j'ai choisi le Christ-Jésus pour Maître, pour modèle unique et parfait, ou plutôt je l'ai supplié de vouloir être mon Maître, mon modèle, ma voie et ma vie.»
(22 juillet 1930)

Graves ennuis de santé : Marthe s'alite plus de deux ans...

Le joyeux chant de la vie fut brutalement stoppé.

Durant l'été de 1918, au mois d'août probablement, Marthe connaît des ennuis de santé : elle souffre des yeux et de la tête. Elle s'en va consulter le médecin de Saint-Sorlin, qui ne flairant rien de grave, se contente de lui donner un traitement. Mais celui-ci ne fut suivi d'aucun effet. Bien plus, Marthe commence à s'évanouir fréquemment ! Elle conserve le souvenir d'un certain 25 novembre : elle se trouvait dans la cuisine, elle est tombée et elle n'a pas eu la force de se relever. Tout cela n'est pas normal, se disent Madame et Monsieur Robin ; ils se rendent bien compte que leur fille est faible, elle vomit, elle souffre de la tête à crier de douleur.

Puisque le traitement du médecin de Saint-Sorlin est inefficace, les parents de Marthe font venir le docteur Pangon et le docteur Allemant de Saint-Vallier. Leur diagnostic est alarmant : ils pressentent une tumeur cérébrale ; pour eux, il ne reste plus qu'à faire signe à Monsieur le Curé, l'abbé Payre, pour qu'il lui donne les derniers sacrements, comme on disait en ce temps-là, c'est-à-dire l'absolution, l'onction des malades et, si elle peut la recevoir, la communion en viatique.

Or, voici qu'une amélioration se produit. Miracle ? On n'ose pas le dire. Marthe reste malade, mais son état est moins grave. Il va en dents de scie, comme le confirment les cartes postales qu'Henri envoyait en 1919 à ses parents pendant qu'il faisait son service militaire. Tour à tour, il partage leurs inquiétudes et leurs espoirs.

Et puis de nouveau Marthe est dans le tunnel. Elle souffre de la tête de façon ininterrompue ; elle ne mange pas ; elle est paralysée et ses yeux ne peuvent supporter la lumière. Marthe ne fait que gémir et dormir. Quelle maladie la ronge ? Tout laisse penser qu'il s'agit d'une encéphalite léthargique. Marthe a dû garder le lit au moins jusqu'en mars 1921, peut-être même jusqu'en avril ou en mai. Nous manquons de points de repère pour établir la chronologie. Mais on ne risque pas de faire erreur en avançant que Marthe a été alitée pendant plus de deux ans... Ce n'est pas drôle pour une jeune fille de 18 ou 19 ans. Elle devait se trouver au creux de la vague.

Première apparition de la sainte Vierge

C'est alors que se produit un petit événement. Alice

Robin, qui dort dans la chambre de Marthe, a été réveillée par un bruit mystérieux et a vu une lumière. «*Oui, la lumière est belle,* lui dit sa petite sœur, *mais j'ai vu la sainte Vierge !*»

On n'en saura pas plus ! Marthe est toujours avare de confidences... Mais cette apparition de Marie en ce 25 mars 1921, fête de l'Annonciation, Marthe n'est pas près de l'oublier. Ce fut le premier éclair de sa vie...

Amélioration de la santé de Marthe

A partir de ce moment-là, on note une nouvelle amélioration dans l'état de santé de Marthe. C'est son papa qui est content ! Il prend la charrette et le cheval et s'en va à Anneyron acheter un fauteuil, celui-là même qui, de nos jours encore, est placé à côté du petit divan dans la chambre de Marthe. Désormais chaque matin, Monsieur Robin portera dans ses bras sa fille très affaiblie pour la faire passer du lit au fauteuil. Oh ! Ce n'est pas la grande forme encore, mais il est bien agréable pour Marthe d'être là dans la cuisine, près de la fenêtre, de pouvoir regarder travailler sa maman. Et puis, Marthe peut s'occuper, tantôt lire, tantôt broder. Jeanne Bonneton, qui était bibliothécaire paroissiale, se souvient bien qu'Alice et Gabrielle venaient chercher des livres pour Marthe. Mais soixante ans après cette période, comment pourrait-elle se rappeler les titres qu'elles emportaient ? Une seule chose lui revient à la mémoire ; il lui semble que Marthe avait été très frappée par un livre racontant la vie d'une visitandine italienne qui aurait eu des apparitions du Christ... (se reporter à l'importante note 6).

De jour en jour, l'état de Marthe progresse. Elle commence par sortir dans la cour, sur le devant de la maison Robin ; bien sûr, elle s'aide de béquilles, mais quelle joie de pouvoir marcher ! Une de ses premières visites sera pour l'église : une camarade d'enfance se souvient fort bien d'avoir vu Marthe entrer à l'église de Châteauneuf avec ses béquilles !

Toujours en cette année 1921, nous voyons Marthe capable de faire deux pélerinages dans les environs de Châteauneuf ; le 15 août, elle prie à Notre-Dame de

Chatenay, près de Lens-Lestang, et le 8 septembre à Notre-Dame de Bonnecombe, près d'Hauterives. Marthe a voulu, bien sûr, aller dire sa reconnaissance à la Vierge Marie pour la vigueur qui lui revient dans les jambes, même s'il lui faut encore, de temps en temps au moins, marcher avec une canne. Mais, il y a plus : Marthe a dû vouloir confier à la sainte Vierge le projet qu'elle forme depuis quelque temps et qui lui tient particulièrement à cœur : celui d'entrer au Carmel. Pourquoi le Carmel ? Peut-être parce qu'à l'époque on parlait beaucoup d'une jeune religieuse de Lisieux, Thérèse Martin, qui devait être béatifiée en 1923 et canonisée en 1925, sous le nom de Thérèse de l'Enfant Jésus et de Sainte Face. Entre Thérèse et Marthe, il y avait comme une connivence... Toute la question est de savoir si la santé de Marthe pouvait lui permettre d'entrer dans cet ordre religieux, car à certains jours, elle sent la fatigue, elle a un peu de fièvre et les jambes enflent...

Découverte d'un livre dans un grenier : «Pour toi, ce sera la souffrance...»

Au printemps 1922, Gabrielle, la sœur de Marthe qui habitait sur la route de Hauterives, s'absente quelques jours pour se rendre à Marseille. Pendant ce temps là, qui va soigner le petit et s'occuper du grand-père ? Marthe, bien sûr ! Elle est toujours heureuse de pouvoir rendre service quand elle le peut. Elle n'est pas très leste, certes ; elle marche encore avec une canne, mais elle se sent d'assurer le ménage et les soins.

Au cours de son petit séjour chez Gabrielle, dans ce quartier situé à l'autre bout de Châteauneuf, Marthe, curieuse comme elle l'est, s'en va faire un petit tour au grenier ; elle aperçoit une malle recouverte d'une poussière historique, elle l'ouvre, la fouille et découvre un livre de piété. Elle le feuillette et ses yeux tombent aussitôt sur une phrase qui, selon son amie Jeanne Bonneton, disait à peu près ceci : «*Tu cherches la joie, la douceur ; c'est à la souffrance qu'il faut te préparer*» ou encore, selon un prêtre de Paris, l'abbé de Mallmann, qui tient l'histoire d'un Père qui resta quelques temps à Châteauneuf : «*Pourquoi chercher la paix quand tu es faite pour la lutte ? Pourquoi chercher le plaisir quand tu es faite pour la souffrance ?*». Marthe comprit que ces paroles lui étaient destinées. Elle se dit : «*Pour toi, ce sera la souffrance !*» Et elle se mit immédiatement à genoux pour dire son oui à Jésus... Remontant ensuite à la Plaine, elle entra dans l'église pour y renouveler son oui.

Une autre phrase avait retenu l'attention de Marthe : «*Il faut donner à Dieu tout*». Dès lors, elle pensa à se consacrer totalement au Seigneur.

Quel est ce livre qui a orienté Marthe ?

Une question se pose : quel est ce livre de piété que Marthe a découvert dans la malle du grenier et qui a orienté définitivement sa vie ? La réponse est d'une certaine importance pour comprendre le cheminement de notre paroissienne de Châteauneuf-de-Galaure. Car la grâce ne supprime pas la nature. Ce n'est pas parce que Jésus a arrêté et fait tomber à terre Saül sur le chemin de Damas, que celui-ci a cessé d'être le Juif de Tarse qui avait étudié aux pieds de Gamaliel. Les influences subsistent. Quel est donc ce livre que Marthe a trouvé dans le grenier ?

Dans «*la croix et la joie*» j'ai écrit en note : «Il semble que ce livre soit l'Imitation de Jésus-Christ». Jeanne Bonneton m'avait dit en effet : «*Je crois que c'est l'Imitation de Jésus-Christ*». Elle n'en était pas certaine (7). Après avoir relu «*l'Imitation*», j'ai trouvé des passages qui peuvent en effet avoir frappé Marthe. Par exemple, au livre II, chapitre X, verset 1 : «*Disposez-vous à la patience plutôt qu'à la consolation, et à porter la croix plutôt qu'à goûter la joie*». On peut encore citer au chapitre XII du même livre, verset 7 : «*Toute la vie de Jésus-Christ n'a été qu'une croix et un long martyre et vous cherchez le repos et la joie !*» Mais au fond, on ne trouve pas là ce qui fut la trame de la vie de Marthe. Pour elle, ce n'est pas la croix *ou* la joie, mais la croix *et* la joie. L'inspiration n'est pas la même.

On aimerait donc avancer une autre hypothèse. Ce vieux livre, découvert dans le grenier, s'il n'était pas «l'Imitation» - qu'on trouve d'ailleurs moins dans une bibliothèque de fidèle que dans celle d'un moine - serait plutôt un de ces livres populaires qui ont été répandus à la fin du XIXe siècle et qui avaient pour auteur Grignion de Montfort lui-même. Ce pourrait être «*Le secret de Marie*» - Marthe le connaissait - ou beaucoup plus vraisemblablement «*La lettre circulaire aux Amis de la Croix*». Rédigée en 1714 par St Louis-Marie Grignion de Montfort, cette lettre commente sur soixante pages la parole de Jésus : «*Si quelqu'un veut venir après moi, qu'il porte sa croix et qu'il me suive !*». Facile à lire, cet écrit associe constamment la croix et la joie, et on n'a pas de peine à comprendre qu'il ait marqué une lectrice en recherche comme Marthe.

«*Vous n'ignorez pas,* écrit par exemple Grignion dans «la lettre», au paragraphe 28, *que vous êtes les temples vivants du Saint-Esprit et que vous devez, comme autant de pierres vives, être placées par ce Dieu d'Amour au bâtiment de la Jérusalem céleste. Attendez-vous donc à être taillées, coupées et ciselées par le marteau de la croix*». Attendez-vous !... «*Pour toi, ce sera la souffrance !*» s'est dit Marthe. Mais «la lettre» expliquait que «*quand on souffre joyeusement pour Dieu, la croix est le sujet de toutes sortes de joies pour toutes sortes de personnes*» (paragraphe 34).

Si cette hypothèse pouvait un jour être confirmée, elle permettrait de comprendre pourquoi la pensée de Marthe est si proche de la pensée montfortaine.

Il n'est pas banal de rappeler que c'est aussi dans un grenier et par hasard que furent retrouvées les œuvres de St Louis-Marie Grignion de Montfort.

La cure à St-Péray en octobre 1923 : «Je me suis débattue avec Dieu !»

En tout cas, une fois passé le choc de la lecture, Marthe se retrouve avec la croix de sa maladie, une croix qu'il n'est pas facile de porter dans la joie. «*Résolvez-vous,* (prévenait «la lettre», paragraphe 54) *chers amis de la croix, à souffrir toutes sortes de croix, sans exception et sans choix, toute pauvreté, toute maladie, toute humiliation... Préparez-vous à être délaissés !»*.

Cette parole est brûlante au cœur quand on la lit pieusement et en bonne santé, mais comment réagit-on quand on caresse un projet de don à Dieu et qu'il est sans cesse contrarié ?... Car la santé de Marthe semble de nouveau se dégrader. Au cours de cet été de 1922, elle se met à souffrir du dos, des yeux et des dents. L'oculiste qu'elle s'en vient consulter à Valence lui prescrit de porter des lunettes. Le soulagement a été sensible, mais le 30 octobre, ce sont les douleurs aux genoux qui reprennent de plus belle, tant et si bien que, pour marcher, Marthe doit de nouveau se servir de ses béquilles.

De 1923 à 1927, nul ne peut dire combien de médecins elle a vu. L'un d'eux l'a envoyée faire en octobre 1923, une cure de trois semaines à Saint-Péray, en face de Valence, de l'autre côté du Rhône, dans un établissement qui traitait les rhumatismes par les bains thermo-résineux. A cette thérapie étaient adjoints divers traitements : massages, kinésithérapie, douches, etc... Les cartes postales que Marthe a écrites pour sa nièce, Marcelle Serve, pendant ce séjour mémorable, ne manquent pas de saveur et témoignent que son moral restait au beau fixe. Il n'empêche qu'«*elle est partie avec une canne,* comme l'assure la nièce, *mais en revenant, elle ne marchait presque plus !*». Du point de vue médical, la cure de Saint-Péray fut un échec.

Du point de vue spirituel, quelles ont été les incidences ? Ses problèmes de santé n'ont-ils pas été pour Marthe l'occasion d'un combat intérieur éprouvant ? De quoi demain sera-t-il fait ? Le Seigneur la veut-elle vraiment ? N'a-t-elle pas envie, elle, de goûter aux joies de la vie ? Après tout, elle a vingt et un ans et elle éprouve, comme tout jeune, un vif désir de vivre et d'aimer... Marthe est peut-être partagée.

Elle a certes une forte envie de se donner au Seigneur sans réserve, quoi qu'il en coûte. Elle a été marquée à Saint-Péray par ce prêtre curiste, d'Angers, qui lui a dit un jour : «*Je presse dans mes bras la croix de mon Sauveur*». Marquée encore, elle l'a été par une dame de Saint-Claude avec qui elle correspondra longtemps, et surtout par une dame d'Alboussière (Ardèche), Mme du Baÿ, dont il nous faut dire quelques mots. Née Louise Pestre à Beaune en Côte d'Or, Mme du Baÿ s'était mariée à Alboussière, près de Saint-Péray. Elle n'habitait donc pas loin de Châteauneuf-de-Galaure, ce qui lui permettra de rendre visite souvent à Marthe. Les voisins des Robin se souviennent fort bien de cette baronne qui arrivait le dimanche après-midi avec son chauffeur Stéphane en Dedion-Bouton. C'était une femme généreuse : à sa mort en 1942, elle lèguera tous ses biens aux hospices de Beaune. C'était aussi une femme pieuse : son neveu, M. Louis du Baÿ, était impressionné par la bibliothèque très religieuse de sa tante. Ces précisions sont intéressantes pour comprendre les rapports qui ont débuté à Saint-Péray entre Marthe et Mme du Baÿ. On sait que cette dernière lui a beaucoup parlé de la Passion de Jésus.

Mme du Baÿ a-t-elle dit à Marthe qu'il fallait souffrir avec Lui, comme Lui ? Marthe a-t-elle eu peur ? A-t-elle esquissé un refus au Seigneur ? A-t-elle été tentée par le rire et la danse, elle qui, de Saint-Péray justement, écrit à son oncle qu'elle le retient pour danser à l'occasion d'un mariage qui doit avoir lieu au début de 1924 ? Toujours est-il que quelque chose a résisté en elle à ce moment-là. C'est l'abbé Perrier, curé de Saint-Uze, qui a eu l'occasion de suivre Marthe d'assez près, qui en a témoigné. Elle-même dira plus tard : «*Je me suis débattue avec Dieu !*». Elle ajoutait qu'elle a choisi le Christ «*après des années d'angoisse... après bien des épreuves physiques et morales*». «*J'ai tant de fois résisté - et résisté jusqu'au tourment*». Sa correspondance à sa jeune nièce ne le laisse pas voir, parce que Marthe n'a pas l'habitude d'étaler ses états d'âme, mais il apparaît hors de doute que cette époque qui va de 1923 à 1925 a fait partie des «*années d'angoisse*».

Un nouveau curé à Châteauneuf-de-Galaure, l'abbé Faure

Marthe souffre peut-être d'autant plus qu'après Saint-Péray, elle ne se sent pas aidée. Elle éprouve des difficultés à s'ouvrir au nouveau curé de Châteauneuf-de-Galaure, l'abbé Léon Faure. Il a dû arriver dans cette paroisse en août 1923, donc peu avant le départ de Marthe pour Saint-Péray. C'était un saint homme de prêtre, pieux, mais strict et bourru. Une couturière lui conseilla assez rapidement d'aller voir Marthe. Il l'a fait, mais au départ il n'a pas eu beaucoup de sympathie pour celle que par la suite il appellera très respectueusement «*ma paroissienne*». Il la tarabustait, dit-on, il lui disait de bouger, de ne pas se laisser aller. Alors Marthe n'était pas à l'aise. Elle avait peur de lui. Un jour que la conversation vint sur Monsieur le Curé, Jeanne Bonneton dit à Marthe :

— Il est si bon, M. le Curé !

— *Oh ! Alors,* réplique Marthe, *quand il vient ici, il doit laisser sa bonté derrière la porte !*

«Dans le fond, m'avoua l'amie de Marthe, je pensais exactement comme elle !» (8)

La graphologie confirme : Marthe n'a pas encore choisi ce vers quoi elle tend

Les lettres ou les cartes que Marthe écrit en 1923 témoignent graphologiquement de la «*tension et de l'ambivalence dans sa vie*». L'analyse de l'écriture confirme tout ce que nous venons de dire :

> «*Une certaine peur devant la vie se fait jour dans l'écriture de cette très jeune femme. Et pourtant, elle a de l'enthousiasme, de l'ambition, le sens des initiatives. Elle domine assez naturellement son milieu, s'y impose. Puis la crainte vient freiner son activité. Sa vitalité faible la rend vulnérable.*
>
> «*A l'époque (1923) il y a tension et ambivalence dans sa vie. Elle n'a pas encore choisi ce vers quoi elle va tendre : les valeurs du cœur, l'activité ou les aspirations spirituelles. Elle aime le mouvement, l'action, mais aussi la solitude, le silence.*
>
> «*Elle reste encore très soumise aux principes conventionnels inculqués. Elle n'ose pas encore prendre de la distance, les juger, établir son échelle des valeurs, s'affranchir du modèle imposé. Elle se soumet, semble étouffer sa personnalité*

profonde, respecter les contraintes.

«L'enthousiasme, les tentations de révolte, la vivacité, l'esprit d'indépendance sont contrôlés par la raison... La logique juge, évalue, maîtrise, domine les sentiments. La fermeté, la réserve, la prudence l'emportent...

«Le sérieux prime l'imagination, ce qui ne va pas sans une certaine sécheresse : le sens du devoir, de la discipline laissent moins parler la sensibilité...

En 1925, *«L'écriture marque une évolution importante : il y a une prise de distance avec le vécu antérieur et un choix... Le jugement triomphe des impulsions. Ce qui n'était avant que tendance, s'affirme nettement.*

«La scriptrice accède à une maturité qui doit encore se développer et s'affirmer, qui préfère peser et mesurer froidement, que de se laisser entraîner par les sentiments ou l'enthousiasme.

«La spontanéité est très freinée. Sans fuir les contacts, ils ne sont pas recherchés ; la réserve s'accentue.

«Il semble dans la signature qu'un travail intérieur s'amorce, qui demande d'être à l'abri des regards, pour la protéger et lui permettre d'aboutir à son terme.» (9)

Le choix de la croix

L'analyse graphologique qu'on vient de lire est d'autant plus intéressante que son auteur ignorait tout de Marthe Robin. La graphologue observe une «*évolution importante*» en 1925, en se référant à une lettre de Marthe du 29 janvier.

Comment ne pas rapprocher cette fine remarque du jugement que nous rapporte Gisèle Boutteville ? Cette jeune lyonnaise venait chaque année en vacances à Châteauneuf-de-Galaure. Elle fit connaissance avec Marthe en 1924. Or, quand elle la revoit en 1925, elle s'étonne ! Marthe ne garde plus les bêtes dans un champ près d'un arbre : «*Quel changement en elle ! Elle est dans son fauteuil, placé devant la fenêtre de la cuisine, les volets à demi-fermés, mais elle me questionne sur tout, sur ma vie, sur ce que je fais, s'intéressant à tous les sujets avec une compréhension particulière.*»

On a là - et on le remarque pour la première fois - un trait de Marthe Robin qui ressemble au portrait qu'ont connu les retraitants du Foyer de Charité de Châteauneuf-de-Galaure beaucoup plus tard.

Mais voici un autre fait encore plus révélateur, celui d'un choix déterminant. Au mois d'août 1925, Marthe devait participer, en tant que malade, au pèlerinage diocésain de Valence à Lourdes. Son curé, l'abbé Faure, disposait d'une place et, gentiment, il la lui a offerte. Marthe en était très heureuse. Or, elle apprit qu'une malade du village voisin, Marie-Louise Costet (de Saint-Martin d'Août) désirait, elle aussi, se rendre à la grotte de Massabielle. L'abbé Faure était bien embarrassé : l'hospitalité diocésaine ne pouvait lui accorder deux places. Que faire ? Marthe a aussitôt donné la sienne. Ce fut pour elle un très grand renoncement car ce pèlerinage lui tenait particulièrement à cœur...

En cédant sa place, elle a fait le choix du plus grand amour. «*Tout ce que vous ferez au plus petit des miens, c'est à Moi que vous le ferez*», dit Jésus dans l'Evangile. Marthe l'a pris à la lettre et a pu dire : «*De toutes mes forces, j'ai voulu le bien... et j'ai trouvé Dieu*».

Il semble que le tournant de la vie de Marthe soit ici. Le premier combat intérieur, engagé pendant ces «*années d'angoisse*» qu'elle vient de vivre, s'achève ici par une remise sans condition d'elle-même. Marthe a fait le vide, elle va pouvoir être comblée. Après ce renoncement total, Notre-Dame de Lourdes va obtenir une multitude de grâces à Marthe. C'est elle-même qui en a fait la confidence à son amie Jeanne Bonneton, la future clarisse de Vals-les-Bains.

«*Si quelqu'un veut être mon disciple, qu'il se renonce...*»

C'est fait, pouvait dire Marthe...! Me voici, Seigneur !

CHAPITRE 3 :

Portrait de Marthe vers 1925

«Les justes se reconnaissent à ceci : accablés de douleurs par l'épreuve, ils ne cessent de se soucier de l'intérêt d'autrui... Ils sont de grands médecins tout en étant frappés par la maladie. Eux-mêmes sont déchirés de blessures, et ils portent aux autres les remèdes qui leur rendront la santé» (St-Grégoire, Commentaire du livre de Job).

L'année 1925, à laquelle nous venons de parvenir, marque un tournant décisif dans la vie de Marthe. Avant d'aborder une nouvelle étape de sa montée spirituelle, faisons une pause et tentons de brosser son portrait. Elle a vingt-trois ans ; elle a été particulièrement éprouvée dans sa santé. Comment réagit-elle ? Comment est-elle perçue par les habitants de Châteauneuf-de-Galaure ? Et par ses amies ? A quoi et à qui s'intéresse-t-elle ? Quels sont les traits dominants de son caractère ?

Les témoignages de quatre camarades ou amies

Pour répondre à ces questions, nous avons la chance de disposer des souvenirs que nous ont laissés quatre de ses camarades ou amies : Gisèle Boutteville et Jeanne Bonneton que nous avons déjà eu l'occasion de citer, et Paulette Plantevin ainsi que Marguerite Lautru. Présentons-les rapidement, puis nous leur donnerons la parole.

Gisèle Boutteville est cette jeune Lyonnaise qui vient en vacances à Châteauneuf depuis 1920. Elle a fait connaissance avec Marthe en 1924 et reviendra la voir fidèlement par la suite chaque année. Elle s'est mariée avec M. Signé en 1928 et habite toujours Lyon. Par commodité, nous l'appellerons désormais Gisèle Signé.

Jeanne Bonneton demeurait à Châteauneuf-de-Galaure. Sa mère allait voir régulièrement Marthe, mais Jeanne ne voulait pas se joindre à elle, elle était timide, elle avait peur de voir cette malade ! Elle ne s'est décidée à lui rendre visite qu'après une «mission» qui a été donnée dans la paroisse de Châteauneuf en 1929. Jeanne est devenue pendant quelques mois la «*secrétaire*» de Marthe, puis elle est rentrée chez les clarisses de Vals-les-Bains, en Ardèche, et prit le nom de sœur Marie-Thérèse. Un jour, elle deviendra abbesse.

Paulette Plantevin était originaire des Pilles, dans le Sud de la Drôme, où l'abbé Faure était curé avant d'être nommé à Châteauneuf-de-Galaure. Attachée à ce prêtre, elle est venue lui rendre visite l'été entre 1925 et 1930. L'abbé Faure lui avait dit : «*J'ai une malade à visiter et j'ai beaucoup d'écritures à faire avec elle. Je n'ai pas assez de patience pour ça ! Si tu pouvais me relayer...*». C'est ainsi que Paulette Plantevin, qui réside de nos jours à Vaison-la-Romaine, a écrit plusieurs cahiers de textes dictés par Marthe.

Enfin, **Marguerite Lautru :** elle a passé son enfance et sa jeunesse dans le milieu anticlérical de Saint-Etienne, ce qui ne l'a pas empêchée de penser à être religieuse alors qu'elle n'était même pas baptisée ! Ses parents ont fait tout ce qu'ils ont pu pour la détourner de cette voie. Mais quand Marguerite Lautru a atteint sa majorité, à l'âge de 21 ans (9), elle s'est fait baptiser et son grand désir fut de «prendre le voile» tout de suite ; mais un prêtre lui conseilla prudemment de passer deux années dans «le monde», comme disent les religieux. C'est alors que, sage-femme de profession, elle a répondu à une offre d'emploi du Dr Modrin, médecin à Hauterives. Marguerite Lautru s'est installée à Châteauneuf-de-Galaure en août 1925 et elle y exercera son métier jusqu'en 1927. Puis elle entrera chez les religieuses des hôpitaux de la Charité à Lyon et elle sera un jour élue Mère générale de la Congrégation. Marguerite Lautru, malgré ses lourdes charges, est revenue régulièrement chaque année à Châteauneuf-de-Galaure pour revoir Marthe. Son témoignage est capital pour cette période de vie.

Pour donner plus de vie à notre récit, constitué à la fois de témoignages écrits que nous avons entre les mains, et de témoignages oraux, nous les avons organisés en forme de dialogue. Le dialogue est imaginaire, mais les témoignages sont authentiques.

«On était bien ensemble»

Marguerite Lautru : «J'étais installée depuis deux mois à Châteauneuf quand j'ai reçu la visite de Madame Robin, la maman de Marthe. Elle venait de la part de sa fille me demander d'aller la voir. «*Ma jeune fille veut vous parler*». Mme Robin m'a dit que Marthe ne quittait jamais la maison. Moi, je ne la connaissais pas. M. le curé ne m'avait jamais parlé d'elle. Dès ma première visite, on s'est vraiment aimées, on était bien ensemble.

«J'allais souvent à «la Plaine». Cela ne plaisait pas à tout le monde. Il y avait quelques jeunes filles que je fréquentais presque journellement. Avec toutes, j'avais de très bons rapports et ensemble, sous la conduite de Mlle Thévenon et à l'initiative de M. le curé, nous avons créé en 1926 un patronage. On donnait de petites représentations théâtrales. Entre nous, il était peu question de Marthe ; elles ne voulaient pas la voir, elles entendaient mal parler d'elle, elles craignaient peut-être de se compromettre».

Gisèle Signé : «Marthe n'avait pas d'amies dans le village. C'est même étonnant. Elle a bien été à l'école !... L'éloignement... (11). Mon amie X... pourquoi s'est-elle défendue de Marthe ? Elle avait peur de la maladie, de la contagion» (12).

- Quand vous alliez rendre visite à Marthe, certains dans le village s'en offusquaient, vous disaient même «Qu'est-ce que vous lui trouvez ?». On lui reprochait d'être malade, de trop s'écouter, de ne pas aider sa mère. Quelle a été votre impression personnelle ?

Gisèle Signé : «J'avais une attirance vers elle. C'était spontané. Elle m'a subjuguée ! (Or, c'était) sans savoir (à ce moment-là) ce que j'ai su par la suite... Une jeune fille qui souffrait comme cela !...

«A mon retour à Lyon, je ne savais pas comment parler de Marthe a Maman ! (Je disais) : «C'est une jeune fille qui n'est pas comme les autres. Elle prie beaucoup, elle souffre beaucoup. C'est elle qui m'a demandé d'entrer en correspondance avec elle».

Marthe, petite de taille

- Physiquement, comment présentait-elle ?

Gisèle Signé : «Physiquement, elle est petite : 1 m 54, vêtue sobrement... Elle n'avait pas l'aspect de quelqu'un de bien portant. C'est vrai que sa petite figure était souriante ; elle l'a toujours été... A la première visite, lorsque Mlle Caillet (m')a présentée comme une jeune fille venant de Lyon, elle s'est étonnée et confondue en remerciements que moi, venant de Lyon, la ville, je daigne venir jusqu'à elle ! Avant de me dire ça, elle m'a regardée, et ça, ce regard, je l'ai toujours, et tellement profondément que j'en ai été toute troublée»

Elle aime beaucoup ses parents

- Parlez-nous des parents de Marthe.

Gisèle Signé : «On ne peut pas dire qu'ils étaient attirants. La maman était contente que je vienne, mais le père Robin, il s'en moquait pas mal, et le frère encore plus ! Marthe parlait de sa petite maman qui avait beaucoup de travail, qu'elle aurait bien voulu aider... De son père ? «*Mon papa, Gisèle, il est bon, hein Gisèle ?*»

Ses lectures et travaux de tricot et broderie

- Que faisait Marthe toute la journée ? Elle priait beaucoup, avez-vous dit .

Gisèle Signé : «Pour la distraire, je lui envoyais chaque semaine les Annales, car elle aimait beaucoup lire».

Jeanne Bonneton : «Je devins bibliothécaire paroissiale. Marthe lisait beaucoup. Ses sœurs venaient chercher des livres pour elle. Alice m'a dit qu'un livre avait beaucoup intéressé Marthe : c'était un livre où le Seigneur parlait à une visitandine italienne».

Gisèle Signé : «Elle tricotait aussi très bien. Elle tricotait à façon. C'est elle qui s'est acheté ce petit divan (qui est dans sa chambre). Marthe travaillait par nécessité. Elle achetait des médicaments, de l'aspirine. Le père Robin disait : «*Marthe, elle ne nous rapporte rien !*». Le docteur ne montait pas souvent et s'il montait... (il fallait payer !). Marthe avait le sentiment d'être mal payée. Elle demandait les prix qui se pratiquaient pour le tricot. Mlle Caillet était une intermédiaire. Elle aussi était mal payée !

- Jusqu'à quand Marthe a-t-elle brodé ?

Gisèle Signé : «Nous nous sommes mariés en octobre 1929. J'ai annoncé le mariage en juin-juillet 1928. Elle m'a fait une pochette à mes initiales de jeune fille : G.B. Elle m'avait (proposé) de m'offrir un très joli service brodé ... C'est maman qui m'a conseillé de refuser un cadeau aussi important, de la part d'une jeune fille qui devait gagner sa vie. Marthe aimait faire des cadeaux ! «*Je voudrais vous combler de cadeaux !*».

Jeanne Bonneton : «Une personne de St-Claude (13) lui envoyait toutes sortes d'objets à vendre, des baromètres et je ne sais quoi encore. Marthe vendait de tout ! Elle me disait : «*J'ai payé ça tant !... Il faut bien que je prenne un bénéfice pour envoyer aux missions...*». Et moi aussi, elle voulait que je vende. Je n'aimais pas ça, timide comme j'étais... J'ai quand même vendu !».

Gisèle Signé : «En 1933, je tricotais une layette pour un de mes neveux. Elle m'a demandé si je pouvais faire des travaux pour elle. C'était des petites brassières en tissu et des petites chemises de corps. C'était du tissu un peu foncé. Marthe m'a dit : «*Peu importe le tissu, ils n'ont rien !*». Elle le donnait dans le pays, dans le pays environnant ou dans le pays lui-même. On lui faisait connaître les familles pauvres».

L'accueil à la maison et la conversation

- Quand vous vous rendiez chez Marthe, comment vous accueillait-elle ?

Gisèle Signé : «*Vous allez prendre quelque chose !*» (disait-elle). Et elle s'excusa ce jour-là de n'avoir que du café. Puis elle a dit : «*Ça (ne) compte pas cette visite, ça (ne) compte pas ! Faites-moi le plaisir de revenir une autre fois...*»

Nous sommes revenus, mettez la semaine suivante. Elle avait préparé un bon gâteau, de la crème, de la confiture. C'est elle qui a tout fait...».

- Autour de quoi tournait la conversation ?

Marguerite Lautru : «Quand j'ai vu Marthe pour la première fois, je l'ai trouvée dans son fauteuil, devant une petite table, à côté du fourneau de la cuisinière, près de la fenêtre. Nous avons parlé longuement, de religion surtout. J'étais moi-même baptisée depuis un an seulement. Ensuite mes visites se sont renouvelées et elles avaient toujours le même fond. Marthe me parlait peu de sa santé ; simplement, à ma demande, elle me disait qu'elle ne dormait pas et qu'elle souffrait ; elle était paralysée. Je me rendais souvent à «la Plaine» sans avertir et là, je précise un détail qui ne m'a jamais paru insignifiant : j'avais peur du chien de la ferme. Ce jour-là, Marthe le tenait près d'elle.

«Durant mes longues visites, mes entretiens variaient peu ; je lui confiais mes soucis ; parfois elle me posait des questions, ajoutant : «*Ce n'est pas par curiosi-*

té, mais pour vous aider... pour prier».

«Ce qui m'a toujours frappée chez Marthe, c'est son humilité ; elle ne parlait jamais d'elle... Je suis partie de Châteauneuf en avril 1927. M. le curé m'a accompagnée à la gare de Saint-Vallier. Il m'a dit que Marthe avait des révélations de Dieu et un plan à réaliser. Mais il ne savait pas quoi exactement. Marthe ne m'en a jamais parlé. Et pourtant Dieu sait si elle m'aimait !».

Gisèle Signé : «Marthe ne m'a jamais rien dit sur elle ; elle disait seulement qu'elle souffrait beaucoup, et de prier en union avec elle... Marthe, si elle n'avait pas à se dévoiler devant moi, elle a exigé que je le fasse, me disant : «*Gisèle, tout n'a pas été dit entre nous...*». On a toujours un petit jardin secret ! - C'est très difficile de raconter toute sa vie !

Elle m'a répondu : «*Il le faut pour que nous soyions vraiment des amies...*»

«J'ai commencé par le commencement de ma vie jusqu'au moment où j'étais près d'elle, et elle m'a dit : «*Eh bien, maintenant, Gisèle, n'êtes-vous pas soulagée ?*». Elle m'a d'abord dit : «*Ma pauvre Gisèle, vous avez bien dû souffrir !*». Je parlais de ma maman et de l'autre... Elle m'a dit un jour : «*Vous voyez par quels chemins le Seigneur vous a appelée vers moi !*». Je n'étais pas préparée à connaître une personne comme Marthe. Aujourd'hui encore, j'en suis émerveillée ! Elle était la bonté même. Elle savait si bien adoucir toutes choses. «*Vous voyez, ma petite Gisèle, vous ne devez critiquer ni l'une, ni l'autre de vos deux mères*».

Marguerite Lautru : «Marthe n'impose jamais sa pensée ; elle la fait savoir simplement, si on la lui demande.

«Nos conversations portaient un peu sur tout, passant du spirituel au naturel, passant d'événements douloureux à d'autres parfois très amusants ; elle riait facilement ; avec elle, tout était très simple ; avec elle, on vivait la vie telle qu'elle se présentait».

Gisèle Signé : «Nous avons parlé de beaucoup de choses. Toujours elle s'intéressait à ce que je faisais... Elle a tout connu dans sa famille : le délaissement, l'indifférence, le scandale. Marthe disait : «*Il ne faut pas juger,* *on ne sait jamais !*». Elle a arrangé beaucoup de situations ! Beaucoup ne s'en sont pas rendu compte, même dans sa famille...

«Marthe ne m'a jamais parlé de sa mission. Ce n'était vraiment que des relations d'amitié. Elle ne m'a jamais fait de révélations. Souvent on m'a dit : c'est une voyante ! Mais non ! Elle ne m'a jamais dit l'avenir !»

Marguerite Lautru : «Quand je suis partie, elle était assise au bord du lit, les jambes pendantes, très naturelle. Au moment des adieux, elle a beaucoup pleuré...

— *Vous est-il arrivé de prier ensemble ?*

Marguerite Lautru : «Nous passions de longues heures à chanter... C'était moi qui chantait des cantiques ; nous récitions des prières. Elle me parlait souvent de Sainte Thérèse de l'Enfant-Jésus pour laquelle elle avait une très grande dévotion, de la vie carmélitaine aussi que nous aurions voulu vivre l'une et l'autre».

Paulette Plantevin : «Quand elle me parlait du démon, je lui disais : «Vous me faites peur !». Alors, elle qui était espiègle, elle parlait d'autre chose ; elle me faisait rire. Puis elle revenait à des choses sérieuses...».

Gisèle Signé : «Quand elle parlait du bon Dieu, c'était merveilleux... J'en pleurais en lisant ses lettres...».

Une sainte déjà ?

Au fil de ces témoignages, il est aisé de dégager les traits du portrait de Marthe, vers 1925.

Elle semble un peu délaissée et critiquée par des personnes qui l'imaginent hystérique et l'accusent sans fondement de ne pas aider sa mère. Mais jamais elle ne s'élève contre ces jugements malveillants ; jamais, elle ne cherche à se défendre et encore moins à critiquer à son tour. Sur elle, elle se tait, elle ne confiera ses souffrances qu'à ses amies intimes.

Elle aime ses parents et son frère ; elle est simple, sans prétention. Elle s'efforce de gagner sa vie en travaillant, bien que malade, et elle a conscience de sa dignité. Quoique gagnant très peu d'argent, elle réussit à travailler pour pouvoir offrir son ouvrage ou à donner ses petits bénéfices aux pauvres et aux missions. Elle entraîne ses amies dans cette attitude de générosité.

Elle est accueillante et pleine de délicatesse ; elle écoute beaucoup ; elle a le sens de la vérité ; sa parole est oui-oui, non-non, ce qui ne l'empêche pas d'être respectueuse de la pensée d'autrui. Elle est discrète, elle ne juge pas, elle est la bonté même.

Elle est espiègle, elle rit et elle fait rire. Et pourtant elle est sérieuse. Elle souffre, mais elle n'est pas aigrie, elle ne se révolte pas. Elle prie, elle témoigne d'une foi profonde : «*Quand elle parle de Dieu, c'est merveilleux*».

D'elle émane ce je ne sais quoi qui fait qu'un être exerce une fascination, tout en vous laissant très libre. Mais laissons la conclusion de ce portrait à deux de ses amies.

Marguerite Lautru : «J'avais écrit à ma marraine de baptême et à mon cousin religieux que Marthe était une sainte, mais qu'on ne la connaîtra jamais. Mon cousin m'a répondu que j'avais beaucoup d'imagination ! Je ne pensais pas que c'était une mystique, car je ne savais pas ce que c'était qu'une mystique ! Mais je la comparais à Bernadette Soubirous...».

Paulette Plantevin : «Pour moi, Marthe était une amie. Certainement, elle m'a plus aimée que je ne l'ai aimée ! Je l'ai probablement déçue... Marthe était une sainte. Quand on passe par la souffrance, on n'en demande pas davantage, on souhaite que ça s'arrête ! Marthe, elle, voulait souffrir avec Jésus : ça, c'est extraordinaire !».

Marthe, une sainte dès 1925 ? Pourquoi pas ? En tout cas, quelque chose se prépare à coup sûr...

DEUXIEME PARTIE

L'offrande de Marthe :

«Prends ma vie Seigneur... prends mes mains...»

«Nous ne pourrons jamais,
jamais assez nous réjouir
d'avoir donné toute notre vie
à Dieu. Il rend tellement
le centuple de tout ce
qu'on Lui donne».

(7 février 1930)

CHAPITRE 1 :

«A Toi Seigneur, je me donne et m'abandonne»

«J'ai osé...
J'ai choisi le Christ-Jésus...
Puis un jour, après m'être
depuis longtemps donnée
et consacrée à Lui tout entière,
et avoir eu la preuve
réelle et sensible
que j'avais été exaucée,
après un acte d'abandon
humble, mais très confiant,
Il s'est révélé et donné à moi
spirituellement pour le Dieu
et l'époux de mon âme,
vivant, agissant en elle».

Les années 1921-1931 sont des années capitales dans la vie de Marthe Robin.

Jusqu'en 1925, nous avons perçu en elle une «tension profonde». On se rappelle la petite phrase : «*Je me suis débattue avec Dieu*». Mais après qu'elle eût cédé sa place à une personne malade qui désirait se rendre en pèlerinage à Lourdes, Marthe a trouvé une grande paix intérieure et elle a voulu vivre tout entière pour Dieu.

Une grande date : le 15 octobre 1925

Ce projet a pris corps dans un acte d'abandon à la volonté de Dieu qu'elle fit le 15 octobre 1925, le jour de la fête de sainte Thérèse d'Avila et l'année même de la canonisation de celle qu'elle aimait plus particulièrement, sainte Thérèse de Lisieux. Ce 15 octobre 1925 est l'événement-clef de la vie de Marthe. S'il n'y avait qu'une date à retenir, ce serait celle-ci. Toutes les années précédentes ont été une lente préparation à cette étonnante donation ; toutes les années qui ont suivi n'ont été que la mise en œuvre et l'accomplissement de cette donation.

Deux remarques pour situer l'acte d'abandon

Avant de lire cet «acte d'abandon», il faut d'abord le situer dans le contexte de l'histoire des religions en général et de l'histoire de la spiritualité à la fin du XIXe siècle en particulier.

De tout temps, les hommes religieux ont éprouvé le besoin d'offrir des sacrifices à Dieu, non point évidemment parce que Dieu en aurait besoin - ce serait stupide de le penser - mais parce que cet acte de culte profite à l'homme, parce qu'il est le moyen de faire passer rituellement un être en la propriété de Dieu. Dans les holocaustes, la victime était entièrement consumée par le feu : une manière d'exprimer cette appartenance à la divinité. Le fond et le but du sacrifice (étymologiquement, faire du sacré !) ce n'est pas la destruction, mais la communication à Dieu. Quand on a compris cette donnée d'histoire, on évite toute interprétation aussi doloriste qu'erronée de l'expression traditionnelle de «*victime*». Et quand on lit la Bible, on se rend bien compte que le Dieu d'Abraham ne prend aucun plaisir aux sacrifices de taureaux et de boucs ; ce qui l'intéresse, ce qu'Il agrée, c'est le «*sacrifice de louange*» de celui qui veut être en amitié avec Lui. Le but du sacrifice, encore une fois, n'est pas la destruction de soi, mais la communion à Dieu. Dieu ne veut que notre amour, car, comme le dit fort clairement l'auteur de l'épître aux Hébreux : «*Il est impossible que du sang de taureaux et de boucs enlève les péchés. Aussi, en entrant dans le monde, le Christ dit : «De sacrifice et d'offrande, tu n'en as pas voulu... Holocaustes et sacrifices pour le péché ne t'ont pas plu. Alors j'ai dit : me voici... Je suis venu pour faire ta volonté !»* (Hébreux X 4 - 7).

A la fin du XIXe siècle, les esprits religieux étaient très séduits par la théologie du sacrifice. Beaucoup dans les couvents s'offraient en victimes «à la Majesté divine» ou à la «Justice de Dieu» pour réparer les outrages des hommes à Son égard. C'était, il faut bien le dire, la voie ouverte à toutes les mortifications et à une certaine terreur du sacré qui n'est plus du tout d'ailleurs notre tentation actuellement ! Sainte Thérèse de Lisieux, le 9 juin 1895, a fait son acte d'abandon à la volonté de Dieu, mais elle redresse la tendance déviationniste de son époque. Pour la carmélite, «*l'essentiel n'est pas l'état de victime, mais la force du feu de Dieu qui consume un cœur et quand elle reprend le terme de victime d'holocauste, c'est pour l'accoler à l'Amour miséricordieux et non à la Justice*». (14)

C'est dans cette voie également que se situe Marthe. Elle aussi donc fait son «acte d'abandon». Le mot de victime ne revient d'ailleurs que deux fois dans les deux textes que nous allons lire ; en revanche le mot «Amour» revient cinq fois dans le premier texte et dix-sept fois dans le second ! Et elle ne parle jamais de «Justice» Il est donc clair que Marthe réagit en «amoureuse» qui renonce à tout. Elle ne cherche pas quelque destruction d'elle-même, mais la communion à Dieu. «*Mon bien-Aimé, prenez-moi avec Vous !*».

Il faut faire une deuxième remarque préliminaire. La volonté de donner à Dieu n'est pas sans danger. On sait que les pharisiens étaient fiers de la dîme qu'ils offraient et ils en éprouvaient un peu trop facilement bonne conscience... Tout autre est la démarche des mystiques. Ils savent, eux, que Dieu est Dieu et que Lui céder une part de son argent, de son temps ou de sa vie, n'est pas convenable. Pour eux, tant qu'on n'a pas tout donné, on n'a rien donné. Poussant l'analyse plus loin, ils se demandent : peut-on donner ? Car qu'y a-t-il en nous, qui ne vienne de Dieu, que nous n'ayons reçu de Lui ? C'est pourquoi les mystiques ne se contentent pas de donner ; ils renoncent, ils demandent à Dieu de prendre. Ils pensent que les dons de Dieu n'étaient que des signes pour nous aider à penser à Lui, et ce qu'ils veulent, ce ne sont plus les dons, mais Lui-même. C'est donc par amour de Lui qu'ils veulent renoncer à tout le reste, qui, à l'occasion et dans la mesure où on s'y attache, peut même être dangereux. Ainsi St Ignace de Loyola ne donne rien à Dieu ; il lui demande de «prendre» : «*Prenez, Seigneur, ma liberté entière. Voici ma mémoire, mon intelligence, toute ma volonté. Tout ce que je suis, tout ce que je possède, c'est Vous qui me l'avez donné. Je vous le rends sans rien me réserver. Disposez-en selon votre bon plaisir. Donnez-moi seulement votre amour et votre grâce. J'en serai assez riche et ne désire rien d'autre*».

C'est encore dans cette perspective que se situe Marthe. Elle ne donne pas tant qu'elle s'abandonne ; elle demande au Seigneur de *prendre*, elle veut être avec Lui.

Lorsque nous avons brossé le portrait de Marthe vers 1925, nous avons pu nous reconnaître nous-mêmes dans tel ou tel trait. A présent, Marthe décroche des modèles courants, elle quitte le simple domaine de la morale, elle prend son envol, elle s'abandonne entre les mains de Dieu ; elle dit très justement : «*J'ai osé ! J'ai choisi le Christ. Ou plutôt je l'ai supplié de vouloir être mon Maître !*»

La première rédaction de l'acte d'abandon

Lisons attentivement ce premier acte d'abandon qui est un authentique document mystique.

1 - Prenez mon être et toutes ses facultés

«*Seigneur, mon Dieu, vous avez tout demandé à votre petite servante ; prenez donc et recevez tout. En ce jour, je me remets à vous sans réserve et sans retour. O le bien-aimé de mon âme ! C'est Vous seul que je veux et pour Votre Amour, je renonce à tout.*

«O Dieu d'amour ! Prenez ma mémoire et tous ses souvenirs, prenez mon intelligence et faites qu'elle ne serve qu'à votre plus grande gloire ; prenez ma volonté toute entière, c'est à jamais que je l'anéantis dans la Vôtre ; non, plus ce que veux, ô très doux Jésus, mais toujours tout ce que vous voulez ; recevez-la, guidez-la, sanctifiez-la, dirigez-la ; à Vous je l'abandonne.

«O Dieu de toute bonté, prenez mon corps et tous ses sens, mon esprit et toutes ses facultés, mon cœur et toutes ses affections ; ô Sauveur adorable, Vous êtes l'unique possesseur de mon âme et de tout mon être ; recevez l'immolation que chaque jour et à toute heure je vous offre en silence ; daignez l'agréer et changez-la en grâces et en bénédictions pour tous ceux que j'aime, pour la conversion des pécheurs et la sanctification des âmes.

«O Jésus ! Prenez tout mon petit cœur, il demande et soupire de n'être qu'à Vous seul ; gardez-le toujours dans vos puissantes mains afin qu'il ne se livre et ne s'épanche dans aucune créature.

«Seigneur, prenez et sanctifiez toutes mes paroles, toutes mes actions, tous mes désirs. Soyez à mon âme son bien et son tout. A Vous, je le donne et l'abandonne.

2 - J'accepte tout - Je m'abandonne

«J'accepte avec amour tout ce qui me vient de Vous ; peine, douleur, joie, consolation, sécheresse, abandon, délaissement, mépris, humiliation, travail, souffrance, épreuve, tout ce qui me vient de Vous, tout ce que Vous voulez, ô Jésus.

«Je me soumets humblement à la conduite admirable de Votre Providence en m'appuyant uniquement sur le secours de Votre immense bonté ; je vous promets la fidélité la plus sincère. O Divin Rédempteur, en victime pour le salut des

âmes, à Vous je me livre et m'abandonne.

«Je Vous prie d'accepter toute mon offrande et je serai heureuse et confiante. Hélas ! C'est bien peu, je le sais, mais je n'ai rien de plus ; j'aime mon extrême bassesse parce qu'elle me vaut toute Votre Miséricorde et toutes Vos paternelles sollicitudes.

3 - Si je devais être infidèle, que je meure tout de suite !

«Mon Dieu, Vous connaissez ma fragilité et l'abîme infini de ma grande faiblesse. Si je devais, un jour, être infidèle à Votre Souveraine Volonté sur moi, si je devais reculer devant la souffrance et la croix et déserter votre chemin d'Amour en fuyant le tendre appui de Vos bras, oh ! je vous en supplie et vous en conjure, faites-moi la grâce de mourir à l'instant ! Excusez-moi, ô Cœur Sacré de mon Sauveur, excusez-moi par Votre très doux nom de Jésus, par les douleurs de Marie, par l'intercession de St Joseph et par l'Amour que Vous avez eu pour faire la Volonté de Votre Père.

«O Dieu de mon âme ! O Divin Soleil ! Je vous aime, je Vous bénis, je Vous loue, je m'abandonne toute à Vous. Je me réfugie en Vous ; cachez-moi dans Votre sein parce que ma nature frémit sous le fardeau des cruelles épreuves qui m'accablent de toutes parts et que je suis seule toujours.

Mon Bien Aimé : aidez-moi, prenez-moi avec Vous ! C'est en Vous seul que je veux vivre pour ne mourir qu'en Vous».

Caractéristiques du deuxième texte

Le texte qu'on vient de lire a été rédigé par Marthe pour sa consécration du 15 octobre 1925. S'il a pu arriver jusqu'à nous, c'est parce que l'abbé Perrier - le curé de Saint-Uze à qui l'abbé Faure fit appel quand il commença à se sentir «dépassé» par le cas de la mystique - l'avait soigneusement recopié. Marthe crut en effet, en 1926, qu'elle allait mourir, et comme elle ne voulait pas qu'on parle d'elle, elle détruisit cet acte qu'elle portait sur elle ou qu'elle cachait sous son oreiller. On se réjouit donc vivement de l'heureuse initiative de l'abbé Perrier. (15)

Sa mort n'étant pas venue, Marthe a écrit un nouvel acte d'abandon à la volonté de Dieu. Les grandes lignes restent les mêmes, signe sans doute qu'elle devait souvent renouveler sa donation, mais le texte est encore plus remarquable que celui de la première rédaction.

De nouveau, faisons quelques remarques préliminaires.

Marthe vole encore plus haut. Marthe ne dit pas seulement : je me donne ou je m'abandonne, mais «je me livre». Il ne s'agit pas là d'une attitude molle, mais d'une attitude singulièrement active et volontaire. Comme disait Ste Thérèse Couderc dans une lettre du 26 juin 1864, l'expression «je me livre» est très forte. «*Se livrer, c'est plus que se dévouer, c'est plus que se donner, c'est même quelque chose de plus que s'abandonner à Dieu... C'est mourir à tout et à soi-même, ne plus s'occuper du moi que pour le tenir toujours tourné vers Dieu. Se livrer, c'est encore ne plus se chercher de satisfaction propre, mais uniquement le bon plaisir divin*». Et Marthe développe cette idée. Elle demande au Seigneur de «*détruire*» tout ce qui peut Lui résister ou Lui déplaire. Elle ne veut plus de rien pour elle : «*Plus de moi, plus de mien*». «*Plus de pensées, de vouloir, de désirs, d'intérêts, de joies, de souffrances que les Vôtres !*». Qu'elle puisse dire : «*Mon moi, c'est Jésus !*». C'est l'abnégation parfaite, le «Fiat» le plus total qui puisse être.

Autre caractéristique de cette seconde version : Marthe demande au Seigneur d'agréer son sacrifice pour le faire servir au bien des «*millions d'êtres*» qui ne l'aiment pas, «*à la conversion des pécheurs, au retour des égarés et des infidèles, à la sanctification et à l'apostolat de tous vos bien aimés prêtres et en faveur de toutes les créatures*». Certes, elle sait bien, elle l'a dit dès le quatrième paragraphe, que son «*moi*» est pauvre, et elle va parler encore de son «*indigence*» et de sa «*fragilité*». Mais elle sait aussi que depuis son baptême elle est pour Jésus une «*humanité de surcroît*» et qu'elle a ainsi la possibilité d'achever dans son corps à elle ce qui manque au sacrifice de Jésus pour son corps qu'est l'Eglise. Marthe découvre à présent la dimension missionnaire du sacrifice de la Croix.

Il faut noter enfin la dimension mariale. Dans le premier texte, Marie n'était évoquée que dans une incise. Dans le second, Marthe dit d'abord plus explicitement : «*Je m'abandonne humblement à Vous par Marie, ma bien-Aimée Maman*». Puis en fin de consécration, elle s'adresse à Elle : «*Marie, ô ma mère chérie, donnez-moi vous-même à Jésus !*». Et les cinq derniers mots : «ô ma si chère maman» nous laissent deviner en quelles relations de tendresse elle devait être désormais avec Marie.

Lisons à présent ce texte qui est encore une plus belle prière mystique.

1 - Je me livre à vous et je m'abandonne

> «*Dieu éternel, Amour Infini ! O mon Père ! Vous avez tout demandé à votre petite victime ; prenez donc et recevez tout... En ce jour, je me donne et me consacre à Vous, tout entière et sans retour.*
>
> «*O le bien Aimé de mon âme, mon doux Jésus... C'est Vous Seul que je veux... Et pour votre Amour, je renonce à tout !*
>
> «*Mon Dieu, prenez ma mémoire et tous ses souvenirs, prenez mon cœur et toutes ses affections... Prenez mon intelligence et toutes ses facultés ; faites qu'elles ne servent qu'à votre plus grande Gloire... Prenez ma volonté tout entière... C'est à jamais que je l'anéantis dans la vôtre.*
>
> «*Non plus ce que je veux, ô mon très doux Jésus, mais toujours tout ce que Vous voulez ! Prenez-moi... Recevez-moi... Dirigez-moi. Guidez-moi ! A Vous, je me livre et je m'abandonne !... Je me livre à Vous comme une petite hostie d'amour, de louange et d'action de grâces, pour la gloire de votre saint Nom, pour la jouissance de votre amour, le triomphe de votre Sacré-Cœur, et pour le parfait accomplissement de tous vos desseins en moi et autour de moi.*

2 - Détruisez tout ce qui peut vous résister

«O mon Dieu, tout mon pauvre moi est à Vous ! Faites-en, je Vous en supplie, votre petite humanité de surcroît... Toute vôtre... Toute à Vous... Toute pour Vous... Votre ciel d'Amour sur la terre. Que je n'aie plus de pensées, de vouloirs, de désirs, d'intérêts, de joies et de souffrances que les Vôtres.

«Détruisez en moi tout ce qui peut Vous résister, Vous gêner, Vous déplaire... Consumez tout dans votre immense amour, réduisez tout à votre aimable empire !

3 - Plus de moi, plus de mien

«Plus de moi... Plus de mien... Plus de rien... Vous Seul, ô mon Jésus... Rien que Vous Seul toujours ! Soyez vraiment ma Vie, mon Amour et mon Tout !

«Que je puisse dire en toute vérité : Mon moi... C'est Jésus, sa Volonté, son Esprit, l'Amour Infini, le Dieu Bon, le Dieu Saint qui vit en moi et s'exprime, par toutes ses œuvres.

«Que toute ma joie ici-bas soit de Vous faire connaître Bon comme Vous êtes Bon, de Vous aimer, de Vous imiter, de Vous offrir au nom et pour toutes les créatures.

«Que ma vie soit la reproduction parfaite et incessante de votre Vie, la manifestation de votre Amour et la continuation de celle de Marie, Vierge et Martyre.

«Que tout en moi exprime mon Amour pour Vous et que je sois toujours prête au sacrifice».

4 - Je m'offre pour le monde entier

«O Sauveur Adorable ! Vous êtes l'unique possesseur de mon âme et de tout mon être ! Recevez l'immolation que, chaque jour et à tout instant, je Vous offre en silence. Daignez l'agréer et la faire servir au bien spirituel et divin, de tant de millions de cœurs qui ne Vous aiment

pas, à la conversion des pêcheurs, au retour des égarés et des infidèles, à la sanctification et à l'apostolat de tous Vos bien-aimés Prêtres et en faveur de toutes les créatures.

5 - Je ne demande qu'à vous appartenir

«O Jésus, prenez mon cœur, tout mon cœur, il ne demande et soupire de n'appartenir jamais qu'à Vous seul ! Gardez-le toujours près du vôtre, gardez-le tout entier dans le vôtre, gardez-le à jamais pour le vôtre afin qu'il ne se livre et s'épanche dans aucune créature.

«O Jésus ! que mon cœur soit vraiment l'autel de votre Amour et que ma langue publie à jamais vos Miséricordes ! Daignez, je vous en supplie, sanctifier toutes mes paroles, toutes mes actions, toutes mes intentions, tous mes désirs ! Soyez vraiment à mon âme son trésor et son Tout ! A Vous, je la donne et je l'abandonne.

«J'accepte avec amour tout ce qui me vient de Vous, tout ce que Vous voulez et voudrez encore dans la suite. Je m'abandonne humblement à Vous par Marie, ma bien-aimée Maman, en m'appuyant uniquement sur le secours de votre infinie Miséricorde et je Vous promets la fidélité la plus sincère.

«Plus rien de moi... Par moi... Pour moi... Je renonce à jamais à moi-même et à tout et me voue tout entière à la prière, à la souffrance, à l'Amour.

«O Divin Rédempteur ! En victime d'Amour pour l'Eglise et les âmes. A Vous je me livre et je m'abandonne ! Daignez, je Vous prie, agréer favorablement mon offrande et je serai heureuse et confiante. Hélas ! C'est bien peu, je le sais, mais je n'ai rien de plus et je Vous donne tout.

«J'aime mon indigence et ma faiblesse parce qu'elles me valent toute votre Miséricorde et vos plus tendres sollicitudes.

6 - Si je devais reculer devant la souffrance...

«Mon Dieu, Vous connaissez ma fragilité et l'abîme sans fond de ma misère... Si je devais un jour être infidèle

à votre Souveraine Volonté sur moi ; si je devais reculer devant la souffrance et la Croix et déserter votre chemin si doux en fuyant le tendre appui de vos bras. Oh ! Je Vous en supplie et Vous en conjure, faites-moi la grâce de mourir à l'instant.

«*Exaucez-moi, ô Cœur très aimant de mon Dieu... Exaucez-moi par votre très doux Nom de Jésus, par l'Amour de votre très sainte Mère, par l'intercession de saint Joseph, de saint Jean le bien-aimé et de tous les autres saints et par votre divine Ardeur à accomplir en tout la Volonté de votre Père.*

«*O mon Jésus, Divin Soleil d'Amour ! O ma Voie, ma Lumière et ma Vie ! Je Vous aime, je Vous adore, je Vous bénis, je m'abandonne à Vous, je me confie à Vous. Gardez-moi bien toujours toute vôtre, cachez-moi bien toujours tout entière en Vous : parce que ma pauvre nature tremble et gémit sous le fardeau des cruelles épreuves qui l'enveloppent de toutes parts... Et que je suis seule toujours.*

7 - Marie, ô ma si chère maman, donnez-moi à Jésus !

«*Marie, ô ma Mère Chérie, donnez-moi Vous-même à Jésus, offrez Vous-même à Dieu cette petite hostie. Qu'Il daigne venir habiter en elle, reposant en son cœur comme en son Tabernacle. Pour demeurer, hélas ! Il n'aura que ma misère ; mais il y trouvera du moins l'amour, la reconnaissance, la fidélité, la générosité, l'abandon, l'humble et joyeuse confiance pour le dédommager, consoler, réjouir, glorifier son Sacré-Cœur et Lui donner des âmes, en union avec Vous, ô ma si Chère Maman.*

Désormais, Marthe ne s'appartient plus

Il est clair à présent que Marthe ne s'appartient plus. Ce n'est plus elle qui a les leviers de commande, c'est le Seigneur. Elle a lâché pied, elle a fait le plongeon, elle est tout entière immergée dans l'Esprit, car c'est l'Esprit qui lui fait dire réellement «*Père*» (Galates IV - 6) «*ô mon Père*».

Cette expérience intense qu'elle vient de vivre, c'est ce que «le Renouveau» et les «Réveils chrétiens» appellent le «baptême dans l'Esprit» ou plus exactement l'effusion de l'Esprit. Car il ne s'agit pas bien sûr d'un baptême qui serait réitéré, mais d'un rafraîchissement de la grâce du baptême et de la confirmation, et ceci par le renouvellement ferme du renoncement au péché et de l'attachement à Jésus-Christ. «*O le bien-aimé de mon âme ! C'est vous seul que je veux et pour votre amour, je renonce à tout !*»

Marthe a décidé énergiquement de se livrer à l'Esprit-Saint ; il va falloir qu'elle meure à elle-même...

CHAPITRE 2 :

«Quand je cherche le Seigneur, Il me répond»

(Ps 33 - 5)

«Comme l'or au creuset, Dieu éprouve ses élus» (Sagesse III-6)

«L'expérience m'a valu bien des effrois, bien des souffrances. Je craignais tellement d'être dupe de quelques habiles manœuvres de la part du démon, surtout après, car, pendant, le plus petit doute ne pouvait être possible que ce qui se passait dans mon âme venait bien du bon Dieu. Mais il me semblait tellement que j'étais un monstre devant Lui.

«Mes répugnances devenaient presque insurmontables quand il me fallait dévoiler les faveurs célestes ! Oh, la douleur et la honte que je ressens alors ! Plusieurs fois même, j'ai dit : «Seigneur Jésus, je Vous en supplie, suspendez tout, ne me faites plus de grâces !» ; et chaque fois, j'ai cru entendre la même réponse : Au contraire, je t'en ferai plus que jamais, je te veux toute mienne» (12 mai 1930).

«Prenez mon corps... Recevez mon immolation... Cachez-moi...» Quelle prière ! Comment a-t-elle été exaucée ? C'est ce qu'il nous faut examiner dans ce

chapitre, consacré aux premières souffrances et angoisses de Marthe.

Marthe retombe gravement malade

Un an à peine après avoir prononcé son acte d'abandon à la volonté de Dieu, Marthe tombe de nouveau gravement malade. Nous sommes le 3 octobre 1926 : comme par hasard, on fête ce jour-là sainte Thérèse de Lisieux. Marthe souffre d'une grave hémorragie digestive, qui a été dûment constatée par le docteur Aristide Sallier, de Saint-Uze. Un médecin de Saint-Vallier vient aider son confrère. En vain, l'un et l'autre prescrivent-ils des médicaments : notre malade rejette tout ce qu'elle prend.

Le lendemain, l'hémorragie se renouvelle. Les deux médecins sont formels : «*Il n'y a plus rien à faire !*»... Sinon, bien sûr, à prier et à demander à l'abbé Faure d'apporter les derniers sacrements, comme le fit quelques années auparavant, en 1918, l'abbé Payre. Marthe d'ailleurs en éprouvait beaucoup de joie ; elle était persuadée qu'elle allait mourir. Hélas pour elle, elle ne fit qu'entrer dans un coma ou du moins une agonie qui dura quelques trois semaines.

La visite de sainte Thérèse de Lisieux n'ôte pas la souffrance

Dans cette période, dramatique pour ses parents, Marthe a vécu des moments imprévus ; elle affirme en effet que sainte Thérèse de Lisieux en personne vint la visiter et la réconforter à trois reprises. Pour lui dire quoi ? On ne connaît pas le détail de ces apparitions. On sait seulement qu'après celles-ci Marthe dit à sa famille : «*Je crois que je ne vais pas mourir*». Elle semble avoir reçu l'assurance qu'elle ira mieux et qu'elle devra prolonger dans le monde entier la mission de la carmélite de Lisieux (16). Le ciel est donc fermé pour l'instant à Marthe. En contant plus tard cette anecdote au Père Finet, elle dira en riant : «*Oh ! La coquine ! Elle m'a tout laissé après !*»

En attendant, si la santé va mieux, l'amélioration est

bien légère en vérité. A preuve, ce que Marthe écrit dans son cahier le 2 mars 1927 :

«*Je vais mieux depuis quelques jours et je puis rester levée une grande partie de la journée ; mais je ne puis ni penser, ni m'appliquer à rien, ni m'occuper manuellement. De plus, il m'est impossible de faire le moindre mouvement sans être aidée de ma si dévouée maman, si ce n'est que je garde, du moins en partie, l'usage de mes bras et de mes mains, quoique ces dernières soient devenues bien maladroites*».

«Ecrasée», Marthe s'abandonne «sans réserves»

Son bel acte d'abandon, comment Marthe le vit-elle ? L'aurait-elle oublié ? N'aurait-il été qu'un feu de paille ? Lisez plutôt la suite immédiate du texte :

«*Comme cependant je remercie le Bon Dieu de tout ce qu'Il me donne et tout particulièrement de me laisser ce dernier usage, au moins pour la consolation de mes chers parents et pour les légers services que cela me permet de leur rendre. Oh ! Que je ne m'en serve jamais qu'avec Lui et pour Lui Seul !*»

Marthe ne cache pas qu'elle est «*écrasée*» et en même temps elle reconnaît que le Christ vit en elle et qu'elle est comme «*emportée vers cette Jérusalem d'amour*». Elle est désorientée, mais elle s'abandonne :

«*Néanmoins, je me sens écrasée au physique et au moral. Tout m'angoisse et m'accable... Je ne sais plus réagir : Fiat !... Mais en voilà bien long, beaucoup trop long sur ce pauvre moi ; mieux vaudrait, il me semble, m'arrêter davantage sur tout ce que Dieu fait en mon âme et pour mon âme à chaque instant... Je sens dans mon incapacité même que la grâce, non de consolation, mais de force et d'amour, est répandue en moi avec une surabondance toujours renouvelée. Si bien que je me sens toute enveloppée de son Amour et dans son Amour, et de plus en plus abandonnée à sa souveraine action en moi.*

«Mon âme est plongée et comme emportée vers cette Jérusalem d'Amour, sous la puissance des attraits et des inspirations de Dieu même qui par instant semble vouloir comme m'absorber tout entière en Lui. J'ai peur de tout cela !... Je suis tellement seule spirituellement et moralement, et cependant je sens que je dois m'abandonner à Lui sans réserves.

«Fiat ! J'ai tant besoin de le dire souvent ce Fiat, qui m'unit à Jésus et à Marie ma bien aimée Maman, et qui consomme mon immolation.

«Il me semble que je ne suis plus qu'une toute petite chose dans les bras de Dieu et que je vais rester ainsi jusqu'à la mort... Je ne sais ce qu'Il veut faire de moi, mais je veux tout. Tout est bon de ce qui vient de Dieu et de ce qu'Il veut de nous. Oui tout m'est bon... Tout est cher et doux à mon âme infiniment parce que c'est Lui qui le veut ainsi. Lui qui conduit tout. Je me réfugie dans son cœur, unie à Marie ma Mère que j'aime tant et je n'en sors plus...»

La souffrance est l'école du véritable amour

Nous allons faire de longues citations de Marthe, à présent. C'est nécessaire pour se rendre compte à la fois de son tourment intérieur et de sa volonté qui reste inflexiblement orientée vers celle de Dieu. Bien plus, Marthe va jusqu'à faire l'éloge de la souffrance :

«J'expérimente combien il est doux d'aimer, même dans la souffrance, et je dirais même, surtout dans la souffrance : car la souffrance est l'école incomparable du véritable amour... Elle est le vivant langage de l'Amour et la grande éducatrice du genre humain. On apprend à aimer et on n'aime vraiment que dans la souffrance et par la souf-

france, car la souffrance vraie s'édifie non dans les délices humaines de la vie présente, mais dans le dépouillement et le renoncement de soi et sur la Croix»

(17 mars 1927)

Ici, avouons-le, il y a en nous quelque chose qui résiste. Nous faisons une grimace devant ce texte. Instinctivement, nous redoutons que Marthe valorise la souffrance alors que nous estimons que celle-ci est une contre-valeur ! Nous disons sereinement : ce n'est pas la souffrance qui compte, mais l'amour. Jésus ne nous a pas demandé de nous faire souffrir les uns les autres, mais de nous aimer !

Nous avons belle allure à lui faire ces remarques, bien assis dans notre tribune, tandis que sur le terrain Marthe est physiquement et moralement torturée. De quel droit lui ferions-nous la leçon, comme si elle n'en savait pas autant que nous sur le sujet ? Relisons ce paragraphe : le mot *amour* revient aussi souvent que le mot *souffrance...* Oui, c'est l'amour qui compte, mais dans notre monde tordu, l'amour rencontre la souffrance et on n'a pas d'autre choix que de se révolter ou de faire avec. C'est sainte Thérèse de Lisieux (Lettre n° 89) qui disait déjà, avant Marthe : «*Ne croyons pas pouvoir aimer sans souffrir, sans souffrir beaucoup. Notre pauvre nature est là !*» Jésus lui-même a souffert. «*Il fallait qu'Il souffrit !*» L'amour a été rédempteur à travers la souffrance. Nous laissons Marthe s'expliquer dans un texte qui est toujours du 17 mars 1927.

«La souffrance scandalise ceux qui se replient et sanctifie ceux qui ont foi en Jésus»

«*Il est facile de blasphémer l'épreuve et de proclamer les droits de l'homme au bonheur... Loin de chercher à pénétrer ce grand et divin mystère de la souffrance, la plupart des hommes détournent leur visage de la douleur comme si elle n'avait rien à leur apprendre de noble, de juste et de valable. Mais l'âme qui a une fois fixé son regard sur la croix rédemptrice du Christ, l'âme qui s'est une fois demandé : «pourquoi un Dieu souffrant ?», sent, contrairement à tout ce que pense le raisonnement en face du mystérieux drame de la souffrance, qu'elle est assurément sa meilleure amie et qu'elle lui apporte les plus grandes richesses qu'elle puisse jamais désirer.*

«Jésus disait des paraboles qu'elles étaient faites pour éclairer ceux qui veulent les approfondir et aveugler ceux qui regardent sans voir et entendent sans comprendre. Ainsi en est-il de la douleur. Elle scandalise et révolte ceux qui se replient et se renferment sur eux-mêmes - et sanctifie ceux qui s'évertuent à regarder vers Jésus, à avoir foi en Jésus, à aimer Jésus, à prendre leur croix avec la croix de Jésus et à marcher à sa suite avec humilité et amour...

«C'est la folie de la croix qui consiste à faire sortir de la mort l'immortalité, la gloire de l'humiliation, l'âme du néant parce qu'elle ne cesse de nous crier la vanité de ce qui passe...

«...Il a volontairement accepté la souffrance et la croix et Il la propose à tous ses frères en ce monde comme moyen unique de sanctification et de salut : «Si quelqu'un veut venir après Moi, qu'il se renonce lui-même, qu'il prenne sa croix et me suive !»

Jusqu'ici nous n'avons pas beaucoup rencontré de citations bibliques dans les réflexions de Marthe. Celle qui vient d'être faite, c'est celle qui est développée dans la «*Lettre aux Amis de la Croix*», de St Louis-Marie Grignion de Montfort, ce petit livre qui, comme nous l'avons dit, a dû orienter toute la vie de Marthe.

Mais continuons à lire les explications de Marthe.

Le sang du Christ : un langage qu'il faut comprendre

«Nous lisons dans l'Evangile qu'il fallait que le Christ souffrit. La souffrance est donc nécessaire ?

Et cependant il aurait pu sauver sans cela le genre humain. Ni le péché d'Adam, ni tous les péchés du monde n'exigeaient de la part d'un Dieu tant de renoncements, tant d'humiliations, tant de tourments, tant de tortures, tant de sang répandu. Mais Jésus devait être le chef-d'œuvre et le plus haut sommet de la création. Or un Christ triomphant par la force de la domination et même par l'éclat de sa toute-puissance, aurait été assurément infiniment moins beau, moins tragiquement sublime, moins irrésistiblement aimable et attirant qu'un Christ souffrant et mourant pour nous. L'amour de Jésus s'est pleinement manifesté au monde dans le calice de la souffrance. Chaque goutte de sang du Christ a un langage d'éternité».

Ce texte est écrit de la main de Marthe et ne compte qu'une seule rature. Encore ne s'agissait-il que d'un mot qu'elle avait écrit deux fois. Quand on pense qu'elle n'a suivi, en fait de formation religieuse, que le petit catéchisme à l'usage du diocèse de Valence, on reste stupéfait. Elle disait un jour : «*Jésus est le livre des livres*». Voilà quel a été son maître !

«Alleluia ! Je nage dans l'action de grâces !»

Nous permettra-t-on une dernière citation ? Il le faut bien pour découvrir la Marthe «charismatique» qui écrit au sein même de ses souffrances : «*Je nage dans l'action de grâces !*»

«*Alleluia ! Alleluia ! Je puis enfin L'aimer de tout mon cœur, L'aimer sans mesure, Lui mon Seigneur et mon Dieu réellement présent et vivant en moi ! Je n'ai plus peur maintenant de toutes ses Grâces d'Amour, de toutes ses multiples tendresses de ces derniers temps. Je nage dans l'action de grâces et dans l'amour des vrais enfants de Dieu ! Mes peines, mes craintes, mes faiblesses même, l'impuissance à ne pouvoir m'occuper à rien, tout cela a disparu ou m'est devenu facile à supporter depuis que j'ai eu l'immense bonheur de communier tout près de ma chère Maman qui assistait à ma communion».*

(2 mai 1927)

Douloureuses crises de rhumatismes

La tentation est de nous laisser prendre par les considérations mystiques de Marthe et d'en oublier qu'elle souffre. Il n'est donc pas inutile de donner quelques précisions qu'elle a écrites elle-même à un pharmacien de St-Vallier. Dans cette lettre du 5 juillet 1927, Marthe passe commande de quatre tubes d'aspirine car elle est «*à court de calmants*». Le pharmacien lui avait demandé de ses nouvelles. Elle répond bien simplement à la question :

«*Je me lève (ou plutôt l'on me lève) chaque jour vers les dix ou onze heures ; l'on me met dans mon fauteuil d'où je ne bouge plus jusqu'à l'heure du coucher qui ne se fait pas sans larmes, malgré mon assiduité aux comprimés et aux cachets*».

A ce sujet, un neveu de Marthe, Raymond Gaillard, (de Châteauneuf-de-Galaure) se souvient avoir vu M. Robin déplacer Marthe du lit au fauteuil. Il assure que la scène était insoutenable. Après, raconte-t-il, on passait à table, mais on avait l'appétit coupé...

Mais poursuivons la lecture de la lettre au pharmacien :

«*Mes nuits sont en général mauvaises. Plus il fait chaud, plus je souffre, je crois, quoique l'hiver a été rude pour moi, ayant eu une crise de rhumatismes générale, qui m'a tenue très longtemps, sans pouvoir me bouger de mon lit ; enfin je n'en suis pas morte quand même ; il paraît que je ne mérite même pas de mourir !*

«*Il y a six ou sept semaines, j'ai eu une autre crise de rhumatismes dentaires ; j'ai, je puis le dire, pendant quinze jours, horriblement souffert ; la douleur était localisée dans la tête, les bras et les reins. Pour me soulager, et c'est ce qui a réussi, le chirurgien-dentiste, M. Rivot, est venu à domicile m'extraire des dents, ce qui a arrêté la paralysie qui me gagnait et depuis j'ai moins souffert vivement, quoique (ayant) toujours mal.*

«Il me semble que je vous ai beaucoup parlé de mon moi qui n'en vaut pas la peine, je le sais ! Excusez-moi, je vous prie. Je suis une malade et je devine que vous saurez me comprendre ; il est si dur parfois de souffrir. Mais j'ai le bonheur d'être de celles qui mettent leur espoir en Dieu et en Lui j'espère d'une délivrance de la terre le plus vite possible...»

Les gros rhumatisants peuvent comprendre ces propos noirs. Une nouvelle visite de sainte Thérèse de l'Enfant Jésus le 1er octobre 1927 remontera le moral de Marthe. Mais elle a beau souffrir, elle ne dévie pas de son option du 15 octobre 1925, comme le montre bien l'analyse graphologique de la lettre que nous venons de lire.

Nouvelle analyse graphologique

L'analyse portant sur une mauvaise photocopie, il convient de l'interpréter avec prudence, comme il se doit. Mais une chose ressort nettement d'après la psychologue :

«La tête prime le cœur. Avec des aspects positifs déjà soulignés : volonté, circonspection, prudence, modération, modestie, calme, maîtrise de soi, discipline morale stricte... L'émotivité, la sensibilité ont été extrêmement canalisées, voire étouffées. La richesse de sentiment affleure, mais est constamment barrée par les principes éducatifs reçus... La spontanéité se manifeste parfois impulsivement, mais est vite réprimée : la discipline reprend ses droits.

«De la tension, de l'ambivalence naîtra l'évolution, aidée par la réflexion, le courage moral, la simplicité, la fidélité à soi-même, la recherche du dépassement. La prépondérance sera donnée à la vie intérieure sur la vie extérieure. Cela ne se fera pas sans souffrances morales, sans perte de vitalité». (17)

1928 : Paralysie des jambes

Quelques mois passent...

Le 25 mars 1928, Marthe est paralysée des jambes. Désormais, elle ne se lèvera plus. Elle est alitée pour la vie. Elle repose dans la chambre attenant à la cuisine, et qui donne sur la cour. Une pièce très pauvre : le sol n'est-il pas en terre battue ? Ce n'est que vers 1940-1942 qu'un plancher a été posé. Pendant ce temps d'aménagement, Marthe a été placée à la cuisine sous l'escalier qui monte au premier, cachée aux regards et surtout à la lumière par un rideau.

Comme Marthe commence à se recroqueviller et que sa position couchée est inconfortable, elle imagine un divan sur mesure. Et elle écrit à sa cousine le 2 juillet 1928 :

«*Je voudrais que l'on mette les dossiers de 45 à 50 cm de haut à cause de mes reins malades ; largeur 90, ou 80 si l'on ne peut faire 90, mais pas moins large, surtout à cause de mes jambes repliées, il me faut cela. Je veux également que l'on m'y mette quatre roulettes*».

Ce petit divan, les visiteurs de la Plaine le connaissent bien. Marthe a dû y prendre place dessus quelques semaines après avoir écrit cette lettre. C'est sur ce divan qu'elle restera couchée, recroquevillée, jour et nuit, toute sa vie. Elle peut encore remuer les mains et les bras, mais quand elle pense qu'autrefois elle était si active, quelle souffrance intérieure ! Ajoutez qu'elle n'a même plus le plaisir de manger : dès qu'elle prend quelque chose, elle le rejette ! Ajoutez encore qu'elle perd le sommeil et vous comprendrez la désolation de ses parents. Ils ne savent plus que faire pour elle : ils ont pratiquement vu tous les médecins de la vallée, de Hauterives à St-Vallier, sans oublier celui de St-Sorlin dans la vallée voisine et ceux de St-Péray. Le Dr Modrin, de Hauterives, disait, paraît-il, qu'il ne savait pas identifier la maladie de Marthe. «*Voyez ma pauvre petite ! Dans quel état elle est...*» gémissait Madame Robin. Et le père de Marthe pleurait : «*Pourtant, elle n'a rien fait de mal !*» Le malfaiteur qui était à côté de

Jésus, sur le Calvaire, disait la même chose (Luc XXIII - 41). Non, Jésus n'avait rien fait de mal. Mais «*c'était nos péchés qu'Il portait, vos douleurs dont Il était chargé*» (Isaïe 53 - 4). Déjà on a l'impression d'assister à la Passion...

Autre souffrance de Marthe : elle se rend bien compte que ses parents ne se font pas jeunes; qu'ils se fatiguent et s'inquiètent. Le 21 septembre, elle écrit à sa nièce, Marcelle Serve :

«*Maman avait été fatiguée la semaine dernière : le changement de température lui avait remué la bile : ça va mieux maintenant, heureusement ! Pauvre petite maman ! Qu'il est dur de ne pouvoir même pas donner un verre d'eau à ceux qu'on aime, quand ce serait si consolant de les soulager !*»

Mais Marthe ne se laisse pas abattre. Elle souffre, mais elle ne tombe pas dans la neurasthénie. Dans sa lettre, elle avait commencé par écrire :

«*S'il fait toujours beau, je crois que la vendange sera belle... Je brode ton drap qui sera merveilleux. Je t'assure qu'il fait des envieux ! Je te brode aussi une jolie pochette qui te plaira !*»

Ses plaisirs se réduisent là : un peu de courrier à faire, un peu de broderie... «*Heureusement qu'il y a ça !*» comme disent les malades, car les visites d'amis se raréfient. Marguerite Lautru est à Lyon depuis plus d'un an. Elle manque à coup sûr à Marthe. Et l'abbé Faure lui-même qui venait assez souvent voir Marthe, parfois accompagné de deux enfants de chœur (lorsqu'il apportait la communion), l'abbé Faure lui-même ne vient plus. Pourquoi ? Parce que ses visites répétées agaçaient Henri, le frère de Marthe. Il bougonnait souvent : «*Qu'est-ce qu'il vient faire par ici ce curé ?*» Pour éviter de faire des histoires, et bien que ce soit très dur pour elle de se priver et de la visite du prêtre et de la communion, elle a demandé à l'abbé Faure de ne plus «monter à la Plaine», sans plus d'explications ! L'abbé n'y a rien compris. Jeanne Bonneton dira un jour à son curé : «*Il faut aller la voir !*» Il a répondu sèchement : «*C'est une orgueilleuse !*»

La mission de 1928 à Châteauneuf-de-Galaure : «une autre orientation de vie» pour Marthe

Heureusement ce temps de disette spirituelle n'a pas duré longtemps car à la fin de l'année 1928, une mission a été prêchée à Châteauneuf-de-Galaure par deux capucins : le Père Jean et le Père Marie-Bernard. Bien sûr, ils ont fait, comme c'était la coutume, la tournée des malades de la paroisse. On imagine l'abbé Faure en train de les prévenir avec un ennui manifeste : «*Il y en a une que je ne peux plus voir...*» Et nos deux capucins ont dû alors s'empresser de partir pour le quartier des Moïlles.

Lorsque le Père Marie-Bernard entra chez Marthe, raconte son amie Gisèle Signé, «*il fut plus qu'étonné*» et il dit ensuite à l'abbé Faure : «*C'est une sainte que vous avez là et vous ne la connaissez pas !*» C'est la première fois, à notre connaissance, que le mot de «*sainte*» est prononcé au sujet de Marthe. Et il n'est pas sans intérêt de noter que le religieux qui regardait Marthe ainsi, était l'auteur de «*Message nouveau*», un livre sur sainte Thérèse de l'Enfant-Jésus. On peut donc penser que le jugement n'a pas été émis à la légère.

Soucieux d'apporter une vraie formation à cette malade qui sort de l'ordinaire, le Père Marie-Bernard lui a demandé de ne plus lire les Annales ni l'Almanach du Pèlerin : «*Elle ne devait plus faire que des lectures spirituelles*» nous rapporte encore Gisèle Signé. Le Père capucin a demandé également à Marthe d'entrer dans le tiers-ordre de Saint François. Ce qu'elle fit le 2 novembre 1928, date attestée par Jeanne Bonneton. Et, naturellement, le Père Marie-Bernard a prié l'abbé Faure de reprendre ses visites à la Plaine...

En tout cas, l'influence bénéfique qu'a exercée le Père Marie-Bernard a été évidente. Tant et si bien que Marthe disait beaucoup de bien de lui. Elle conseilla à Gisèle Signé d'aller le voir à Lyon : «*Dites-lui tout ce que vous avez sur le cœur, il vous comprendra. Allez-Y !*» Et faisant allusion à ses lectures nouvelles et à sa place de tertiaire dans l'Eglise, Marthe ajoutait : «*Vous voyez, Gisèle, j'ai une autre orientation de vie !*»...

Le démon... et la Sainte Vierge

Disons tout de suite, témoignages à l'appui, que le démon n'appréciait guère cette nouvelle orientation. Il en fut même si exécré que la nuit qui suivit l'entrée dans le tiers-ordre de Saint François, c'est-à-dire entre le 2 et le 3 novembre 1928, il s'est passé quelque chose que certains considèreront digne d'être rangé dans les fables du Moyen-Age. Pourtant, il faut le rapporter aussi : Madame Robin qui couchait dans un lit, juste à côté du divan de sa fille, l'affirme : «*Je ne sais pas ce qui s'est passé, mais elle a poussé un cri épouvantable !*» Un rêve ? Mais Marthe ne dort plus... Alors ?

«*Le diable,* nous a précisé Jeanne Bonneton qui à ce moment-là se préparait à rentrer au Carmel, *lui a donné un coup de poing et lui a cassé deux dents !*»

La même anecdote a été racontée par l'abbé Perrier.

La Sainte Vierge qui ne s'était pas montrée, semble-t-il, à Marthe depuis le 25 mars 1921, s'empressa alors de lui apparaître. Ce fait nous a été attesté fortement par Mme Serve, la sœur aînée de Marthe, comme nous l'avons souligné dans «*La croix et la joie*».

- C'est Marthe qui vous l'a dit ?

— Non, c'est notre mère. Notre mère disait : «La Sainte Vierge apparaît à Marthe dans sa chambre, mais moi quand j'y vais, je ne la vois pas.»

- Vous acceptiez ça ou vous vous en moquiez ?

— Dans la famille, c'était accepté... Oh ! Ma mère a soigné Marthe de son mieux.

- Que lui disait la Sainte Vierge ?

— Je ne sais pas. Mais je sais que ma mère m'a toujours dit que la Sainte Vierge lui apparaissait. Le Père Finet en sait probablement plus.

Le premier directeur spirituel de Marthe : Le Père Betton

Entre la maladie et les manifestations mystérieuses dont elle était l'objet, Marthe a dû se demander si elle n'était pas à l'occasion victime d'une hallucination. «*Je craignais tellement d'être dupe de quelques habiles manœuvres*» dictera-t-elle à sa secrétaire. Marthe est prudente, on le sait. Toutes ces histoires la troublent. Il lui fallait quelqu'un pour l'aider à voir clair. C'est un prêtre du diocèse de Valence, le Père Betton, qui reçut cette mission importante pour Marthe.

Grand ami de l'abbé Perrier, curé de Saint-Uze, on peut penser que c'est sur la demande de ce dernier que l'abbé Betton vint à Châteauneuf-de-Galaure, vers la fin de 1928 ou le début de 1929. L'homme était professeur de philosophie au séminaire du diocèse et auteur d'un recueil de poésies qu'il publia sous le nom de Paul Bonté : ses élèves ont gardé de lui le meilleur souvenir : la plupart des séminaristes l'avaient choisi comme directeur spirituel et tous le considéraient comme quelqu'un de très cultivé et de très grande valeur.

D'instinct, quand on a parlé du cas de Marthe au Père Betton, il s'est montré méfiant et en donnant son accord pour lui rendre visite sur place, il a déclaré : «*Je vais l'avoir cette petite !*». Il pensait probablement la pousser à se contredire. Or il a été stupéfait, «*soufflé*» nous a-t-on dit. Ce qui l'a frappé, lui, c'est qu'elle lui a posé une question qui l'embarrassait. Elle lui a dit : «*Je suis ennuyée parce que je vois la Trinité !*». Elle ne comprenait pas comment cela pouvait se faire. Il répondit : «*Votre vision n'est pas sensible, mais intellectuelle*». Cette remarque apaisa Marthe. Elle venait de trouver ce qu'on appelait alors un «directeur spirituel».

L'abbé Betton a dû venir assez régulièrement à la Plaine jusqu'en 1936. Après, il s'est effacé. Mais son opinion à l'égard de Marthe n'a pas varié. Quand des personnes l'interrogaient à ce sujet à Saint-Rambert-d'Albon où il mourut comme curé, il lui arrivait de dire : «*J'ai eu le sentiment de la présence de Dieu !*»

Marthe perd l'usage de ses mains : l'inaction absolue

Il y a presque un an, c'était, on s'en souvient, le 25 mars 1928, Marthe connut la paralysie de ses jambes, mais elle pouvait écrire et broder. Selon Gisèle Signé, la Sainte Vierge aurait demandé encore à Marthe d'offrir au Seigneur ses mains. Toujours est-il que le 2 février 1929, la paralysie a gagné les deux bras et les deux mains. «*J'ai encore gardé mon dé à doigt une bonne huitaine de jours,* raconte-t-elle plus tard à Mlle Fagot, *et puis j'ai dit à maman : tu sais, tu peux m'enlever mon dé maintenant !*». Tout s'est passé, pour ainsi dire, avec le sourire : «*J'accepte avec amour tout ce qui me vient de Vous,* avait dit Marthe dans son acte d'abandon ; *tout ce que Vous voulez et voudrez encore dans la suite. Je m'abandonne humblement à Vous par Marie... Je renonce à jamais à moi-même et à tout*».

Marthe entre cette année-là dans l'inaction absolue : ses bras sont raides ; ses jambes paralysées et douloureuses ; elles se replient complètement sur elles-mêmes. Marthe est là sur son divan, un oreiller dans le dos, un coussin dur pour lui tenir les genoux, le bras droit reposant immuablement sur sa poitrine et le bras gauche allongé le long du corps. Lorque Mme Ferdinand Robin vient aider la maman Robin à changer les draps du divan, Marthe ressent des tourments insupportables dès qu'on la soulève. Si bien qu'au fil des ans on la changera de moins en moins souvent. Et n'oublions pas qu'elle ne peut ni manger, ni boire, ni dormir. Sa gorge se dessèche. Un jour de 1930, Marthe fera cet aveu : le démon «*m'attaque par la soif, en me faisant éprouver des soifs cruelles et excessives, ce qui m'est un tourment très pénible. Et quand on m'apporte à boire, je ressens un tel dégoût que je dois me faire une grande violence*».

«*Il me tente aussi par l'immobilité à laquelle je suis exclusivement condamnée par mes infirmités, en me donnant des désirs poignants de demander qu'on me soulève, qu'on m'arrache un peu de mon lit pour me soulager, me semble-t-il. Et quand ma chère maman est obligée de me déplacer, de me soulever un peu, je vou-*

drais me dérober à sa vue pour qu'elle ne me touche pas, tant le moindre mouvement me déchire, et mon épouvante atteint parfois un si haut degré que je voudrais crier grâce et pitié. Ce qui me coûte le plus, c'est la peine que j'impose aux miens, surtout à ma chère maman... Le plus douloureux et le plus coûteux pour moi, c'est l'inaction absolue. Quelle souffrance pour moi qui étais restée si active dans la douleur !»

Il ne reste plus à Marthe que la prière et les visites, encore que celles-ci soient parfois bien fatigantes pour elle.

Les secrétaires de Marthe

L'abbé Faure, à présent bien convaincu que Marthe était une «*sainte*», lui proposa de faire son courrier et lui demanda même qu'elle lui dictât les prières que le Seigneur mettait dans son cœur. Il fut le premier ennuyé de cet ordre donné : «*Je n'ai jamais tant écrit de ma vie !*» soupirait-il. C'est pourquoi il fit appel à des aides comme Paulette Plantevin et d'autres encore. Selon Jeanne Bonneton qui déjà fut la secrétaire de Marthe avant de rentrer au couvent de Vals-les-Bains, Marthe dictait lentement. Parfois, elle disait : «*Si vous trouvez un mot meilleur, mettez-le !*». Mais l'abbé Faure était trop scrupuleux pour opérer le moindre changement. Et les secrétaires de Marthe ont certainement respecté la teneur de la dictée, assaisonnant celle-ci de quelques fautes d'orthographe.

En réfléchissant sur tout ce que pouvait dicter Marthe, l'abbé Faure se sentait de plus en plus dépassé. A l'occasion de son ordination sacerdotale, il avait supplié le Seigneur de ne jamais lui confier «*des âmes trop surnaturelles*». Il était joliment exaucé ! Il disait à des paroissiens de Châteauneuf : «*Il m'envoie Marthe ! Qu'est-ce que je peux faire, moi, avec Marthe ?*»

Rien d'autre que prier, cher abbé !

L'action de grâces dans la tourmente

En tout cas, c'est ce que fait Marthe. Jour et nuit, elle prie. La prière est devenue l'essence de sa vie. Marthe prie en prose et en vers. Prière de douleur, jamais de révolte, et pourtant, prière d'action de grâces.

«*J'ai bu l'amer calice, j'ai bu jusqu'à l'ivresse*
(ne) cherchant le doux refuge que dans ton cœur
Car Toi seul es ma force et moi l'humble faiblesse,
Ne m'abandonne pas, je suis tienne, ô Seigneur !

Je suis ta proie, ô Jésus, dans la croix et la joie
Dans la cruelle épreuve et la vive douleur,
qu'il est doux de souffrir quand on s'immole à Toi
et qu'on a pour soleil le grand feu de ton cœur

Je sais où vit l'Amour, j'ai vu briller la flamme,
Pour ton ciel, ô Jésus, je veux cueillir des fleurs,
Des tourments douloureux ensanglantent
mon âme,
Mais toujours je redis «Merci mon Sauveur».
(14 février 1930)

Prière missionnaire aussi, car plus Marthe s'enfouit («*cachez-moi !*») plus elle pense à la mission. Témoin ce texte dicté dans la nuit du 31 décembre 1929 au 1er janvier 1930. Cette évocation brûlante du cœur transpercé de Jésus inspire à Marthe un amour universel :

«*Il est un grand Amour, et c'est la Charité,*
Qui jaillit, ô mon Dieu, de votre Cœur Sacré.
C'est la vraie Charité... La Charité de l'âme
Dédaigneuse du bruit, des louanges et du blâme.
Sans savoir si mes dons seront pour des ingrats
Je dois ouvrir mon cœur, ouvrir tout grands
mes bras,
Aimer qui me chérit, et chérir ceux qui m'aiment
Serait vraiment donner que bien peu
de moi-même !
Et si fort que mon cœur puisse en être embrasé
Je veux semer l'Amour, semer la Charité !

Aimer ! N'être éprise que de bonté, de douceur,
de justice
Etre ardente et aimante dans l'entier sacrifice.
Oui, l'être pour tous, l'être de tout mon cœur
Avec la volonté d'apaiser, de confondre l'erreur
Sans séparer jamais le feu d'avec la flamme.
Je veux en m'oubliant faire aimer Dieu aux âmes
En me donnant pour tous, sans cesse et
sans compter
Donner, toujours donner, sans vouloir récolter !»

Le 6 mars 1930, elle écrit encore : «*Mon cœur déborde d'amour, de paix en Dieu !*» On en arriverait à croire qu'elle ne souffre plus, si elle n'ajoutait : «*C'est la joie dans le plus complet sacrifice*». «*La croix et la joie*» comme elle disait plus haut. La croix dans la joie...

«*Mon âme est toute désemparée*» gémit-elle le samedi-saint 19 avril 1930. «*Ne m'abandonnez pas ô Jésus, il fait nuit en moi !*» Et encore : «*Tout m'ensanglante, mais j'accepte avec ardeur de continuer mon pèlerinage... Je n'ai qu'un désir : sauver les âmes en aimant Dieu toujours davantage !*»

Quelques jours après encore, le 14 mai 1930, Marthe dicte une lettre à Esther pour sa sœur Jeanne Bonneton, désormais clarisse : «*Je vous demande, ma sœur Marie-Thérèse, de prier pour qu'on ne voie pas comme je souffre, ni les miens, ni autour de moi ; je demande journellement cette grâce à la Sainte Vierge, et pour qu'elle continue de m'exaucer, je vous prie de le demander avec moi !*»

«Quand je cherche le Seigneur, Il me répond», dit le psaume 33. Quand Marthe prie le Seigneur, Il répond, mais avec des lettres de feu...

L'or s'éprouve au creuset.

CHAPITRE 3 :

«Ta mort, Seigneur, nous la rappelons» (en notre chair) (1930)

«Je suis crucifié avec le Christ»
(Galates II - 20)

«Laissons sa douloureuse Passion se renouveler en nous... Laissons-nous clouer en croix avec le Christ»
(3 février 1930)

Depuis cinq ans, c'est-à-dire depuis le 15 octobre 1925, date de son acte d'abandon à la volonté de Dieu, Marthe est broyée au creuset de la souffrance.

La paralysie des jambes, la paralysie des bras et des mains, l'inaction absolue, les insomnies, son incapacité à prendre de la nourriture, ses souffrances physiques et morales aigües, ses longues prières de jour et de nuit, tout a contribué à faire subir à Marthe une transformation de son être. La voici totalement infirme et totalement dépendante des autres. Et pourtant, en ce début de 1930, Marthe ne vient que de terminer la première étape de ses tourments... «*O Père tendre et bon...* prie-t-elle le 2 janvier, *que ferez-vous de moi cette année ? Où me mènera votre Amour ? Que me demanderez-vous ?*»

Encore une prière qui ne restera pas sans réponse...

Les stigmates : pour être comme Jésus...

A la fin du mois de septembre, Jésus lui-même apparaît à Marthe et lui dit : «*Veux-tu être comme Moi ?*» Il y a longtemps qu'elle avait répondu par avance par un abandon total entre ses mains : «*O mon Dieu, tout mon pauvre moi est à Vous. Faites-en, je Vous en supplie, votre petite humanité de surcroît... Que je puisse dire en toute vérité : mon moi, c'est Jésus !... Que ma vie soit la reproduction parfaite et incessante de votre Vie !*». En vérité, quand Marthe faisait cet acte d'abandon en 1925, elle ne pouvait imaginer combien elle serait prise au mot. C'est l'Esprit qui priait prophétiquement en elle...

De nouveau, en 1930, probablement le 2 octobre, Jésus apparaît à Marthe. Un Jésus crucifié.

— *Marthe, veux-tu être comme Moi ?*

Sa prière de 1925 lui revient sans doute en mémoire. «*O Jésus, prenez mon cœur, tout mon cœur ; il ne demande et il soupire de n'appartenir jamais qu'à Vous seul ! J'accepte avec amour tout ce qui vient de Vous !*»

Alors des traits de feu partent du cœur de Jésus. Il étend Marthe en croix ; elle sent la croix dans son dos, elle éprouve une brûlure intense.

Puis elle offre ses pieds. Un dard a encore jailli du côté de Jésus et frappe en même temps les deux pieds de Marthe.

Un troisième dard, sans se diviser, frappe Marthe sur le côté gauche, provoquant une blessure de dix centimètres de longueur. Des pieds, des mains et du côté, le sang s'est mis à couler. En même temps, Jésus appliqua, sur la tête de Marthe, la couronne d'épines. Marthe sentait la couronne d'épines même contre le globe de ses yeux, a-t-elle dit au Père Finet et à ce moment-là, le sang coulait de toute la tête. «*Je succombais sous ce fardeau. Les épines brûlaient ma tête, de la même douleur que mon cœur, mes mains et mes pieds... Peu à peu, je fus ramenée et dans la journée je pus parler.*

C'est ma maman la première qui vit que le sang avait coulé» (18)

A partir de ce moment-là, à peu près toutes les nuits, Marthe s'est mis à verser des larmes de sang.

Les stigmates
vus comme phénomène physiologique

Ici, il faut nous arrêter quelques instants sur ce phénomène qui intrigue beaucoup de gens, les curieux en particulier et les incrédules.

Les stigmates de Marthe ont été vus par des dizaines de milliers de personnes, c'est-à-dire par toutes celles qui sont venues dans la chambre de «La Plaine» au temps où on n'était pas obligé de fermer complètement les volets, c'est-à-dire jusqu'en 1939, et aussi par toutes celles qui sont venues dans la chambre indirectement éclairée par une veilleuse car au bout de quelques minutes on arrivait à voir assez distinctement, et enfin par toutes celles qui ont défilé devant le lit mortuaire de Marthe. Il s'agit donc d'un phénomène bien attesté.

Par ailleurs, sur la demande de Mgr Pic, évêque de Valence, deux médecins lyonnais particulièrement qualifiés sont venus examiner Marthe. Il s'agit du docteur Dechaume, professeur à la Faculté de Médecine de Lyon, et du docteur Ricard, chirurgien des hôpitaux de Lyon. Ce dernier s'est tellement intéressé à ce cas qu'il est revenu souvent voir la stigmatisée. Nous aurons donc l'occasion de reparler de lui.

L'examen médical s'est déroulé le 14 avril 1942. Ce ne fut pas une petite formalité pour donner à l'évêque un certificat de complaisance. Les deux médecins ont commencé par interroger longuement Marthe sur tous ses antécédents. Puis eut lieu l'examen clinique. L'ensemble a duré plusieurs heures et a permis un rapport d'une vingtaine de pages dactylographiées. On ne saurait donc rejeter d'un geste, blasé ou ironique, ce qui est fermement attesté et décrit par deux grands médecins.

Ceci bien établi, il reste que, médicalement parlant, les stigmates ne sont que des plaies sur le dos des mains, des pieds et au côté gauche. L'explication des stigmates échappe aux médecins. Un jour, un neurologue de Paris, le Dr Assailly, racontait qu'il s'était efforcé de convaincre Marthe Robin d'aller en clinique pendant un ou deux mois (19). Cela lui permettrait, disait-il, de convaincre «*ses collègues de la réalité des phénomènes extraordinaires*» qu'elle présente. Après quoi, Marthe répondit : «*Docteur, je n'ai qu'une règle, celle de l'obéissance. Que mon directeur, mon évêque ou le saint-Père décident de m'hospitaliser, je dirai oui aussitôt. Mais croyez-vous vraiment que le problème soit là où vous le cherchez ?*»

C'était poser la bonne question...

Le vrai sens des stigmates : rappeler les cinq plaies du Christ

Car enfin, ni un examen clinique, ni une radioscopie, ni même un scanner ne peuvent déceler un mystère d'amour. Comme nous l'a fort bien dit un témoin, quand on a vu Marthe, à l'agonie chaque vendredi, suer du sang, qu'est-ce qu'on peut attendre d'un examen médical ? La vie mystique laisse des séquelles physiques sur le corps de Marthe, mais elle est d'un autre ordre. «*Avant d'arriver à la stigmatisation extérieure, Jésus fait passer par des agonies du cœur et de l'âme*» (20).

Au reste, on peut dire que Marthe a été la première à s'étonner de ce phénomène qu'elle a vécu. Le 8 octobre 1930, donc peu de temps après avoir reçu les marques du Crucifié dans sa chair, elle méditait sur son état :

> «*Tout devient de plus en plus mystère pour moi... Mais qu'ai-je besoin de savoir ? Ce n'est pas à moi, ni à personne à sonder les secrets de Dieu. Je n'ai qu'à adorer, accepter, bénir et m'abandonner pleinement à la Providence*».

En tout cas, celle qui a prié le Seigneur en Lui disant : «*Cachez-moi*», celle dont l'écriture révèle la réserve et la modestie, n'a nullement été tentée de jouer à la vedette.

> «*O Vierge Marie*, supplie-t-elle toujours le 8 octobre, *faites que je sois chaque jour plus docile, plus patiente, plus simple. Qu'on m'ignore et qu'on*

m'oublie. Je ne demande pas que Dieu fasse en moi des choses visibles, mais uniquement d'être une humble petite enfant, douce et humble de cœur».

La stigmatisation n'est pas un phénomène de spectacle, mais la manifestation imprimée de l'Union au Christ-Sauveur. «*Ta mort, Seigneur, nous la rappelons !*» proclame-t-on à la messe. Notre stigmatisée ne la rappelle pas qu'avec ses lèvres. Ses plaies montrent les cinq plaies du Christ. Elles ne peuvent pas être oubliées.

Certes, Jésus est ressuscité. Mais après sa résurrection, l'un de ses premiers gestes n'a-t-il pas été de montrer à Thomas les blessures de son côté et de ses mains ? Et St-Jean note dans l'Apocalypse : «*J'ai vu l'Agneau dans un état d'immolation. Il était debout ! Il avait sept cornes et sept yeux*» (V - 6). La résurrection et l'Ascension n'ont pas fait disparaître les plaies du Christ. Il les a emportées dans la gloire. Jésus ressuscité continue de montrer à son Père les souffrances du Golgotha. Plus fort que le sang d'Abel, le sang du Juste par excellence crie vers Dieu.

C'est parce que nous sommes tentés de l'oublier que des privilégiés comme François d'Assise, Catherine de Sienne et bien d'autres dans l'histoire, ont reçu, comme Marthe Robin, la mission de nous rappeler les plaies et la mort du Christ. Ils font tellement corps avec le Christ qu'ils sont aussi blessés, comme Lui, par le péché et qu'ils en suent du sang. Avec St-Paul, ils disent : «*Je suis crucifié avec le Christ*» (Galates II - 20). Et ils ne veulent rien savoir que «*Jésus-Christ et Jésus-Christ crucifié*» (1re Cor. II - 2). Tel est le vrai sens des stigmates.

Chaque semaine le sang a coulé

Quand Monsieur et Madame Robin ont vu leur fille ensanglantée, ils en ont été bouleversés. Ils ont alerté immédiatement le docteur Aristide Sallier, de Saint-Uze. Ses études de médecine ne l'avaient évidemment pas préparé à soigner un pareil phénomène. Tout de suite, il voulut faire boire sa patiente. Peine perdue : le liquide ressortait par le nez. Le médecin se sentait désarmé. Un jour, il avouera son impuissance professionnelle et dira à Marthe : «*Mademoiselle, priez pour moi !*»

D'après notre stigmatisée, Mme Robin «*s'est rendue compte que cet état venait de Dieu et de l'acceptation par son enfant de la volonté divine*».

Est-ce bien certain ? L'amie de Marthe, Gisèle Signé, raconte qu'un jour - est-ce cette semaine-là ou une autre semaine toute proche, elle ne peut s'en souvenir, mais elle situe bien le fait en 1930 - après avoir dit au revoir à Marthe, elle s'en est allée : «*J'étais dans la cour. Maman Robin m'appelle :*

- *Dites petite...*

Je me retourne.

- *Je voudrais bien vous dire quelque chose. Je suis bien ennuyée pour ma petite, elle saigne.*

Tout de suite, je lui dis :

— Mais, maman Robin, d'où elle saigne ?

Elle m'a fait signe : le cœur, la fatigue (front, yeux). J'ai pensé tout de suite : mais c'est les stigmates !

- *Mais qu'est-ce que les stigmates ?*

Elle a cru que c'était une maladie ! Elle me dit :

- *Regardez ce linge.*

Il était tout maculé de sang. (Elle me dit :)

- *Ce linge, je l'ai lavé, je l'ai fait bouillir, je l'ai passé à la Javel et ça ne s'en va pas ! Qu'est-ce que c'est ?*

— Maman Robin, il ne faut pas garder ça pour vous. Il faut que Marthe en parle à Monsieur le curé.

Elle m'a répondu :

- *Marthe ne veut pas qu'on le dise et ne lui en parlez pas !*

Je n'ai pas osé aller le dire à Monsieur le curé.»

Pourtant, Monsieur le curé l'a su ! D'autant que le phénomène se renouvelait chaque vendredi. Et non seulement il se renouvelait, mais il était accompagné de signes qui en donnaient le sens : Marthe revivait la Passion. Et le temps de cette Passion s'est amplifié progressivement. Bientôt elle débutera le jeudi soir, et l'extase qui suit, annonce de la gloire, ne s'achèvera, à la fin de la vie de Marthe, que le dimanche soir ou le lundi matin, voire le lundi après-midi.

Comme les stigmates, la Passion n'a pas été un mystérieux phénomène clandestin, que n'auraient vu que deux ou trois personnes proches. Au long des années, beaucoup de gens ont été admis une fois ou l'autre dans la chambre de Marthe pour prier avec elle pendant qu'elle endurait la Passion. Un peu comme Pierre, Jacques et Jean furent invités par Jésus à veiller et à prier pendant qu'Il agonisait.

De la fin de cette année 1930 jusqu'au début de février 1981, date de son départ de la terre, chaque vendredi Marthe est entrée dans les tourments de la Passion. Comme une enfant, elle avait peur, elle tremblait. Le Père Finet a souvent raconté ce dialogue pathétique qui précédait l'entrée en agonie de Marthe :

- *Père, est-ce que vous savez bien que c'est jeudi aujourd'hui ?*

— Oui, mon enfant

- *Vous savez, Père, que ce soir...*

— Oui, mon enfant

- *Père, je ne pourrai pas...*

— Si, mon enfant

Et Marthe dit qu'elle sentait monter progressivement au cours de cette journée du jeudi les affres de la Passion. Elle engageait son combat contre les forces de l'enfer, contre le démon qui lui cognait la tête sur le meuble proche du divan. Marthe versait des larmes de sang. Elle priait. Elle ne priait plus Jésus car alors elle ne faisait qu'un avec Jésus. «*Plus de moi... Plus de mien... Soyez vraiment ma vie...*» Elle lui était étroitement associée ; avec Lui et en Lui, elle priait le Père. On avait l'impression qu'elle était Jésus agonisant dans le jardin des oliviers. On l'entendait dire : «*Eloignez ce calice de moi !*». Ou encore : «*Que votre volonté soit faite, Père*».

Le récit des Passions

Le récit des «Passions» remplit de longs cahiers. Nous avons de la peine à imaginer cette souffrance de compassion de Marthe pour le Christ. Rendons-nous compte d'abord des impressions de Marthe, puis nous lirons le récit rédigé par un témoin d'une «Passion».

«O nuit ! Epouvantable nuit ! Nuit de douleurs, de voluptés et de pleurs. Terrifiée d'effroi j'ai assisté à la terrible, terrible Passion du Sauveur, je l'ai vu successivement subir tous les supplices, depuis l'agonie au Jardin, jusqu'au crucifiement du Golgotha, y compatissant d'un cœur déchiré, sanglant : y participant, les expérimentant dans leur horreur, dans leur douleur, dans leur amour... Surtout dans l'amour.

«J'ai connu sa souffrance de l'isolement qui broie, qui terrifie le cœur ; j'ai eu des frissons d'épouvante, des sueurs d'agonie, j'ai bu au calice d'amertume, j'ai douloureusement tressailli sous les fouets invisibles qui cinglaient mes chairs, sous les épines qui s'enfonçaient profondément dans mes tempes, des blessures cachées qui brûlent toujours plus atrocement mes mains, de mes pieds, mon cœur. Et de toute mon âme, de tout mon être torturé des supplices de la Passion, des «oui» ardents, des «oui» enthousiasmés fleurissaient.

«Oui» Père, votre volonté est aussi la mienne. Je ne saurais vivre autrement que dans l'amour de Jésus, dans les peines de Jésus, dans les immolations de Jésus, souffrir sa Passion et ses agonies, pour être expiatrice et rédemptrice et conquérante avec Jésus, comme Jésus.

«Pour vivre tout Jésus, pour devenir totalement Jésus, il faut vouloir être Jésus crucifié. Il faut se laisser tour à tour dépouiller, attirer, attacher sur la Croix au doux Bien Aimé, et demander, consentir à n'être qu'une âme, un cœur, une chair de souffrances pour tous avec Lui...

«Dans ma soif d'amour et de donner des âmes à Jésus, j'ai laissé maintes fois sa main divine graver au fer et au feu jusqu'aux plus intimes profondeurs de mon âme ces deux mots si sublimes et si doux qui de plus en plus sont devenus ma vie : Victime et hostie.

«Ce n'est plus immenses délices, profondes ivresses d'amour, merveilleuses clartés, divine béatitude dans mon âme, mais tourments extrêmes, agonie d'amour... C'est la croix nue... La pure souffrance ! L'amour, la souffrance m'étreignent de plus en plus ! Je souffre une intense passion d'amour, je brûle d'amour, j'agonise dans l'abîme de cet Océan de feu, sans que la plus petite fraîcheur vienne en tempérer l'amertume... Et cela m'est si tendrement bon.

«Chaque souffrance qui nous étreint, chaque sacrifice qui nous immole, chaque angoisse qui nous jette dans les ténèbres, dans la nuit de l'abandon et de l'agonie, chaque abîme effrayant qui se creuse dans notre cœur comme pour y engloutir tous nos petits bonheurs et toutes nos espérances, chaque suprême désolation qui nous semble le dernier «consummatum est» est une vie nouvelle que le divin Maître inocule en notre âme. Il a vaincu la mort et l'aiguillon de la mort ; et triomphateur suprême depuis sa Résurrection Glorieuse, Il fait passer dans les âmes les mêmes agonies mortelles. Il ne les enfante dans la nuit des tombeaux que pour les ressusciter à l'amour et les faire sortir plus pleinement de vie après les avoir ensevelies.» (30 octobre 1931)

Ceux qui ont eu la grâce d'être témoins de ces «Passions» ont parfois consigné, minute par minute, ce qu'ils ont entendu et vu. Voici donc à titre d'exemple un témoignage sur la Passion du 20 août 1937, car nous n'en connaissons pas d'aussi détaillé avant cette date.

«14 h 13 - Mais mon grand Dieu d'Amour que pourrais-je vouloir hors de Vous ! Vous avez depuis si longtemps ravi ma volonté. Comment pourrais-je vouloir puisque vous m'avez rendue impuissante à le faire ?

O mon Tout, voulez vous-même en moi, dans toute l'étendue, dans toute l'immensité et dans toute la justice de votre divin vouloir.

14 h 30 - Mon bien-aimé Jésus, vous savez tout ce que je veux dire au Père par vous. Je vous le dis en le lui disant parce que vous êtes dans le Père et que le Père est en vous.

O mon Jésus, faites donc que tous vos grands desseins d'amour dans le monde s'accomplissent bien vite et joignez-vous à moi pour fléchir par votre cœur celui de votre Père.

Et faites, selon votre Parole, que comme vous êtes une même chose avec Lui, faites que toutes les âmes que je vous donne, que je vous confie, que je vous supplie de garder en vous, soient aussi une même chose avec Lui et avec Vous.

14 h 35 - O Père, pourquoi tardez-vous ? Il y a si longtemps que votre Jésus donne tout son sang pour les âmes, mais j'ai foi en votre promesse car vous Lui avez promis toutes les âmes et toutes les nations.

14 h 44 - O mon Dieu, je ne saurais être lasse de souffrir, mais j'ai tant hâte de voir régner la vérité, de voir toutes les âmes et tous les cœurs unis dans la charité. Mon Dieu envoyez vite votre Esprit d'Amour.

14 h 46 - Oh oui ! Chère maman, à vous ils n'osent rien refuser, dites-leur que vous le demandez avec moi.

14 h 54 - Multipliez les saints parmi vos prêtres pour que par eux les saints se multiplient aussi dans le monde.

15 h 05 - Mais que vient-il encore faire ici ? Oui, va-t-on étouffer les tiens dans l'abîme ?

15 h 10 - Mon Dieu, vous avez déjà répandu tant de grâces et de bénédictions sur notre retraite (21) *! Continuez, je vous prie, à répandre sur toutes ces âmes vos plus célestes faveurs. Jetez encore sur toutes ces âmes un long regard d'amour. Qu'elles comprennent combien il faut mourir souvent pour vivre tout à fait.*

15 h 12 - Mon Père, ouvrez toutes grandes ces âmes. Emparez-vous à tout jamais de ces vies. Ne choisissez pas mon Dieu ! Prenez, prenez toujours. Que toutes les paroles qui tombent des lèvres de votre prêtre, les pénètrent à fond. Que toutes produisent en elles les plus divins effets.

15 h 17 - Mon Dieu, donnez-leur le regret de tant de fautes commises à votre égard, de tant d'erreurs dont elles se sont rendues coupables.

O mon Amour, mon Tout, délivrez-les aujourd'hui même de tout mal ; animez-les d'un bien infini.

Faites-les toutes vôtres par participation ; qu'elles ne vivent plus que de Vous, avec Vous et par Vous dans l'amour du Père, qu'elles ne vivent plus que de Vous-même et de votre vie dans le temps et l'éternité. Non de votre vie triomphante et glorieuse, mais de votre vie cachée, souffrante et eucharistique, de toute votre vie d'amour.

15 h 24 - Mon Jésus, faites-les vivre de votre vie. animez-les de votre Esprit, consumez-les dans votre amour, consommez-les dans l'Unité.

O chère maman, emportez-les plus avec vous dans la Trinité. Que pour comprendre pleinement, elles comprennent chaque jour un peu mieux.

15 h 27 - Marthe se lève une première fois. Je la soutiens. Elle retombe un peu brusquement.

15 h 38 - Deuxième chute. Elle m'échappe, elle est jetée par le démon sur le côté.

15 h 49 - Troisième chute. Je la retiens.

15 h 55 - Mon Dieu, mon Dieu, pourquoi m'avez-vous abandonné ?

16 h - Mon Père, je remets mon âme entre vos mains».

A ce moment-là, Marthe est comme morte...

Lors de ces Passions, du moins de 1936 à 1948, car après, tout se passe dans le plus grand silence, Marthe intercède pour toute l'Eglise, apporte au Seigneur les intentions de prière qu'on lui a recommandées. Voici par exemple une prière de Marthe du 17 décembre 1937.

> *«Daignez, je vous prie Seigneur, prier et vous offrir en moi et à ma place pour cette âme si chère que je vous confie et à toutes ces intentions qui sont toutes les vôtres déjà.*
>
> *«Je les dépose en vous, mais tout particulièrement en ce jour la grâce qui concerne l'œuvre des retraites de notre Foyer de Charité et qui vous a déjà été confiée par tant d'âmes et tant de fois.*
>
> *«Mon Dieu chargez-vous d'elle et de tout. Je compte sur Vous... J'espère en Vous... Je crois en votre Amour pour nous et j'ai confiance pour prendre, garder et faire vôtre mon intention, ma*

prière, ma demande, ma souffrance, mon offrande et tout mon amour.

« Jésus, voyez avec quelle ardeur je désire cette conversion... Cette bénédiction... Cette grâce... Ne me faites pas attendre davantage...

«Mon Père, je vous offre pour les besoins de l'Eglise et de cette âme tout l'amour de votre Fils bien-aimé pour chacune d'elles.

«O Amour Infini ! Je m'unis à Vous... J'ai confiance en Vous... Je m'abandonne à Vous...

«Pour qu'elle chante éternellement vos miséricordes, ô cœur de mon Jésus, exaucez-moi !

«Mon Dieu, je vous offre toutes les prières, les sacrifices, les souffrances que vous m'avez envoyées et que j'ai endurées, toutes les prières que j'ai faites jusqu'à ce jour, tout ce que je souffre pour elle en ce moment et tout ce que je souffrirai encore jusqu'à la mort pour toutes les âmes que vous avez sauvées et rachetées par votre précieux Sang...»

On n'en finirait pas de faire des citations. Il nous faudrait plusieurs gros livres si nous voulions rapporter par le détail les longs récits de ces Passions. Mais les quelques extraits que nous avons donnés permettent déjà de nous faire une petite idée et de nous tremper dans un climat de prière bouleversant.

«A Châteauneuf, on a une grande sainte !»

Marthe souffrait les tourments de la Passion tous les jours, mais le vendredi d'une manière beaucoup plus spectaculaire. Aussi, tout aux alentours, la rumeur de l'événement se répandit ; bientôt des femmes «montèrent» à la Plaine, comme on montait à Jérusalem pour prier avec Marthe et s'unir, par elle, à la Passion du Christ.

L'abbé Faure et l'abbé Ferrier furent les premiers à vouloir organiser les visites. Il fallait passer par eux car il était trop gênant pour la famille Robin de refuser l'entrée dans la maison.

On regardait, on écoutait, on priait, on était secoué. Du coup, le scepticisme de maints habitants de Châteauneuf et des environs commençait à fondre. Un climat nouveau était en train de naître. A preuve ce mot d'une personne de St-Martin-d'Août qui a marqué à jamais quelqu'un qui est devenu par la suite membre du foyer de Charité : «*A Châteauneuf, on a une grande sainte ! Un jour les foules viendront la voir !*» (22)

C'était en 1930...

TROISIEME PARTIE

La communion*

‹ Goûtez et voyez comme est bon
le Seigneur»
(psaume 33)

*Si quelques lecteurs trouvaient cette partie un peu plus difficile, ils pourraient passer directement à la quatrième et à la cinquième partie, et revenir ensuite à la troisième.

CHAPITRE 1 :

La communion eucharistique et la prière

«Le cœur de Jésus a battu dans mon cœur»

(22 janvier 1930)

«Il a crée le sacrement de l'Eucharistie, non seulement pour que nous l'y adorions, mais aussi pour que nous nous nourrissions de son corps»

«On veut être comblé et on ne va pas à Celui qui donne...»

«Nous devons communier, même quand nous n'éprouvons pas un grand plaisir à recevoir la sainte hostie. Ce n'est pas du gâteau, mais du pain dont nous devons nous nourrir par nécessité».

Jusqu'ici, il nous a été relativement aisé de raconter la vie de Marthe : qu'il s'agisse de son enfance, de son adolescence ou de ses premières années de l'âge adulte, quelque chose se passait, une action se déroulait : Marthe rendait service à ses parents, elle brodait, elle nouait des amitiés, elle cédait sa place à une malade pour le pèlerinage de Lourdes, elle faisait un acte d'abandon, elle rencontrait des médecins, elle recevait dans sa chair les stigmates des plaies du Christ. Autant de gestes ou d'événements qui ont jalonné sa vie, dans ses vingt-huit premières années.

A partir de 1930, date à laquelle nous sommes parvenus et jusqu'à sa mort, paradoxalement alors que de plus en plus de personnes vont venir visiter Marthe, il ne va plus rien se passer pour elle. L'ouverture d'une petite école, qui grandira d'ailleurs comme un grain de sénevé, et la rencontre avec le Père Finet, après quoi naîtront les Foyers de Charité, sont là des événements extérieurs à sa personne. Elle n'assistera pas, et pour cause, à l'inauguration de l'école et du Foyer : elle ne les a même jamais vus ! Dans sa vingt-huitième année, Marthe entre dans une période de vie cachée assez inouïe, essentiellement tissée de visites, de prières, de souffrances et d'extases. Cette période va durer un peu plus de cinquante ans ! Elle est symbolisée en quelque sorte par la «consécration des vierges» qui a détaché Marthe du «siècle», entendu au sens de «monde».

«La consécration des vierges» : Une dimension pascale

Le lecteur se rappelle qu'un religieux capucin très spirituel, le Père Marie-Bernard, était venu visiter Marthe et l'avait fait entrer dans le tiers-ordre de St-François en 1928. Le Père revint à Châteauneuf-de-Galaure en 1930. C'était le 11 août. Selon Jeanne Bonneton, la baronne Du Bay (d'Alboussière) était présente. Pour la circonstance, Marthe a voulu porter une chemise de nuit toute brodée et un voile blanc sur la tête. Elle voulait se faire belle pour accueillir l'Epoux... Elle était épanouie, heureuse. Pensant une fois de plus qu'elle ne tarderait pas à mourir, elle voulut se faire photographier dans cette tenue pour qu'on puisse remettre un souvenir d'elle à ses amies...

En fait, il ne s'agissait que d'une nouvelle mort à elle-même et d'une résurrection spirituelle. C'est là, on le sait, le sens du baptême. La consécration des vierges n'a pas un sens différent. Au fond, elle ratifie le baptême, elle l'actualise, elle provoque à un approfondissement de la vocation chrétienne. **«Les Vierges suivent l'Agneau partout où il va»,** dit l'Apocalypse (XIV - 4). Marthe entre dans ce grand cortège. Telle une vierge sage, elle part à la rencontre de Jésus pour participer avec lui au banquet des noces, (Matthieu XXV - 1 - 13). Elle ne s'appartient plus. Elle appartient à la cité céleste. Elle souffre, certes, de voir que l'heure du salut n'est *pas encore* arrivée, comme disent les théologiens, mais elle sent que la réalité eschatologique est *déjà* inaugurée.

L'Eucharistie et l'oraison sont justement les deux grands moyens qui annoncent ce banquet des noces éternelles, elles sont à la fois une anticipation mystique de celui-ci et une réalité présente. Voyons ce qu'elles ont été pour Marthe.

L'Eucharistie : unique nourriture de Marthe

Tous ceux qui connaissent un tant soit peu Marthe savent qu'elle a vécu de l'Eucharistie de 1928 à 1981. C'était son unique nourriture.

Marthe ne pouvait pas boire. On humectait ses lèvres à l'occasion, mais elle ne buvait pas. C'est là quelque chose de fantastique. Le Dr Ricard a fait remarquer à ce sujet que les grévistes de la faim qui jeûnent durant plusieurs semaines, doivent boire beaucoup pour se maintenir en vie. Un verre d'eau, en tout cas, est absolument indispensable pour soutenir leur organisme. Or, pendant cinquante ans, Marthe s'est contentée d'avoir les lèvres humectées avec de l'eau ou du café... Pour elle, jamais de boisson.

Et comme nourriture, elle n'absorbait que l'hostie qu'on lui apportait une fois par semaine. Marthe communiait d'ailleurs aux heures les plus diverses ! On sait en effet que, selon l'ancienne discipline du jeûne eucharistique, le chrétien, pour communier, ne devait plus manger depuis minuit jusqu'au moment où il recevait le sacrement. De ce fait, dans la pratique, personne ne pouvait communier le soir. Sauf Marthe ! Comme elle était perpétuellement à jeun, elle pouvait communier aussi le soir !

Les nombreux prêtres qui ont eu la joie, au cours de leur vie, de porter l'Eucharistie à Marthe, ont souvent observé que l'hostie entrait en elle comme happée, sans aucune déglutition. Mais le plus étonnant n'est pas que Dieu puisse faire cette entorse aux lois de nature, mais plutôt la manière dont Marthe se préparait à la communion, puis entrait en extase. Pour elle, «*une communion sans préparation et sans action de grâces est de bien peu d'utilité pour l'âme*».

Les noces mystiques

Il n'est pas sans intérêt d'abord de noter que Marthe veut recevoir le sacrement de réconciliation chaque fois qu'elle communie. Puis elle prie. Car voilà bien l'événement de la semaine : c'est qu'«*Il va se donner à moi dans un instant Celui qui guérit, console, relève, bénit. Celui qui est paix, va la rendre à mon cœur trop déchiré et pénétré de tourments affreux*» (3 octobre 1930). Ce n'est pas sa guérison physique que Marthe sollicite. Si elle a une demande, c'est de mourir «*car je languis d'amour*», dit-elle tout de suite. «*Cependant, mon Dieu... Partout je veux vous suivre, j'accepte vos desseins, je les vénère et je les aime, je me soumets à tous vos décrets, mais restez et vivez en moi. O Jésus, je ne veux être rien pour moi, toute pour Vous*».

Il faut noter aussi, comme préparation lointaine à la communion, que Marthe renouvelle chaque matin son «*acte d'abandon et de consécration à l'Amour miséricordieux*».

Dès qu'elle a reçu le Christ en elle, commencent les noces mystiques.

«*Ce matin après la communion, l'extase m'a soudainement et brusquement saisie. J'ai éprouvé l'union particulière, union mystique de mon âme avec Dieu. Impossible de décrire ce que j'ai compris, de redire les communications que j'ai reçues, d'expliquer les lumières que Dieu m'a données sur son œuvre en ce moment... Mais en revenant à moi, je ressentais allégresse et douleur.*

«*La douleur provenait de me voir encore en cette vie où se commettent journellement mille imperfections - et la joie de ce que, vivant encore sur cette terre, il me restait quelque peu de temps pour souffrir en vue de Dieu et pour sa gloire.*

«*Pendant que j'étais absorbée dans ces divers sen-*

timents, le ravissement m'a saisie à nouveau et j'ai eu la vue intellectuelle de Jésus glorieux et souverainement régnant qui, du sommet de la gloire, me montrait ses plaies sacrées, émerveillement des élus» (5 avril 1930).

D'autres fois, c'est la sécheresse du cœur qui s'ajoute aux souffrances physiques et morales de Marthe.

«*Dans quelle impression de dessèchement je vais oser m'approcher de Jésus-Eucharistie aujourd'hui ! Mais Lui-même a dit, ô ma pauvre âme, que ce n'était point pour combler de trésors les grands et ceux qui sont dans l'abondance qu'Il était descendu de son ciel, mais pour consoler les petits et rassasier les affamés et les assoiffés*» (août 1931).

Une autre fois, elle sent douloureusement le vide «*après quelques heures de délicieuse union*»... Jésus... «*a voulu retirer de mon âme le sentiment si intense de sa présence. Une impression de vide m'a si soudainement étreinte que ma pauvre petite âme n'était plus qu'une petite fleur ensanglantée sur la croix. Toute la journée, mon Sauveur m'a conduite d'épreuves en épreuves, de douleurs en douleurs. O merci ! Je vous bénis de tout, ô Divin Soleil de mon âme !*» (29 août 1930)

De nombreux textes attestent que l'amour «*enveloppe*» Marthe ; son âme est «*inondée, envahie d'amour*».

Et que dit-elle à Dieu ? Elle lui demande de n'être qu'une transparence de Lui, de s'effacer devant Lui. Elle intercède : pour sa famille, son frère, ses sœurs, ses neveux et nièces. «*Ce que je demande surtout, c'est le retour à la foi, aux pratiques religieuses de mes bons parents*». Elle prie encore pour les prêtres : ce sera son souci constant. «*Je recommande à Dieu et prie pour tous les prêtres que je connais, tous ceux qui m'ont fait quelque bien, pour l'âme de tous les prêtres, plus particulièrement les prêtres français, surtout pour ceux du diocèse*». Ensuite, elle prie pour ses amies, les malades qu'on lui a confiés, les cœurs affligés, tous les besoins de l'Eglise.

Eloge de l'oraison

Ces moments d'intimité eucharistique sont si importants qu'on s'attendrait en toute logique à ce que Marthe insistât fortement sur la communion en général et sur la communion fréquente en particulier. Or, dans les conseils qu'elle donne, Marthe encourage l'oraison, c'est-à-dire la durée dans la prière personnelle.

«*Si l'on me demandait : que vaut-il mieux faire : l'oraison ou la sainte communion ?... Les deux sont vivement à conseiller. Mais s'il faut porter une préférence, je crois que je répondrais l'oraison, car l'oraison est une disposition et une préparation immédiate à la sainte communion... La communion fréquente est un conseil, l'oraison est un divin précepte : «priez, priez sans cesse !». Or il est difficile de bien prier et de prier sans cesse si le cœur ne se remplit pas de bonnes, de saintes pensées, fruits de la méditation. Il en coûte plus pour faire oraison que pour communier. La communion est un acte extérieur qui est en lui-même un plaisir, une consolation, une joie pour l'âme... L'oraison est un entretien secret entre Dieu et l'âme.*

«*La communion ne suppose pas toujours la vertu. On peut communier et se rendre coupable du Corps et du Sang de Notre-Seigneur. L'oraison de chaque jour ne veut point dire qu'on soit vertueux ; elle est cependant une preuve qu'on travaille sérieusement à le devenir... Quelqu'un a dit : on trouve des chrétiens qui communient tous les jours et qui sont en état de péché mortel... Mais on ne trouve jamais une âme qui fasse oraison tous les jours et qui demeure dans le péché*». (4 avril 1930)

Pour qu'on ne se méprenne pas sur sa pensée, Marthe dit qu'en parlant ainsi, elle vise l'erreur de ceux qui s'inquiètent d'une communion qu'ils n'ont pu faire, mais ne se soucient pas d'un temps d'oraison qu'ils auraient pu donner à Dieu. Elle ajoute que la communion sacramentelle n'est pas toujours possible, mais que la communion spirituelle est d'une nécessité vitale, du moins si on ne veut pas «*demeurer ou devenir les pieuses nullités dont se rient les démons !*».

Il est important de communier. Il est plus important encore de durer dans la prière personnelle.

Qui parle ainsi ? C'est celle qui ne s'est nourrie que de l'Eucharistie pendant la moitié d'un siècle. C'est dire la force du conseil que Marthe nous donne...

CHAPITRE 2 :

La communion au Dieu vivant : Père, Fils et Esprit-Saint

«La foi est communion au Père»
(1° Jn III - 23 - 24)

«Jésus est pour moi le livre des livres»
(3 janvier 1930)

«Je ne puis penser à Jésus sans penser en même temps au Père et à l'Esprit-Saint, sans penser aussitôt à la Trinité d'Amour devenue ma demeure aimée»

Le 3 janvier 1930, Marthe confie à sa secrétaire un petit fait très éclairant. Autrefois, dit-elle en substance, *je demandais qu'on me laisse lire quelques livres qui m'eussent permis de mieux m'exprimer au sujet des grâces inouïes que j'ai reçues. Mais le Seigneur m'a sévèrement reprise par ces paroles : «En quoi t'ai-je manqué ?»* Aussi Marthe délaisse-t-elle à présent les livres.

«Jésus est le Livre vivant du chrétien»

Chaque fois qu'on lit à haute voix devant elle, elle est comme absente. Les longues considérations ressemblent pour elle à ces fastidieuses réponses toutes faites de catéchisme qu'elle n'arrivait pas à retenir. Bon gré mal gré, elle a fini par comprendre que le livre des livres, c'est Jésus. «*Les livres paraissent si froids quand on a Jésus qui dirige et instruit de la vraie science de l'amour et de la vérité ! N'est-ce pas le livre complet, toujours ouvert... et toujours ouvert à tous ? Jésus est le livre vivant du chrétien... C'est Lui mon Livre unique, c'est Lui qui m'a appris l'art divin de souffrir. Qui pourrais-je chercher hors de celui qui est la voie, la vérité et la vie ?*»

Nous voici bien dans le sillage de grands saints. St-François d'Assise a souffert de ce que ses disciples voulaient connaître Dieu à travers les livres. St-Thomas d'Aquin, auteur d'une savante «somme théologique», confiait, avant de mourir, qu'elle était pour lui comme de la paille. Les livres de théologie ne sont pas mauvais en soi, bien sûr, ils sont même nécessaires à un moment donné, mais ils n'apportent pas une connaissance de l'intérieur. Quand on connaît quelqu'un pour avoir vécu et échangé avec lui, c'est bien autre chose que d'avoir lu un livre sur lui ! Sur Dieu, les livres ne sont que des balbutiements d'enfant car «*L'œil n'a point vu, l'oreille n'a point entendu*»... Dieu échappe à nos loupes et à nos raisonnements. Il ne se révèle qu'aux tout-petits (Luc X - 21). Il ne nous faut donc pas aller chercher plus loin l'origine de l'intuition trinitaire de Marthe : «*Jésus est pour moi le livre des livres*». Tout est là. «*Notre Seigneur, connaissant mon excessive pauvreté et misère... m'enseigne Lui-même les choses qu'Il veut que je sache... Jésus est pour moi le livre des livres dans lequel il m'est permis de lire sans relâche et sans épuisement. C'est par ce livre que le Seigneur m'a appris tout ce que je sais et ce que je dois dire - et du saint tabernacle où Il me parle, Il m'a rassasiée quand j'avais faim de choses si bonnes, si belles qu'elles dépassent toute description*».

Dieu est père et mère à la fois

«*Notre pire faiblesse en ce monde est l'ignorance de Dieu*». Comme chaque être humain, Marthe n'a pas vu Dieu. Mais Jésus le lui révèle et l'Esprit-Saint lui apporte des lumières intérieures. En s'abandonnant à la volonté de Dieu, elle se laisse envahir par Lui et, très naturellement, elle s'adresse tantôt à la Trinité tout entière, tantôt au Père, ou au Fils ou au Saint-Esprit.

Elle prie souvent le Père, comme au cours de cette Passion du vendredi 4 juin 1937 : «*Père éternel... Par votre Esprit d'Amour, je vous offre les plaies sacrées de Jésus mon Sauveur*». Elle regrette qu'on connaisse si mal le cœur de notre Père du ciel. «*Pourtant*», assure-t-elle, «*non seulement Dieu est Père, mais Il est Mère tout à la fois*». Et Il nous appelle à l'aimer : «*Prenant pour ainsi dire l'humanité dans ses mains divines, et l'élevant jusqu'à la hauteur de son visage éternel, il donne à chacun le doux nom de fils, en lui demandant de lui donner le doux nom de Père, et lui dit : Tu m'aimeras comme un fils, car je t'ai associé à mon Fils unique et tu vivras avec nous de notre vie toute l'éternité... Mais l'amour appelle l'amour... Si Dieu aime ses enfants, Il veut aussi en être totalement et uniquement aimé.*»

Prière à la Trinité

Il est bien difficile d'établir un classement des prières de Marthe. Nous ne les connaissons pas toutes d'ailleurs, mais on regarde habituellement comme un chef-d'œuvre la longue prière qu'elle fit à la Trinité en 1937.

Marthe se dit d'abord éblouie devant ce qui est à ses yeux l'œuvre des œuvres de Dieu : l'Incarnation et la maternité divine de Marie. Avec le bagage intellectuel qu'elle a reçu au catéchisme, il est surprenant que Marthe puisse ainsi dans sa prière avoir une pensée de théologien. Nul doute que cette inspiration lui vient d'ailleurs, d'en haut...

> «*O Trinité Sainte et Eternelle ! Je Vous adore et je Vous loue en Vous-même et en vos œuvres, en l'unité de votre Essence, en l'égalité de vos Personnes, en la profondeur de votre Science, en l'immensité de votre Sagesse, en l'étendue de votre Providence, en la beauté de vos Mystères, en l'œuvre de vos œuvres qui est Dieu fait Homme et une Vierge Mère de Dieu.*
>
> «*O Oeuvre Ineffable et Incompréhensible !*

Oeuvre Seule digne de la Grandeur et de la Puissance de Celui qui la produit ! O le Chef-d'Oeuvre de vos Oeuvres, l'Origine de Vos Mystères, l'Expression de Vos Grandeurs, le Soleil de Vos Merveilles... Oeuvre qui enclôt votre Essence, s'arrête à l'Une de Vos Personnes et produit la plus éminente dignité qui soit dans l'Etre créé hors de la Divinité.

«*Et cette Oeuvre si belle et si admirable, si grande et si sainte, si magnifique et si éminente, se fait en un moment, non pour un moment mais pour l'éternité...*

«*Elle se fait dans le temps, non pour un temps mais pour les siècles des siècles...*

«*Elle se fait à Nazareth, non pour Nazareth. mais pour toute l'humanité...*

«*Elle se fait sur la terre et non au Ciel, mais elle se fait pour la terre et pour le Ciel...*

«*Elle se fait au milieu des hommes, mais elle se fait pour les Anges, pour les hommes et pour Dieu même ; car elle donne une Mère à Dieu, un Roi aux Anges et un Sauveur aux hommes... Elle rend à l'Amour de leur Père ses enfants déchus.*»

Puis Marthe saisit que la Trinité, dont la vie est essentiellement communication, veut étendre cette communication aux hommes pour opérer une effusion d'amour hors de sa propre essence. C'est de la théologie toujours ; mais tournée en prière et avec lyrisme :

«*O Trinité sainte et admirable ! C'est le chef-d'œuvre de votre Amour, lequel va, imitant et exprimant la Vie, la Communication, la Société et les relations intimes que nous contemplons et adorons dans les Trois Personnes Divines ; car vous opérez toutes choses pour Vous-même et en Vous contemplant.*

«*Vous voulez exprimer en cette Oeuvre d'Amour, de Miséricorde et de Paix, une idée de Vous-même. Vous voulez en l'honneur de cette Vie et Communication Divine et Eternelle, faire une Communication Divine et temporelle ; vous voulez entrer en Société et Communication avec vos créatures pour étendre et honorer la Communication et Société qui est en Vos Personnes.*

«*Vous voulez, il me semble, égaler la Puissance de votre Amour et Communication intime, en cette effusion d'Amour et Communication hors de votre propre Essence... Et choisissant la plus humble, la plus pure, la plus sainte de vos créatures, vous voulez entrer en société et communication, en unité d'Amour, de Vie et de relation avec les hommes, en communiquant singulièrement et vous associant uniquement à une autre nature et à une personne humaine : à une personne humaine par l'opération toute d'Amour de vos Trois Divines Personnes ! Lesquelles au plus grand et au plus fort de leurs Oeuvres ont voulu comme entrer en société intime et éternelle avec la très sainte Vierge Marie.*»

Puis Marthe adore chacune des Personnes divines. En adorant le Père, elle ne tombe pas dans le piège de l'adoration d'un Etre tout-puissant qui écraserait le monde. Son Dieu-Père n'est pas Jupiter, mais un Père de miséricorde. On observera que Marthe considère Marie comme le chef-d'œuvre du Père dans l'ordre de la nature. Là encore, il n'est pas banal qu'elle exprime de telles nuances, sans avoir étudié la théologie, ni suivi de noviciat.

«*J'adore, ô Dieu, Père Tout Puissant, l'amour infini qui vous a incliné à donner votre Fils, le Bien Aimé de vos éternelles complaisances, Votre Unique, au monde perdu par le péché originel et les multiples péchés actuels. J'adore cette même divine Charité se manifestant dans le choix des moyens employés pour l'Incarnation.*

«*Vous ne voulez pas recourir à Votre toute puissance, mais Vous en appelez à votre divine Sagesse, à votre bonté, à votre miséricorde, à votre amour. Pouviez-vous vous approcher plus près de nous par d'autres voies ? Qui pourrait entrevoir aussi combien la Vierge Marie Vous est chère et précieuse ? Vous l'avez créée et enrichie des plus grands Dons de la grâce pour être la digne Mère de votre Fils Bien Aimé. Dans l'ordre de la nature, de la Grâce et de la Gloire, elle est le chef-d'Oeuvre sorti de Vos mains Divines. Dans l'ordre de l'existence des choses créées, vous n'avez jamais commandé et ne commanderez jamais à rien de plus grand, de plus noble et de plus parfait que la Vierge Bénie.»*

Marthe adore maintenant le Fils éternel de Dieu, devenu point central du monde quand Il a voulu être le Fils de Marie, sa créature.

«Votre incarnation, ô Verbe éternel et divin ! est le point central du monde, préparé de toute éternité et ses conséquences s'étendent jusqu'au-delà des temps et enveloppent toute l'éternité.

«Je Vous adore acceptant et recevant de votre Père la suprême Mission de nous racheter, de nous sauver, de nous délivrer de l'esclavage du péché, de nous réhabiliter, de nous rendre la Vie de la Grâce perdue par ce même péché et de nous disposer, de nous incorporer à la Vie éternelle de la Gloire.

«Je Vous adore, ô Jésus, vous apprêtant à dépouiller les splendeurs de Votre Gloire pour devenir comme l'un de nous !... Mais que dirai-je, ô Verbe Divin, de vos rapports avec Marie au moment de l'Annonciation ?...

«Vous voulez être le Fils de cette Vierge sans tâche, comme vous êtes le Fils Unique de Dieu et afin de nous donner une Mère auprès de Vous ! Vous avez Dieu pour Père et vous voulez avoir Marie pour Mère pour nous la donner et nous la donner à tous !

«Par votre toute-Puissance et votre infinie bonté, Vous la rendez digne Mère de Dieu, pour être réellement Mère de tous les hommes. Humblement Vous lui obéissez en cette vie terrestre et couronnant votre Oeuvre, Vous lui accordez dé-

jà dans les Cieux, la gloire correspondant à sa dignité Sacrée.

Enfin, Marthe adore l'Esprit-Saint, l'Esprit de Lumière et d'Amour qui la fait vibrer d'admiration et de reconnaissance.

> «*Je vous adore, Esprit de Puissance, de Lumière et d'Amour ! Opérant en Marie l'œuvre auguste de l'Incarnation.*
>
> «*Il convenait que cette Oeuvre d'Amour soit attribuée à l'Amour, lien vivant du Père et du Fils. Avec quelle perfection, ô divin sanctificateur, vous avez enrichi l'âme Immaculée de l'auguste Mère de Dieu, l'ornant de toutes les vertus, de toutes les grâces, de tous les dons.*
>
> «*Je vous adore, Esprit d'Amour, formant miraculeusement en Marie le corps de notre divin sauveur ! Devant ce grand mystère je m'incline ; devant cette merveille, mon cœur reste muet d'admiration «Et concepit de Spiritu Sancto» et tout mon être vibre de reconnaissance*».

Quel enthousiasme devant le mystère de Dieu ! Comment expliquer cet émerveillement, surtout quand on sait que, jusqu'à une époque encore récente, les séminaristes qui étudiaient le traité de la Trinité, le refermaient sans regret au bout de trois mois ! Aussi, imaginer qu'un étudiant en théologie puisse spontanément parler comme Marthe en s'adressant au Père, au Fils et au Saint-Esprit, est à peine pensable. Mais que puisse s'exprimer ainsi une infirme immobilisée sur un divan depuis des années et qui n'a jamais étudié, dépasse l'entendement.

Dans le chapitre précédent, nous avons fait allusion au miracle souvent renouvelé de l'hostie qui était happée par la bouche de Marthe. Si le lecteur regrette de n'avoir pu être témoin de cette scène, qu'il s'interroge sur cette prière à la Trinité : une telle formulation, empreinte de science théologique autant que d'amour, n'apparaît-elle pas comme un miracle que chacun peut encore aujourd'hui constater ?

CHAPITRE 3 :

En communion avec Marie et les saints du ciel

> «Ma devise est : toute à Jésus par Marie médiatrice de toutes grâces.
> Ma vie est toute d'union à Notre-Seigneur par l'union à sa sainte Mère»
>
> (3 février 1930)

Nous avons eu déjà l'occasion de citer par bribes à plusieurs reprises un texte très dense qu'il nous faut relire à présent d'un trait et entièrement, en remarquant l'enchaînement des diverses étapes de cette vie donnée.

«De toutes mes forces, de toute ma volonté, j'ai voulu le bien et, avec sa grâce, j'ai trouvé Dieu.

«Après des années d'angoisse, de péché, après bien des épreuves physiques et morales, j'ai osé, j'ai choisi le Christ-Jésus - Lui, le Verbe Incarné, l'Agneau Sauveur du monde - pour Maître, modèle unique et parfait. Ou plutôt, je L'ai supplié de vouloir être mon Maître, mon modèle, ma voie et ma vie.

«Puis un jour (après m'être depuis longtemps donnée et consacrée à Lui tout entière - et avoir eu la preuve réelle et sensible que j'avais été exau-

cée), après un acte d'abandon humble mais confiant, Il s'est révélé et donné à moi spirituellement pour le Dieu et l'époux de mon âme, vivant, agissant en elle.

«*Avec sa vie, j'ai connu et aimé*
la Trinité glorieuse
l'incomparable et Immaculée Vierge Marie
les anges et les saints

«*J'ai compris le rôle admirable et si maternel de la sainte Eglise.*

«*Puis, sans presque y avoir pensé, j'ai appris et me suis sentie tout à coup fille et protégée de St-Joseph*»

(22 janvier 1930)

Ainsi Marthe, dans son cheminement, n'est pas partie d'une dévotion, mais de la vie. Elle a d'abord agi de tout son être pour faire le bien ; elle a été en recherche, non point de manière vague, mais «*de toutes ses forces et de toute sa volonté*». Elle a fait un choix, elle a lâché prise et elle s'est donnée à Dieu. C'est le pari de la foi. Puis en commençant une nouvelle étape, elle a connu le Père, le Fils et l'Esprit ; ensuite elle a ouvert les yeux sur le rôle de Marie, puis des anges, des saints et de toute l'Eglise.

La dévotion entre la sainte Vierge projette Marthe vers Dieu et vers les hommes

Ces considérations permettent de situer la dévotion de Marthe envers la sainte Vierge et envers les saints. En aucun cas, cette dévotion n'est l'effet de la sentimentalité, elle est précisément la conséquence d'un éblouissement intellectuel et expérimental, dans la foi, devant l'œuvre de Dieu. De ce fait, la dévotion n'est jamais un en-soi qui serait coupé de la vie ; au contraire elle projette sans cesse Marthe vers Dieu et vers les hommes. Pour elle tout se tient. Elle ne peut parler de Marie sans évoquer le Père du ciel, ou Jésus, ou l'Esprit, ou les besoins des hommes. Elle est en «*société et communication*» avec le ciel et la terre, tant et si bien qu'elle ne peut parler du Seigneur, des élus ou des pèlerins terrestres sans entrer immédiatement en relation avec eux. Elle ne fait pas de la théorie. Elle est immergée dans une immense société d'amour et parle à chacun.

Par exemple, un jour de fête de la sainte Vierge, en 1937, on demande à Marthe de parler de sa maman du ciel. Qu'aurions-nous fait à la place de Marthe ? Nous aurions exposé la doctrine mariale concernant le mystère célébré ce jour-là, ou plus subjectivement, nous aurions dit notre confiance en Marie, à moins que nous n'ayions soupiré : il y a si longtemps que je la prie pour qu'elle vienne me guérir...

Or, voici la réponse de Marthe :

«*La plus infinie louange à l'Immaculée exigerait pour être dignement exprimée un cœur plus limpide que le mien, une plume plus habile et plus expérimentée que la mienne. Et c'est pourtant d'Elle que je veux parler, quand bien même mes faibles balbutiements seront indignes d'Elle. Mais certaine néanmoins qu'Elle les agréera et les accueillera dans son cœur de maman, parce que Vous êtes toute bonne, ô Marie, et parce que je vous aime et que vous êtes ma Mère*».

Elle voulait parler de Marie et déjà elle Lui parle directement. Elle le fait, consciente de son «balbutiement», mais avec une confiance éperdue d'enfant.

«*Arrière donc les grands mots, les belles phrases, les livres savants ! Moi, toute seule dans mon cœur d'enfant, je veux me recueillir pour contempler, non une image, mais la plus vivante et la plus splendide réalité qui, descendue du Ciel, s'est accomplie dans un cadre mystérieusement grand et pauvre de la Palestine. Cette réalité, c'est toute la Génèse extérieure de l'Esprit-Saint*».

Marthe n'est pas savante, elle va droit à l'essentiel : Marie est déjà située en relation avec l'Esprit-Saint bien que vivant dans la pauvre Palestine. Ceci est saisi dans un «*recueillement*» car Dieu ne s'apprend pas dans les livres.

«*Esprit-Saint, Esprit d'Amour ! Je voudrais suivre avec paix l'éblouissante réalisation de vos vues divines, mais leur beauté me dépasse de si haut que je ne peux que méditer et adorer en silence la grande, l'ineffable merveille de Votre Amour !*».

Voilà maintenant Marthe en conversation avec l'Esprit-Saint lui-même, non pour faire montre d'un savoir, mais pour dire son éblouissement et son adoration, car il y a des choses qu'on ne peut dire sans se prosterner.

> «*Je me bornerai à ne noter que quelques pensées qui me permettront... de redire aux âmes toutes données et dévouées à Marie, de laisser pénétrer en elles, avec une grande humilité d'amour et un joyeux empressement, l'action divine afin d'épanouir tous les jours plus pleinement leur cœur et leur vie*».

Marthe est consciente que son exposé ne sera pas une étude complète. Elle veut surtout mettre en valeur «*l'action divine*» en vue de notre épanouissement. Elle pense à nous. Puis de nouveau, elle se tourne vers Marie avec des audaces théologiques mesurées :

> «*Marie devenue notre vie ! Non pas que de la vie elle soit le but suprême ou la première cause ou le principe vital. Toutes ces gloires sont la prérogative de Jésus-Christ. Aussi loin de nous la pensée de vouloir sertir dans la couronne de Marie les diamants volés à Jésus*».

En plus, c'est bien écrit ! Le théologien est aussi poète. Mais écoutons ses explications :

> «*Parmi les simples créatures, le Christ étant laissé à son souverain rang d'honneur, l'Immaculée est vraiment de notre vie chrétienne le seul co-principe universel et l'image la plus vivante et la*

plus parfaite qui soit et sera éternellement. Elle enfante les âmes qui par elle et en elle recoivent la vie de Dieu. Elle est vraiment celle qui nous montre comment vivre et l'attrait pur et simple qui emporte à le faire».

Dans «*Le secret de Marie*», Grignion de Montfort s'exprimait dans le même sens : «*Puisque Marie a formé le chef des Prédestinés qui est Jésus-Christ, c'est à elle aussi de former les membres de ce chef qui sont les vrais chrétiens, car une mère ne forme pas le chef sans les membres, ni les membres sans le chef. Quiconque donc veut être membre de Jésus, plein de grâce et de vérité, doit être formé en Marie par le moyen de la grâce de Jésus-Christ, qui réside en elle en plénitude...*»

Après son énoncé doctrinal, Marthe veut embrasser d'un long regard non seulement ceux qui aiment Marie, mais aussi ceux qui doutent...

> «*Pouvoir atteindre et aider tous ceux qui doutent, tous ceux qui ne veulent plus ou ne savent plus aimer, tous les égarés qui, trop nombreux hélas ! s'imaginent que la religion est déprimante ou opprimante à nos pauvres cœurs humains.*
>
> «*Tous ceux qui vraiment se débattent dans le désert aride d'une pensée sans au-delà, qui les fait se tourner vers les mirages de ce monde où «L'Esprit» malin les appelle comme la danse d'une flamme rouge attire l'insouciant papillon ; pièges insensés des mauvais consolateurs et des entremetteurs diaboliques que nous voyons souvent guetter autour des faibles, des timides, des peureux spirituels et les amener ainsi au pacte maudit, à la rupture de l'ordre providentiol par la rupture de l'ordre naturel.*
>
> «*Tous et toutes afin de les attirer à l'Immaculée, leur véritable Mère, recevoir d'Elle, la «Vie» qu'Elle puise pour eux dans le Cœur Divin et très Aimant de son Jésus pour vivre avec Elle, comme Elle et en Elle la vraie Vie de Dieu».*

Le texte qu'on vient de lire est assez typique de Marthe en ce sens qu'il révèle sa personnalité. Elle qui, en raison de sa maladie, a connu un moment la tentation de se replier sur elle-même, apparaît en relation avec le Dieu de la Trinité, la Sainte Vierge et les hommes. C'est d'ailleurs, à n'en pas douter, Marie elle-même - que Marthe appelle souvent «*Mère de Dieu et mère des hommes*» - qui a formé l'esprit large de notre petite handicapée.

Un court traité marial

Sur Marie, Marthe a dicté je ne sais combien de pages... Elle évoque les visions prophétiques de l'Ancien Testament, elle salue Marie comme l'Eve réparatrice, l'Immaculée, la Co-rédemptrice, la médiatrice, la mère de Dieu et notre mère.

Il est inutile de rapporter ici cinquante pages de citations. Notre lecteur a déjà compris quel amour Marthe avait de sa «*maman chérie*» et quelle était sa science mariologique, car l'ardeur de son affection d'enfant et l'enthousiasme du cœur n'empêchent pas une rigoureuse exactitude du vocabulaire. Marthe, nous l'avons déjà perçu, vibre comme un poète et s'exprime à la manière d'un théologien. Elle n'hésite pas d'ailleurs à avancer des citations en latin ! Elle est une visionnaire de grand style ; elle peint des fresques étonnantes. Elle parcourt toute la bible et toute la Palestine ; elle traverse les siècles. Nous souhaitons que le Foyer de Charité de Châteauneuf-de-Galaure publie un jour les pages émerveillées de ce traité marial que Marthe, sans bagage universitaire aucun, a dictées, rivée sur son divan, au milieu de souffrances incessantes.

En attendant la publication de ces textes, qu'on nous permette une longue citation toujours au sujet de l'Immaculée. Les intertitres sont évidemment de notre rédaction.

1 - Marie à la fois épargnée et rachetée

«De même qu'Assuérus dit à Esther : «Cette loi faite pour tous, ne l'a pas été pour toi», de même l'Esprit-Saint nous révèle que, dès le premier ins-

tant de son existence ici-bas, Marie fut l'objet des complaisances divines les plus étonnantes...

*«Elle est immaculée, tout entière immaculée ! **Tota pulchra es Maria, et macula originalis non est in Te. Les ombres du péché n'ont pas approché de vous, ô Vierge très pure et sans tâche, lys éclatant de lumière et de beauté...***

«Certes, Marie appartient à la race des rachetés et tout en elle est le fruit de la Rédemption. Comme nous, elle reste enfant du calvaire et du sang rédempteur, mais dans un ordre de rachat exceptionnel et si sublime que son âme immaculée demeure le chef-d'œuvre de Dieu, l'édifice de grâce, la grande et toute puissante merveille de l'amour dont le Très-Haut a jeté de sa main divine les «fondements jusque sur les sommets des montagnes saintes». La première plénitude de grâce l'emporte et l'élève sans comparaison aucune sur la grâce consommée de tous les saints du ciel et des saints à venir.

2 - La reine élue par Dieu lui-même

«Elle est par sa pureté immaculée la reine élue par Dieu lui-même, la reine aimée des anges qui des hauteurs des cieux, règne sur tout l'univers des âmes et des mondes.

«Par son titre de «mère de Dieu», elle est la reine des docteurs. Par sa force d'âme, elle est la reine des martyrs. Par sa justice et son amour, elle est la reine de tous les saints et de tous les prédestinés. Envahie dès le premier instant par les radieuses et vivifiantes clartés du Verbe, toute éveillée en sa foi ardente, son âme de vierge aimante et pure entre en un regard infiniment plus profond et plus divin que celui des chérubins et des séraphins dans le mystère insondable du Christ dont elle sera la mère vierge et sans tache.

«Elle est l'âme la plus aimante et la plus aimée du Père après Jésus - et, par conséquent, la plus magnifiquement comblée des faveurs divines.

«Auprès d'elle, tous les anges et tous les saints réunis sont comme s'ils n'étaient pas, car sa souveraine présence remplit le ciel et la terre.

3 - Toutes les beautés du genre humain réunies ne sont qu'une pâle idée de ce qu'est Marie

«Que la pensée et l'admiration de tous les hommes s'élèvent en même temps vers Marie pour la suivre dans cette lumière inaccessible où Dieu habite.

«Que le genre humain tout entier éclairé par une foi vive, emporté par un amour généreux et fort, jette s'il le peut, la sonde en de pareils abîmes !... Que Jésus Lui-même lui en révèle le secret profond !... Que l'Esprit-Saint l'emporte dans les profondeurs infinies de l'Amour, peut être qu'alors, Il pourra soupçonner quelque chose de ce qu'est pour Dieu et pour tous, l'auguste Vierge Marie, la plus humble, la plus sainte, la plus pure, la plus belle qui se puisse jamais concevoir ! La seule Immaculée, image vivante et parfaite de la Beauté même de Dieu.

«Qu'il réunisse, s'il le peut, toutes les nuances de fleurs, qu'il prenne tous ses sourires au printemps, aux forêts leurs effluves embaumés, aux montagnes leur majesté, aux flots leur transparence, aux aurores leurs premières teintes, au jour ses bienheureuses clartés, aux soirs leurs harmonies mélancoliques, aux vallées leurs gazouillis d'oiseaux et le murmure chantant des ruisseaux, aux déserts leur calme mystérieux. Qu'il aille plus loin encore, qu'il prenne la sagesse sur les cheveux blancs des vieillards, l'enthousiasme sur le front resté pur des jeunes gens, l'innocence en l'âme des vierges. Qu'il accumule tous les trésors des cœurs généreux et si dévoués de nos mères... Qu'il multiplie toutes ces beautés à l'infini, qu'il en retire par la pensée toute imperfection, il n'aura encore qu'une bien pâle idée de ce qu'est Marie, la Vierge des vierges, l'Immaculée Mère de Dieu.

«Qu'il ajoute encore tout ce qu'il pourra imaginer dans son esprit, inventer dans son cœur à cette merveille de l'Amour de degrés en degrés, jusqu'aux confins des perfections divines, Marie est encore infiniment plus belle que la beauté entrevue, plus grande que la grandeur soupçonnée, plus puissante et plus reine que le cœur humain le plus vibrant d'amour ne l'a jamais compris. Elle est l'Immaculée, infiniment au dessus de toutes les louanges que le langage humain, même le plus pur et le plus doué, ne saurait balbutier ici-bas par toutes les inventions de son amour.

4 - Marie est le chef-d'œuvre de la puissance créatrice du Père

«Dans notre impuissance à la chanter d'une manière digne d'Elle, mieux vaut confesser avec tous les anges et tous les élus qui la contemplent dans les hauteurs de la gloire, que la beauté divine de la très sainte Vierge dépasse à l'infini toutes les louanges réunies du ciel et de la terre et que la parole humaine dès qu'elle touche aux grandeurs de Marie ne peut qu'humblement répéter le cri de saint Bernard : «de Marie, jamais, jamais assez !»

«Il n'y a vraiment que l'Esprit-Saint et Jésus Lui-même qui puissent pleinement la louer et parler d'Elle comme il convient.

«Marie l'emporte incomparablement sur toutes les créatures comme le soleil sur les étoiles par son éblouissante clarté divine !... Elle est l'idéal de tout amour, de toute Vie donnée à Dieu, le secret profond de toute sainteté, l'abîme virginal du Christ Rédempteur, sa demeure aimante et toujours aimée !...

«Elle est la mère des vrais enfants de Dieu, la première élue dans la pensée éternelle de la Trinité ; son ciel d'amour et de gloire, son rassasiement et ses délices. Elle est la merveille des merveilles conçues dans son cœur divin, le plus grand mot de la sagesse éternelle... Et par-dessus tout, le chef-

d'Oeuvre incomparable de sa toute-puissance créatrice.

«Marie est un abîme de complaisances où repose la Trinité d'Amour !... Et ce n'est là qu'un point de départ, le commencement d'une très grande réalisation éternelle !... C'est une aurore qui monte au-delà de ce monde et dont chaque nation va bientôt connaître le Règne éblouissant de Lumière, d'Amour et de Vie Divine.»

L'attention de Marie pour Marthe

Marthe peut nous rappeler saint Bernard et son enthousiasme quand il parlait de Marie. Encore saint Bernard avait-il tout le loisir de préparer ses homélies au fond de sa cellule de moine. Mais Marthe Robin qui loue Marie avec une aisance stupéfiante, est une handicapée immobilisée totalement. Il est vrai que sa science n'est pas livresque. Sa louange est un cri du cœur. Elle sait de quoi ou plutôt de qui elle parle. La Sainte Vierge lui est apparue pour la première fois en 1921, le 25 mars, on s'en souvient, et cette visite a été suivie de combien d'autres ? Marie apparaîtra, plusieurs fois par semaine, à Marthe jusqu'à sa mort. Châteauneuf-de-Galaure est une terre mariale.

Et Marie avait pour Marthe des attentions incroyables ; Gisèle Signé rapporte par exemple un épisode savoureux. Marthe lui confia un jour :

«Si vous saviez comme j'ai peur, ma petite Gisèle ! Dernièrement, il y a eu un gros orage et j'ai eu très peur»

«En général, poursuit Gisèle Signé, le courant est coupé pendant les orages et Marthe avait très peur de se trouver dans l'obscurité. La maman Robin se trouvait dans les champs, et, en voyant l'orage, elle s'est dépêchée de revenir, sachant combien sa petite avait peur. Et quand elle est rentrée dans sa chambre, elle a vu une bougie allumée, à sa grande stupéfaction, sachant qu'il n'y avait personne dans la maison et que personne n'était venu. Elle a fait la remarque à Marthe.

— Qui donc a allumé cette bougie ?

Et Marthe de répondre :

— «*Mais, ma petite maman, tu sais bien que ma maman chérie du ciel ne me laisse jamais !*»

C'était elle qui était venue lui allumer la bougie !

Dans les lettres qu'elle m'a fait répondre il n'y a pas longtemps (conclut Gisèle Signé), quand elle parle de la sainte Vierge, elle parle toujours de sa maman chérie du ciel».

Consécration à Jésus-Christ par Marie

Comment Marthe en est-elle venue à une telle familiarité avec la Sainte Vierge ? Poser cette question, c'est lever le voile sur le contenu d'un livre de Louis-Marie Grignion de Montfort trouvé un jour par le Père Finet sur le divan de Marthe : «*Le secret de Marie*». Il s'appuie sur la doctrine très simple que nous résume St-Grignion : «*Le Saint-Esprit ayant épousé Marie et ayant produit en elle, et par elle, et d'elle, Jésus-Christ, ce chef-d'œuvre, le Verbe Incarné, comme Il ne l'a jamais répudiée, Il continue à produire tous les jours en elle et par elle, d'une manière mystérieuse, mais véritable, les prédestinés*». Et encore «*Quand le Saint-Esprit, son époux, l'a trouvée dans une âme, Il y vole, Il y entre pleinement, Il se communique à cette âme abondamment, et autant qu'elle donne place à son épouse ; et une des grandes raisons pourquoi le Saint-Esprit ne fait pas maintenant des merveilles éclatantes dans les âmes, c'est qu'Il n'y trouve pas une assez grande union avec sa fidèle et indissoluble épouse*».

Ces deux citations lumineuses sont tirées du *Secret de Marie* et du *Traité de la vraie dévotion à la Vierge Marie*. L'auteur montre qu'on se met «*sous le feu de l'Esprit*» quand on se confie, corps et âme, à Marie. Pour lui, quiconque dit chaque jour et avec cœur la prière suivante, la Sainte Vierge le prendra par la main.

«Je vous choisis, aujourd'hui, ô Marie, en présence de toute la cour céleste, pour ma mère et ma reine. Je vous livre et consacre, en toute soumission et amour, mon corps et mon âme, mes biens intérieurs et extérieurs, et la valeur même de mes bonnes actions passées, présentes et futures, vous laissant un entier et plein droit de disposer de tout ce qui m'appartient, sans exception, selon votre bon plaisir, à la plus grande gloire de Dieu, dans le temps et l'éternité».

Cette prière, que Marthe reprenait à son compte quotidiennement, est tirée de la consécration à Jésus-Christ la Sagesse Incarnée par les mains de Marie. Elle est improprement appelée «*consécration à Marie*» car, en rigueur de terme, et comme le souligna St-Louis de Grignion de Montfort lui-même, on ne peut se consacrer qu'à *Dieu seul.* La finale de la prière *(vous laissant un plein droit de disposer de tout ce qui m'appartient... à la plus grande gloire de Dieu)* est sans équivoque... Néanmoins, si Grignion de Montfort, Marthe Robin, comme St-Maximilien Kolbe et tous les dévots de Marie, ont voulu ou veulent renouveler leur consécration baptismale par les mains de Marie, c'est qu'ils ont décidé d'imiter par là-même la *soumission* même de Jésus-Christ à sa mère. Jésus s'étant *soumis* à sa mère (Luc II - 51) on ne se met pas en danger en agissant de même ! Ici, il ne faut pas ergoter, pas plus que dans le langage amoureux... Il reste, comme une évidence historique, que quiconque se soumet ainsi à Marie, est vraiment *sous le feu de l'Esprit.*

Le chapelet de Marthe : pour le monde entier

Parmi les prières adressées à Marie, Marthe avait encore un goût très marqué pour le chapelet, car la méditation de ces scènes de l'Evangile pendant que les lèvres multiplient la salutation angélique, introduit directement au cœur du mystère du Fils de Dieu Incarné. Là encore, il n'y a pas de «*diamants volés à Jésus*» pour faire la couronne de Marie. Les sourires qu'on lui fait ne sont qu'un appel pour qu'elle nous prenne par la main. Aussi Marthe s'appliquait-elle bien à réciter le chapelet afin d'être bien accompagnée vers le Père :

> *«Pour dire le chapelet, je mets beaucoup de temps ! Je ne sais comment je m'arrange, mais il me faut longtemps quand je suis seule. Je commence mon chapelet, et puis longtemps après, je je m'aperçois que je n'en ai vécu qu'un petit peu, par exemple juste l'Annonciation ! Vraiment, je ne sais pas comment je m'arrange !... Je me demande comment les gens font pour aller aussi vite ! Ils n'ont sûrement pas le temps de penser à ce qu'ils disent... Le «Je crois en Dieu» est tellement grand ! Je dis mon chapelet pour le monde entier !»*
>
> (26 janvier 1966)

Des théologiens chez Marthe

Il n'est pas banal d'ajouter que non seulement les chrétiens très ordinaires que nous sommes étaient édifiés par la manière de Marthe de réciter son chapelet, mais des théologiens eux-mêmes, comme jadis les docteurs de la Loi au temple de Jérusalem, étaient dans l'admiration de ce qu'ils entendaient de Marthe sur Marie.

Nous pouvons avancer deux exemples.

Le premier doit dater de 1941 (23) :

Le Père Garrigou-Lagrange, éminent professeur à l'Angelicum de Rome, et thomiste de réputation internationale, vint une première fois à Châteauneuf-de-Galaure. Comme le Père Finet n'était pas là, c'est Mgr Robert qui conduisit le théologien auprès de Marthe. Elle était en extase, comme cela lui arrivait à chaque fin de semaine. Le Père Garrigou-Lagrange commanda alors à Marthe, au nom de l'obéissance, de sortir de son extase. En vain !

Le Père dominicain se montra agacé et sortit de la chambre, très réticent. Tout expert qu'il était, il avait oublié que seules trois personnes peuvent faire sortir quelqu'un de son extase : le père spirituel, l'évêque et le pape...

Heureusement, le Père Garrigou-Lagrange est revenu d'autres fois à Châteauneuf-de-Galaure. Un ancien curé de St-Martin d'Août, commune toute proche du Foyer de Charité, l'abbé Joseph Petit, - qui fut d'ailleurs médecin avant d'être ordonné prêtre -, a raconté qu'à son tour il conduisit le théologien romain chez Marthe. Nul ne sait ce qui s'est dit ce jour-là dans la petite chambre. Toujours est-il qu'en sortant de celle-ci, le célèbre professeur était hébété. Il parlait tout seul sur la route ; il se disait à lui-même. «*Si tu pouvais aussi bien parler de la Sainte Vierge !*» Cette visite l'a tellement marqué, raconte-t-on, que, peu avant sa mort, on entendit le Père Garrigou-Lagrange murmurer : «*Que suis-je à côté de cette humble fille ?*» (24).

Le deuxième exemple de théologien en visite chez Marthe remonte à 1945, exactement le 31 décembre. (25)

Ce jour-là, un autre théologien dominicain, le Père Manteau-Bonamy, s'en vient trouver la stigmatisée et sollicite d'elle une prière pour le bon achèvement de sa thèse de doctorat, consacrée à «Maternité divine et Incarnation...»

«– *Oui, mon Père*, lui dit Marthe. Puis, après une pause, elle ajouta : «*Avez-vous remarqué que notre mère à Lourdes n'a pas dit seulement : j'ai été conçue immaculée, mais «je suis l'Immaculée Conception !». C'est son propre nom. De même, Marie n'est pas seulement mère comme une autre mère, mais elle est la mère, elle est divine Maternité. C'est très important pour votre travail !*»

Commentaire du jeune théologien d'alors : «Marthe me redisait en d'autres termes ce qu'elle avait répondu au Père Garrigou-Lagrange, théologien de grand renom que le pape Pie XII avait envoyé personnellement auprès d'elle en 1941, et qui lui avait posé la question suivante : quel est le plus digne en Marie : sa maternité divine ou sa plénitude de grâce ? Elle répondit immédiatement : «*La mère de Dieu est nécessairement pleine de grâce !*». Simples réflexions qui semblent tout à fait normales aux oreilles d'un chrétien, après le Concile Vatican II : Marie fut choisie, de toute éternité, par Dieu pour être la Mère du Fils fait homme ; on ne peut pas penser qu'elle ne soit pas la très Sainte Vierge immaculée !

«Ces paroles de Marthe furent, pour moi, dès ce moment-là, une vive lumière qui guida ma recherche doctrinale concernant Marie.

«Avant le Concile Vatican II, on raisonnait encore ainsi, bien souvent : «Si une femme met au monde un homme qui devient évêque, on la dit mère d'un évêque ; Marie a mis au monde un homme qui est Dieu, elle doit donc être dite mère de Dieu.» On dissociait maternité divine et grâce personnelle en Marie.

«Aux yeux de Marthe, bien plus profondément, *Maternité divine* et *Conception Immaculée* sont tellement indissociables qu'on ne peut pas penser cette Mère autrement que *Toute Sainte :* «pétrie par l'Esprit-Saint en forme de Nouvelle Créature», comme dit le Concile, après les Pères de l'Eglise. (Lumen Gentium, n° 56).

«Marie, Immaculée Conception, vécut toujours dans la mouvance de l'Esprit Saint. Elle devint, au cœur de l'Eglise de la Pentecôte, aux yeux mêmes des Apôtres, en pure transparence de l'Esprit, la *Mère de l'Eglise,* vérité que le Pape Paul VI proclama solennellement dans le Concile, le 21 novembre 1964. Je sais que Marthe accepta de souffrir dans l'amour tout spécialement pour cette proclamation par le Pape.

«Dans cet esprit, je commentai le chapitre VIII de *Lumen Gentium* consacré à *La Bienheureuse Vierge Marie, Mère de Dieu, dans le mystère du Christ et de l'Eglise ;* commentaire publié sous le titre : «La Vierge Marie et le Saint Esprit» (1971). Dans le chapitre sur l'Immaculée Conception, je n'hésitai pas à reprendre les paroles de Marthe qui allaient si bien avec le Concile dans le lien nécessaire entre *l'Immaculée Conception* et la *Maternité divine* (p. 76). Bien entendu, je ne nommai pas Marthe qui devait demeurer cachée pour le monde jusqu'à sa mort...

«Quelque temps après, je vois arriver le P. Moullet, franciscain cordelier, créateur de la Mission de l'Immaculée, en Suisse et en France - accompagné de l'abbé J.-F. Villepelée -, me demandant si ces réflexions précises étaient de moi. Je n'ai pas hésité à leur dire que c'était de Marthe Robin.»

- *C'est extraordinaire,* me dit le Père Moullet, *le bienheureux Maximilien Kolbe a dit la même chose bien souvent dans ses conférences et notes personnelles pour en déduire l'intimité entre l'Immaculée et le Saint-Esprit, tout spécialement dans le dernier texte qu'il dicta le matin même de son arrestation par les nazis. Il allait mourir de faim, à la place d'un autre, dans un bunker d'Auschwitz, le 14 août 1941...*

«*Jusqu'à cette rencontre, je ne connaissais le bienheureux Maximilien que de nom !*»

En bref, Saint Maximilien Kolbe et Marthe Robin ont devancé Vatican II...

Marie, médiatrice de toutes grâces

Pour en terminer sur les rapports entre Marthe et la Sainte Vierge, ajoutons encore que notre stigmatisée exultait de joie quand elle parlait de Marie médiatrice. On sait que cette expression a pris son origine en Belgique sous l'impulsion du cardinal Mercier, qu'elle a rencontré par la suite de nombreuses réticences dans l'Eglise jusqu'au jour où le concile Vatican II a reconnu sa légitimité, étant bien entendu que «nulle dérogation, nulle addition n'en résulte quant à la dignité et à l'efficacité de l'Unique Médiateur». Le titre de piété n'effarouchait pas Marthe ! Elle disait :

> «*Devant la Mère Médiatrice de toutes grâces, on n'est pas porté à se mettre à genoux en suppliant, mais à se jeter dans ses bras !*» (26)

Mais d'où venait donc cette science mariale de Marthe Robin ? Assurément, ni de l'abbé Caillet, ni de l'abbé Cluze, ni de l'abbé Faure ! Ces braves curés auraient sans doute aimé parler de Marie en chaire, comme le faisait Marthe de son divan...

Marthe et Sainte Thérèse de Lisieux

Marthe était en communion avec Marie, nous venons de le voir, mais aussi avec les saints du ciel. Et d'abord avec Thérèse de Lisieux. On sait qu'elle l'appelait «*la coquine*». Une amitié les liait toutes les deux. Il y avait entre elles comme un clignement d'œil ! Quand elles avaient quinze ans, elles ressemblaient l'une et l'autre à toutes les jeunes filles de cet âge. Par la suite, elles sont passées par la nuit et se sont heurtées à cette souffrance qui oblige à lâcher prise, qui crucifie, mais qui permet la désappropriation de soi et l'abandon à Dieu. Elles ont tant de ressemblances qu'à première vue on ne peut dire ce qui est de l'une ou de l'autre.

> «*Oui, la souffrance m'a tendu les bras et je m'y suis jetée avec amour... Lorsqu'on veut atteindre un but, il faut en prendre les moyens. Jésus me fit comprendre que c'est par la croix qu'Il voulait me donner des âmes, et mon attrait pour la souffrance grandit à mesure que la souffrance augmentait. Pendant cinq années, cette voie fut la mienne, mais à l'extérieur rien ne traduisait ma souffrance, d'autant plus douloureuse que j'étais la seule à la connaître.*»

On dirait ce texte écrit par Marthe Robin, mais c'est une citation des manuscrits autobiographiques de Thérèse de Lisieux...

Voici un autre texte :

> «*Afin de vivre dans un acte de parfait amour, je m'offre comme victime d'holocauste à Votre amour miséricordieux, Vous suppliant de me consumer sans cesse, laissant déborder en mon âme les flots de tendresse qui sont renfermés en Vous et qu'ainsi je devienne martyre de Votre Amour, ô mon Dieu.*»

En vérité, nous aurions bien des raisons de penser que ce deuxième texte est de Marthe. N'est-ce pas elle par exemple qui disait le 29 août 1932 : «*O Jésus, si un jour on pouvait dire que votre amour m'a consumée, non par l'effet de mes efforts, mais par l'effet de votre grâce toute-puissante !*». Et pourtant le texte ci-dessus cité n'est pas de Marthe, mais de Thérèse encore !

Thérèse et Marthe ont effectivement des traits communs. Elles étaient comme deux sœurs.

Il faudrait évoquer encore les relations célestes privilégiées que Marthe eut avec d'autres saints : Saint Joseph dont elle considérait qu'elle était «*fille et protégée*», - Saint Jean l'apôtre qu'elle voyait à l'occasion des passions du vendredi -, Saint François d'Assise, le stigmatisé qui a visité maintes fois Marthe. Elle aimait invoquer «*tous les saints*» du ciel avec qui elle était parfaitement à l'aise en raison de leur appartenance au même Corps mystique.

Vraiment, Marthe sur terre était en communion avec Marie et tous les saints du ciel.

QUATRIEME PARTIE

L'envoi en mission

«Ite, missa est. Allez, c'est l'envoi. c'est la mission qui commence...»

«Ce ne sont pas des paroles qu'il faut aux incroyants, aux égarés. Ils ont besoin de vertus qui resplendissent, qui les éclairent, les attirent. Tout pacte d'amour entre Jésus et une âme sera un jour payé par des merveilles de grâces, des déluges de miséricorde»

(17 octobre 1931)

«Etendre sur la terre le règne de la Vérité et de l'Amour, voilà, il me semble, ma mission... Je voudrais ne laisser, comme trace de mon passage ici-bas, qu'une traînée lumineuse de Vérité et un grand incendie d'amour divin»

(23 mai 1931)

CHAPITRE 1 :

Marthe et les enfants

«Je n'avais pas à discuter les ordres de Dieu ! Je n'avais plus qu'à m'incliner et à obéïr !»

«La prière des enfants est toute-puissante... Plusieurs enfants, réunis dans la prière, font pour le ciel des choses merveilleuses»

«Les petits baptisés, ils sont les trésors du Seigneur !»

Marthe aimait dire : «*Attention aux départs ! Il y a d'abord la sainteté, l'œuvre vient après...*»

Sans le savoir, elle condensait en une formule lapidaire sa propre expérience. Car l'œuvre d'une vie ne s'improvise pas et celle de Marthe a été préparée par des années de prière, de renoncement et de souffrances. Marthe s'est abandonnée à Dieu : ce n'est plus elle qui tient le gouvernail de sa vie ; c'est Lui. Il va donc pouvoir agir par elle.

A sa manière à Lui...

Un projet insensé

Nous y avons déjà fait allusion, c'est en 1926 que Mlles Thévenon et Marguerite Lautru, en lien avec l'abbé Faure, ont fondé le patronage de Châteauneuf-de-Galaure. On ne se rend plus bien compte de nos jours de l'impact d'une œuvre qui remonte à St-Jean Bosco. Mais il est bien certain qu'avant la seconde guerre mondiale, les patronages se sont multipliés à travers la France et qu'ils ne se bornaient pas à être des garderies d'enfants. C'était en quelque sorte la grande activité des paroisses de France. Un bon prêtre investissait dans un patronage.

L'abbé Faure ne voulut pas faire exception à la règle, mais en toute honnêteté il trouvait que cette activité coûtait à la paroisse la location d'une maison et quelques autres frais encore. Tout cela pour rassembler une dizaine de filles et de bambins ! Le rapport prix et efficacité n'était pas d'une luminosité évidente. L'abbé Faure s'en ouvrit un jour d'ailleurs à son confrère de Saint-Uze, l'abbé Perrier, probablement vers 1928. Il s'attira cette simple réponse : «*Si tu écoutais Marthe...*»

Que lui disait-elle ?

Au début, à vrai dire, il n'y comprenait rien. On sait ce qu'il avait déjà confié en avril 1927 à Marguerite Lautru, en l'accompagnant à la gare de St-Vallier : «*Monsieur le curé... m'a dit que Marthe avait des révélations et un plan à réaliser, mais il ne savait pas quoi !*»

Pourtant, chaque fois qu'elle voit son curé, elle ne manque pas de l'entretenir de ce projet qui lui tient particulièrement à cœur : la fondation d'une école chrétienne de filles à Châteauneuf-de-Galaure. Projet insensé pour le Père curé qui a déjà tant de peine à payer les frais occasionnés par son petit patronage. Devant M. Rivot, le dentiste de Saint-Vallier, il n'avait pas de peine à se justifier : «*Vous comprenez, je n'ai pas d'argent !*»

Or, la requête dura plusieurs années :

L'abbé Faure s'appliqua à exercer la plus grande force de résistance qui soit au monde, la force d'inertie...

Scrupuleux, il finit par décider un jour d'en parler avec ses collègues de la vallée. On imagine la conversation des responsables de la pastorale : «*Tu as bien assez de soucis avec ton patronage !*». Tous se moquèrent de ce projet «*fou*». Tous abondaient dans le même sens. Sauf un : l'abbé Perrier, qui maintenait fermement : «*Si c'est Marthe qui te le demande, tu dois le faire tout de suite*».

Avouez que le Seigneur utilisait de curieux procédés ! S'Il voulait une école, pourquoi n'envoyait-Il pas une enseignante capable de créer cette école et ne donnait-Il pas en prime les bâtiments ? Mais faire passer ses messages par une handicapée, isolée dans la campagne, sans donner aucun moyen, était-ce bien sérieux ?!

Ouverture de l'école de filles en octobre 34

Certes, un jour, Marthe apporta une précision : elle désigna l'endroit où il fallait établir l'école : à la place du dancing, dans l'ancien château qui domine le village...

A vrai dire la maison était plutôt mal famée car ce n'étaient pas des bals pour enfants de chœur ou enfants de Marie qui se tenaient au château... Une valentinoise, aujourd'hui décédée, Mme Barricaire, a eu comme employée de maison une prostituée qui sortait de ce dancing. (27)

L'abbé Faure pouvait être touché au moins sur un point : il n'aimait pas les bals. Et puisque le dancing était en vente, l'acheter pourrait permettre la création d'une bonne œuvre. Mais l'acheter avec quel argent ? Sans doute l'abbé commença-t-il à découvrir, à partir de ce moment-là, une grande règle de la spiritualité, trop peu connue : «*Ce que Dieu demande, Il le donne*». Encore faut-il faire confiance. Marthe en tout cas se met à croire fermement en la promesse divine :

> «*Je compris à ce moment ce que je n'avais pas osé, ou plutôt ce que je m'étais refusé de croire jusqu'alors, c'est-à-dire que c'était dans la paroisse même que devait s'accomplir cette œuvre que le Seigneur appelait : la grande œuvre de son Amour, dont Il m'avait déjà parlé tant de fois, et pour laquelle Il montrait actuellement tant d'insistance, demandant même que l'on fasse sans tarder la première fondation par la création d'une école pour enfants et jeunes filles, qu'Il promettait, avec la très Sainte Vierge, de combler de son Amour, et de leur divine protection, en disant que l'école serait un jour une des branches de l'œuvre, d'un rayonnement efficace*».

«*Ce que Dieu demande, Il le donne...*» De fait, l'abbé Faure fit l'acquisition du château pour une somme dérisoire. Il avait été habile d'ailleurs ! Craignant que s'il se présentait lui-même à la dite vente, les enchères montassent en flèche, il dépêcha discrètement M. Genthon, de Mureils, et M. Perrossier, un de ses bons paroissiens qui tenait une ferme sur la route de Hauterives. Devenu propriétaire du dancing le 28 février 1934, il organisa dans les semaines qui suivirent la réfection et l'aménagement du vieux château. Des jeunes du pays donnèrent la main, MM. Gaillard, Cheval et Montagne et M. Perrossier lui-même. C'est un signe qu'une partie de la population de Châteauneuf-de-Galaure prenait au sérieux les dires de Marthe...

Enfin le 12 octobre 1934, la première école catholique du village ouvrait ses portes, mal située au possible, tout là-haut au bout de Châteauneuf... Si le patronage de Mlle Thévenon ne brillait pas par le nombre de ses effectifs, que dire de l'école ? Elle ne comptait que sept enfants : et encore trois seulement étaient du pays, dont une était la nièce de Marthe. Ridicule presque... On a dû rire dans le village et dans les presbytères de la Galaure... Comment croire que le doigt de Dieu était là, du moins quand on a dans la tête l'image d'un Dieu triomphaliste ?

Mais Marthe persiste et signe, si on ose dire. Pour elle, le royaume des cieux (et ce qui va dans son sens) semblable à une graine de sénevé. Elle est petite et sa croissance ne fait pas de bruit. Les prêtres de l'époque qui sont allés jusqu'à doubler leur grand patronage d'une clique de musique, étaient sans doute plus satisfaits : les clairons attiraient autrement l'attention... Mais il y a belle lurette qu'ils se sont tus !

Au reste, Marthe a une autre vue. Cette école n'est pas un but en soi ; elle n'est que la première phase du plan que Dieu lui a révélé. Pourquoi d'abord cette école ? Parce qu'il faut toujours s'appuyer sur la prière des enfants. Marthe l'a dit un jour :

> «*Le cœur des petits enfants n'a-t-il pas été créé pour prier, pour aimer ? Pourquoi en est-il si peu qui prient ? Pourtant la prière des enfants est toute-puissante. Rien de plus beau n'est monté à*

Dieu que la prière des enfants. Plusieurs enfants réunis dans la prière font pour le ciel des choses merveilleuses. O mères ! Faites aimer la prière à vos enfants. Et Dieu trouvera sa gloire en vous. Soyez certaines que les anges prient au milieu des enfants et demandent avec eux»

En faisant fonder une école chrétienne, Marthe semble avoir eu pour souci numéro un, la prière des enfants. Le reste viendra par surcroît... En l'espèce, le reste a suivi.

A la rentrée 1935, l'école comptait déjà dix-huit élèves. Cinq ans après : soixante neuf... (28)

Marthe et les enfants

Il valait la peine de s'arrêter sur cet épisode de la fondation d'une école chrétienne. On a perçu déjà la visée de Marthe : non pas faire un ghetto, mais former des chrétiens et d'abord leur apprendre à prier. Mais Marthe aimait tous les enfants. Elle s'intéressait toujours à tous.

Quand elle recevait les membres de sa famille, elle demandait rapidement des nouvelles des enfants et, s'ils étaient là, elle s'adressait à eux, elle les accueillait avec beaucoup de plaisir, elle leur posait des questions, elle faisait preuve d'une grande patience quand ils étaient un peu pénibles pendant la visite...

Un jour, dans les toutes dernières années de sa vie, Marthe recevait des membres de la Communauté du Lion de Juda ; elle a voulu aborder elle-même le sujet de la place des enfants au sein de cette communauté. Elle demanda : «*Y a-t-il beaucoup d'enfants à la communauté ? Sont-ils heureux ? Mangent-ils avec vous ?*».

Elle écouta les réponses avec beaucoup d'attention. Une maman lui expliqua sa difficulté à elle de respecter les horaires des prières, à cause des enfants, sa crainte de les laisser dans le désarroi. Marthe répondit :

«*Mais il faut leur expliquer que lorsqu'on part prier, on ne les quitte pas, on va prier avec eux et pour eux. Ce n'est pas comme chez les commer-*

çants où la maman dit : «Amuse-toi ! Je vais servir le client !». Ce n'est pas du tout la même chose et l'enfant comprend très bien la différence. Il faut leur expliquer. On croit qu'ils ne comprennent pas les enfants, mais il comprennent tout !».

Et Marthe se mit alors à raconter l'histoire d'un enfant de six mois avec qui les parents avaient l'habitude de faire la prière tous les soirs. Un soir donc, la mère coucha l'enfant sans réciter la prière parce que le père devait rentrer tard. L'enfant n'a pas voulu dormir tant que le père n'a pas été là !

> «*Si on ne me l'avait pas raconté, je ne l'aurais pas cru, mais vraiment les petits comprennent l'importance de la prière ; il faut beaucoup prier avec eux, leur apprendre à prier !*» (29)

Marthe disait encore :

> «*Ces petits baptisés, ils sont près du Seigneur : ce sont les trésors du Seigneur... Il faut leur montrer qu'on les aime !*»

Ces phrases trahissent l'amour de Marthe pour les enfants.

CHAPITRE 2 :

Marthe et le Père Finet

«C'est par toi que je veux lui transmettre mes ordres et lui faire connaître ma volonté»

«Ne tremble pas : c'est Moi qui ferai tout»
(Jésus à Marthe en 1933)

Le 15 janvier 1936, Marthe dicte à l'abbé Faure une lettre pour Marguerite Lautru qui est religieuse à Lyon depuis neuf ans déjà. Une lettre de bonne année, mais non point tout à fait banale. Marthe «*laisse aller* (sa) *pensée comme autrefois lorsque nous étions ensemble*». Cela donne une méditation sur l'Enfant de la crèche...

«*Il me semble qu'Il ne désire que cet amour humble et fort qui franchit les obstacles réels dans le présent, probables ou possibles dans l'avenir, pour se reposer toujours en Dieu seul, son centre et son unique tout.*

«*Il me semble que le cœur pleinement confiant est celui qui, fasciné par la puissance infinie de l'Amour divin, ne laisse pas les impossibilités humaines limiter son espérance...*

«*Il me semble que ce cœur humble doit être celui qui, pénétré de sa misère, de son impuissance et de son néant, accepte avec joie d'être toujours au-dessous de tout, mais qui a confiance que Dieu tire quand même sa gloire de la faiblesse*».

L'abbé Faure se sent «dépassé» par la mission de Marthe

En sortant de la chambre de Marthe, le brave abbé Faure devait «ruminer» en lui les phrases qu'il venait d'écrire : «*L'amour humble qui franchit les obstacles... Le cœur humble, pénétré de sa misère, a confiance que Dieu tire quand même sa gloire de la faiblesse...*». N'était-elle pas pour lui d'abord cette méditation, lui qui se sentait bien «*au-dessous de tout*» en l'espèce et s'estimait «dépassé» par les projets de Marthe ? Il savait qu'en 1933 (l'année de la célébration du 19e centenaire de l'Institution de l'Eucharistie et de la mort de Jésus sur la croix) Marthe eut une révélation. Jésus lui avait dit en substance qu'Il voulait, ici même à Châteauneuf, un Foyer de Lumière, de Charité et d'Amour, une «*oasis vivifiante*» où Il opèrera des prodiges, où sa très sainte Mère accomplira des merveilles. Jésus avait ajouté qu'il faudra construire ce Foyer «*malgré les difficultés de l'heure*» et qu'un jour s'ouvriront des Foyers de ce genre «*jusqu'aux points les plus reculés de la terre*».

Fonder une école à Châteauneuf n'avait pas été facile et avait valu à l'abbé Faure quelques sourires moqueurs dont il se serait bien passé, mais s'engager dans une aventure qui pourrait l'emmener aux antipodes, lui paraissait franchement impensable. Il baissait les bras... Il n'était pas assez «*fasciné par la Puissance de l'amour divin*» pour que «*les impossibilités humaines*» ne vinssent pas «*limiter son espérance*».

Est-ce pour cette raison que le Seigneur choisit un prêtre pour relayer l'abbé Faure ? En tout cas, Marthe a reçu l'assurance que le Seigneur allait lui envoyer quelqu'un :

«*Néanmoins*, lui dit Jésus, *Il ne pourra jamais rien faire sans toi, ni loin de toi ; c'est par toi que je veux lui transmettre mes ordres et lui faire connaître ma volonté. Tu lui diras tout, au fur et à mesure, ce que je demande. Tu ne pourras de même jamais rien faire sans Lui. Je veux vous confondre en Moi pour la mission que je veux vous confier».*

Quel sera ce prêtre, qui a été annoncé à Marthe dès 1933 ? Quand viendra-t-il ? Comment le reconnaître ? Est-il raisonnable de penser qu'un jour des Foyers de Lumière, de Charité et d'Amour s'élèveront dans les cinq continents ? Trois ans après la révélation privée, c'est toujours l'attente dans l'inconnu. Dieu est éprouvant pour ceux qui l'aiment...

Du reste, l'histoire ne semblait pas aller dans un sens favorable à l'Eglise. Nous sommes en 1936, l'année du Front populaire en France, d'une cruelle guerre civile en Espagne et d'un barbare national-socialisme en Allemagne. Face aux puissances qui se déchaînaient, comment une petite handicapée pouvait-elle faire le poids ? «*Ne tremble pas, c'est Moi qui ferai tout*» avait dit Jésus. C'est ce que Dieu disait jadis aux prophètes. Il suffit de croire, d'avoir confiance en Lui.

De fait tout a été parfaitement programmé.

Le piège de la Sainte Vierge

Depuis plusieurs années, une lyonnaise, Mme Lucien Gorse rendait régulièrement visite à Marthe Robin. Un jour, vers la fin de 1935, de retour de Châteauneuf, elle parle de notre jeune stigmatisée à une pieuse lyonnaise qui se dévouait pour les missions, Mlle Blanck. Très intéressée par le cas de Marthe, Mlle Blanck se promit d'aller lui rendre visite rapidement. Elle arrive en effet à «la Plaine» courant décembre. La conversation s'engage. Marthe dit à son interlocutrice :

«*Je voudrais bien un tableau de la Sainte Vierge pour l'école de Châteauneuf, mais je ne voudrais pas un tableau comme on en voit partout... Je voudrais un tableau de Marie-Médiatrice de toutes grâces !*»

J'ai votre affaire, répondit en substance Mlle Blanck !

J'ai une magnifique gravure à Lyon. Je vous la ferai aquareller. Je vous l'encadrerai et je vous la ferai porter».

Au reste, Mlle Blanck ignorait totalement qui pourrait amener le tableau, mais enfin les occasions se trouvent...

En repartant de Châteauneuf, Mlle Blanck eut l'idée de saluer le curé de la paroisse, peut-être pour tester ses réactions face à cette chrétienne qui sortait de l'ordinaire. Elle perçut rapidement le désarroi de l'abbé Faure : «*Il faudrait trouver quelqu'un capable de prendre ma place auprès de Marthe*» lui confia-t-il humblement.

Elle reprit la route pour Lyon et ne put s'empêcher, bien sûr, de parler un peu partout là-bas de Marthe. Elle conversa en particulier avec la supérieure du Cénacle, - une maison religieuse proche de la basilique de Fourvière -, la Mère Scatt : c'était une maîtresse-femme. Dès que le tableau de Marie-Médiatrice fut prêt, et que Mlle Blanck chercha un automobiliste dévoué, Mère Scatt trancha la question : «*Il faut envoyer l'abbé Finet, il a une auto... Il peut bien porter ce tableau !*»

Le piège de la Sainte Vierge était bien posé...

Qui était l'abbé Finet ?

L'abbé Finet ne se doutait de rien quand Mère Scatt lui demanda ce service.

Qui était ce prêtre ? Un homme jeune et actif. Après avoir étudié au séminaire français de Rome, il avait été ordonné au ministère presbytéral le 8 juillet 1923 par le cardinal Maurin et fut successivement vicaire à Oullins, puis à la primatiale Saint-Jean, avant de devenir sous-directeur de l'Enseignement libre de ce diocèse.

Mère Scatt avait connu l'abbé quand il était vicaire à la primatiale. Elle lui avait demandé de donner quelques conférences aux religieuses du Cénacle pour présenter le «*Traité de la Vraie dévotion à la Sainte Vierge*», selon Louis-Marie Grignion de Montfort qui devait être canonisé plus tard. Une telle demande ne pouvait que plaire à l'abbé Finet. Il connaissait bien le traité en question, il l'avait étudié quand il était à Rome, mais il avait tant de travail ! Enfin il accepta... et finit par donner une conférence par mois... pendant dix ans ! L'abbé devint en quelque sorte un expert en mariologie. Plus que cela, il était surtout entièrement dévoué à Marie, depuis de longues années, depuis même son baptême, un certain 8 septembre 1898. Ce jour-là à Lyon, toute la ville est bénie. Quand le canon tonna, la mère de Georges Finet le consacra pour toujours à la Sainte Vierge... Décemment il ne pouvait pas refuser de porter un tableau marial à Châteauneuf-de-Galaure.

L'annonciation du Père Finet...

Au matin du 10 février 1936, l'abbé range le tableau dans sa voiture, cherche sur sa carte routière le village de Châteauneuf-de-Galaure. Au revoir, Lyon... Bonjour la Drôme ! Commence l'aventure de la foi...

En arrivant vers onze heures à la cure de Châteauneuf, l'abbé Finet salue le curé de la paroisse en lui tendant le tableau destiné à Mademoiselle Robin.

— Voulez-vous voir ma paroissienne ? demande l'abbé Faure.

- Qui est votre paroissienne ?

— Marthe Robin.

Moue de l'abbé Finet qui interroge quand même :

— Mais qui est-elle ?

- Une âme d'élite ! Il vous faudrait aller la voir !

— Oh ! Des âmes d'élite, j'en connais beaucoup ! Je confesse des femmes !

L'abbé Faure éternue et reprend :

- Vous avez néanmoins intérêt à la visiter, car elle est d'une qualité supérieure.

— Entendu pour la qualité !, acquiesce l'abbé Finet qui a toujours le mot pour rire.

Il reprend le tableau en mains, ouvre la portière à l'abbé Faure et monte en voiture avec lui à la Plaine. Ils arrivent vers 11 h 30. Il y a des heures qu'on oublie pas...

Mme Robin faisait chauffer la soupe sur le petit fourneau de la cuisine. M. Robin aussi était là : c'était peu de temps avant sa mort puisqu'il devait quitter cette terre le 23 juin 1936.

L'abbé Faure présente son hôte, puis entre dans la chambre de Marthe, tandis que l'abbé Finet s'assied devant la grande table et enlève les ficelles et le papier qui enveloppaient le tableau.

Chacun admire le tableau. Puis la conversation devient rare. Le temps paraît long, mesuré par les tic-tac monotones du balancier de l'horloge...

L'abbé Faure finit par sortir de la chambre.

«*Marthe,* dit-il, *veut que vous lui apportiez vous-même le tableau !*»

L'abbé Finet entre donc à son tour, tenant à deux mains le fameux tableau. Il éprouve une certaine émotion, il a comme l'intuition que la Sainte Vierge guide ses pas. «*Je croyais amener un tableau de la Sainte Vierge,* dira-t-il plus tard, *mais c'était plutôt elle qui m'amenait !*» Marthe admire le tableau, prie avec l'abbé Finet et lui demande de revenir l'après-midi.

Suspense...

Le prêtre lyonnais s'en va déjeuner à la cure. Que se sont dit les deux hommes sur cette «*âme d'élite*» ? L'abbé Finet dut poser beaucoup de questions, et l'abbé Faure éprouver un certain soulagement en s'ouvrant à un confrère sur ce cas qui le «*dépassait*».

A quatorze heures précises, l'abbé Finet remonte tout seul à la ferme des Moïlles. La visite durera trois heures et se terminera aux premières vêpres de la fête de Notre-Dame de Lourdes. Oui, la Sainte Vierge avait bien calculé son coup !

«Pendant la première heure, raconte l'abbé Finet (30), Marthe me parla en termes profondément émouvants de la Sainte Vierge. Moi qui faisais des conférences mariales, j'étais ébloui de sa manière de parler de la Sainte Vierge. Elle l'appelait sa maman chérie ! Je supposais alors qu'elles se connaissaient bien toutes deux !...

«A quinze heures, changeant de ton, elle se mit à me parler des grands événements qui allaient se dérouler dans le monde, les uns qui seraient très graves, douloureux, et les autres riches de grâces. Et pratiquement dans cette deuxième période, elle m'annonça une nouvelle Pentecôte d'amour, qui serait précédée d'un renouveau de l'Eglise, l'Eglise, dit-elle, allait se rajeunir par l'apostolat des laïcs. Elle m'a beaucoup parlé de ça. Elle m'a même dit : les laïcs vont avoir un rôle très important à jouer. Ils seront formés dans des centres multiples, notamment dans des Foyers de Lumière, de Charité et d'Amour.

«Plus tard, j'ai été très frappé quand j'ai entendu le pape Pie XII, puis le pape Jean XXIII et le pape Paul VI parler d'un printemps de l'Eglise ou d'une nouvelle Pentecôte d'amour. Eh bien, Marthe m'a annoncé ça en 1936. Elle m'a dit que l'Eglise allait totalement se rénover. C'était le concile qu'elle annonçait. Je ne savais pas bien ce qu'elle voulait dire. Je lui demandai notamment : «Qu'est-ce donc que ces Foyers de Lumière, de Charité et d'Amour ?»

«Alors elle m'a expliqué : Ce sera quelque chose de tout nouveau dans l'Eglise ; ça ne s'est encore jamais fait. Ce sera du laïcat consacré, ce ne sera pas un ordre religieux. Elle m'a expliqué que ces Foyers seront de grandes familles avec à leur tête un prêtre, et la très Sainte Vierge pour Mère. L'enseignement qui sera donné au cours des retraites, sera vécu par la communauté familiale, comme un témoignage d'unité et de prière auprès des retraitants.

«Marthe a ajouté : les Foyers de Lumière, de Charité et d'Amour, auront un rayonnement dans le monde entier. Ils seront une réponse du Cœur de Jésus au monde après la défaite matérielle des peuples et de leurs erreurs sataniques. Elle m'a dit que parmi les erreurs qui allaient sombrer, il y aurait le communisme, le laïcisme et la franc-maçonnerie. Elle m'a parlé de ces trois choses-là notamment. Elle m'a dit ça en 1936. Mais elle m'a dit que ce serait après une intervention de la Sainte Vierge.

«A la troisième heure, Marthe se tourne vers moi. Elle me regarde avec assurance :

«*Monsieur l'abbé, j'ai une demande à vous adresser de la part de Dieu*

— Mais laquelle, Mademoiselle ?

- C'est vous qui devez venir ici, à Châteauneuf, pour fonder le premier Foyer de Charité

— Moi, mademoiselle ? Mais je ne suis pas du diocèse. Je suis de Lyon !

- Qu'est-ce que ça fait puisque Dieu le veut !

— Ah ! Excusez-moi, je n'y avais pas pensé ! Mais pour faire quoi ?

- Bien des choses, notamment pour prêcher des retraites.

— Je ne sais pas faire !

- Vous apprendrez !

— Oui, des retraites de trois jours, ce serait une bonne chose.

- Non, car en trois jours on ne change pas une âme. La Sainte Vierge demande cinq jours pleins.

— Ah bon ! Mais alors elles s'adresseront à qui ces retraites ?

- Pour commencer, à des dames et à des jeunes filles

— Qu'est-ce qu'on fera pendant ces retraites ? Des carrefours ? Des échanges ?

- Non ! La Sainte Vierge veut le silence complet

— Vous croyez que je pourrai mettre des dames et des jeunes filles en silence pendant cinq jours ?

- Oui, puisque la Sainte Vierge le demande !

— Ah ! Excusez-moi, je n'y avais jamais songé ! Mais comment faire connaître ces retraites ?

- La Sainte Vierge s'en chargera. Jésus donnera des grâces extraordinaires. Vous n'aurez pas besoin de faire de réclame !

— Mais où fera-t-on ces retraites ?

- A l'école de filles.

— Mais il faudrait des lits, une cuisine. Qui va faire ces travaux ?

- Vous !

— Mais avec quel argent ?

- Ne vous tourmentez pas, la Sainte Vierge y veillera !

— Quand faudra-t-il prêcher la première retraite ?

- Lundi 7 septembre... Elle durera jusqu'au dimanche 13 dans l'après-midi...

— Je ne puis refuser, mais encore dois-je demander l'autorisation de mes supérieurs.

- Ah oui ! Vous devez vous mettre dans l'obéissance.

Le Père Valensin à l'abbé Finet : «Marchez !»

«J'étais abasourdi !... En sortant de la chambre de

Marthe, je pensais : quelle aventure !

«Le soir de ce 10 février, l'abbé Faure est venu avec moi à Lyon, tandis que l'abbé Perrier, de Saint-Uze, devait apporter la communion à Marthe le lendemain pour la fête de la Sainte-Vierge... L'abbé Faure était tout frétillant de joie. Il se disait : «*Maintenant je vais avoir quelqu'un pour m'aider !*»

«Nous avons dit tous les deux notre messe à Fourvière le 11 février ; nous l'avons dite pour les Foyers de Lumière, de Charité et d'Amour.

«Dans la matinée, je suis allé trouver mon supérieur, Mgr Bornet, responsable des écoles chrétiennes dans le diocèse de Lyon, qui m'écouta attentivement et me répondit : «*Mon cher ami, vous devez accepter !*». Même réponse du vicaire général, Mgr Rouche. J'ai parlé aussi à mon Père Spirituel, Albert Valensin, professeur de théologie aux Facultés Catholiques de Lyon et spécialiste des états mystiques. Il m'a dit : «*Marthe Robin, je la connais ! Mgr Pic, l'évêque de Valence,* (31) *m'a conduit auprès d'elle ces derniers temps. Je suis resté avec elle trois heures durant.*»

Je lui ai dit : qu'est-ce que vous pensez d'elle ? Il m'a répondu : «*Marthe Robin, c'est Catherine de Sienne ! Elle ne vous trompera jamais. Elle est d'Eglise ! Vous pourrez faire tout ce qu'elle vous dira ! Je serai toujours avec vous pour vous aider et vous soutenir, s'il le faut. Marchez !*»

«Après cela, il n'y avait plus qu'à marcher ! Je suis venu voir Mgr Pic, l'évêque de Valence. Il m'a reçu les bras ouverts. Tout de suite, on s'est entendu. Il a béni le projet...»

Critère pour juger de l'authenticité d'une mystique

Tout au long des chapitres qui suivent, nous allons désormais souvent parler du Père Finet. Ce qu'il a été pour Marthe Robin et les Foyers de Charité, il ne nous appartient pas de le dire. En revanche, par rapport à la véracité de l'histoire de Marthe, il nous paraît utile de rapporter les remarques suivantes d'un prêtre plein de sagesse, un confrère du Père Finet qui a aussi connu Marthe de près. (32)

«Le Père Finet n'a jamais affiché un aspect d'exaltation. Bien entendu, il était enthousiaste, mais il a toujours gardé les deux pieds sur terre. Il savait que dans l'Eglise un père spirituel a autorité sur quelqu'un, même si celui-ci a apparemment plus de lumières spirituelles que lui-même. Ceci est très important. S'il n'en était pas ainsi dans l'Eglise, on donnerait libre cours à de faux mystiques ; on leur commanderait les messages au ciel ! Non, il ne faut pas faire cela. Il faut rester dans la foi. St-Jean de la Croix est catégorique. Il dit en substance : si vous proposez à un mystique de demander quelque chose au ciel et qu'il vous donne la réponse le lendemain, c'est de la folie. St-Jean de la Croix dit cela dans «la Montée au Carmel».

«Eh bien ! Le Père Finet ne s'est pas laissé dominer par sa fille spirituelle. Il est resté dans la foi. Comme disait un fondateur d'ordre religieux : «Je suis indigne tant que vous voulez, mais c'est moi qui ai la responsabilité». On ne se met pas sous la coupe d'une sainte. Les saints et les saintes doivent rester soumis à l'Eglise. Voyez ce qu'a fait François d'Assise par exemple... Ce sont les évêques qui ont la responsabilité de l'Eglise. Il faut donc toujours leur obéir.

«Pour moi, le critère pour juger de l'authenticité d'un mystique, ce n'est ni la ferveur, ni le recrutement de nombreux disciples, mais l'obéissance à l'Eglise, non parce que les évêques ou leurs représentants sont des as, mais parce que par la grâce et la miséricorde de Dieu ils ont reçu la charge de l'Eglise. C'est à ce titre qu'on leur obéit. C'est cela l'obéissance dans la foi.

«Or, je vous dis : Marthe Robin a souffert dans l'obéissance, mais elle a toujours obéi au Père Finet et aux évêques successifs de Valence».

N'est-ce pas le plus bel hommage que le prêtre,

auteur de ces propos, puisse rendre à la fois au Père Finet et à Marthe Robin ? «*Elle a toujours voulu être fille de l'Eglise*» dira Mgr Marchand, évêque de Valence, au moment des funérailles de Marthe. Fille et Servante.

Ecce ancilla Domini... Voici la servante du Seigneur.

CHAPITRE 3 :

Marthe et les Foyers de Charité

«La fleur la plus belle n'est pour rien dans sa beauté ; la plante n'intervient pas dans l'effet de ses vertus. Nos œuvres en elles-mêmes n'ont aucun mérite. C'est l'amour qui les inspire, qui nous sanctifie».

(17 octobre 1931)

«Une seule mission ne pourrait me suffire : je voudrais en même temps annoncer l'Evangile dans toutes les parties du monde et jusque dans les îles les plus reculées, je voudrais aller là où jamais personne n'est encore allé».

(22 février 1930)

Juillet 1936... Le Front populaire venait de connaître un triomphe aux élections... C'était le moment, - ô humour de Dieu ! -, où commençaient les travaux d'aménagement de la petite école libre de Châteauneuf pour qu'elle pût tenir lieu de maison de retraites spirituelles...

Quelques personnes de la paroisse se mirent à l'ouvrage. Ils construisirent notamment des boxes individuels pour les futurs retraitants. Ils étaient ultra-simples ces boxes ! Non, pas de cloisons de séparation, juste des draps tendus sur des ficelles ! L'installation était rudimentaire, mais chaque participante disposait de l'essentiel : un lit, un seau, un broc et une cuvette. A la cuisine, la vaisselle était entreposée sur des tréteaux. A la chapelle, des prie-Dieu en paille, prêtés par la paroisse....

La première retraite

«Quand faudra-t-il prêcher la première retraite ?»

«*Le 7 septembre*» avait répondu Marthe à l'abbé Finet. Le 7 septembre, tout était prêt ! Et on comptait trente-trois personnes, venues de tous les horizons, Dieu seul sait comment ! Tous les noms ont été conservés ; quelques-uns sont bien connus : Mme Bret (de Valence), Mme Bourgogne (de St-Vallier) et de nombreuses lyonnaises, entre autres : Mme Gorse (une fidèle de Châteauneuf depuis plusieurs années), Mlle Marie-Ange Dumas, la future directrice du secondaire, Mlle Hélène Fagot, la future directrice du primaire, Mme Véricel, une enseignante de la Croix-Rousse, etc... etc...

Malgré la pauvreté des lieux, la retraite se passa fort bien. Atmosphère de Pentecôte. Pourtant, l'inattendu ne manqua pas. Lisez plutôt le récit enjoué, mais aussi émouvant, d'une participante, Hélène Fagot :

«Au mois de juillet 1936, j'avais envie de faire une retraite sérieuse. Je suis allée à la Direction de l'Enseignement libre à Lyon. Le Père Finet me dit : «*J'ai tout à fait ce qu'il vous faut dans la Drôme : à Châteauneuf-de-Galaure !*» Je ne connaissais pas. Je n'en avais jamais entendu parler même ! J'accepte cependant de m'y rendre et je pars en vacances...

«Quelque temps après, j'apprends qu'il y avait une retraite pour jeunes institutrices à Paray-le-Monial, prêchée par le Père Finet également. Cette date me convenait mieux, d'autant que ma sœur prenait l'habit religieux le 7 septembre et que c'était près de chez moi. J'en ai fait part au Père Finet qui m'a répondu : «*Allez à Châteauneuf !*». Je n'avais vraiment aucune raison de m'y rendre ! J'y suis allée à contre-cœur... et suis même arrivée en retard.

«A mon arrivée, la secrétaire me dit : «Dans quelle histoire on est tombé ! Il y a une «*voyante*» dans le pays !...»

«Quand j'ai vu les participantes à la retraite, nouveau choc ! Moi qui voulais une retraite de jeunes, je ne voyais que des dames avec des chapeaux ! De la fenêtre de ma «chambre», je dis à Marie-Ange Dumas : «Où elles couchent toutes ces vieilles personnes ? Je ne vois pas de chambre !»

«Le lendemain, le Père Finet nous parle de Marthe : «*Vous pouvez aller la voir, mais ne manquez pas la conférence*». Je n'avais pas envie de voir Marthe, mais j'étais intéressée par la tête que faisaient les gens en sortant de la chambre. Tout le monde faisait la queue, attendant son tour... Moi, je ne suis pas entrée.

«Le troisième jour, le Père me dit : «*Montez dans la voiture avec Marie-Ange*». Il nous a emmenées à la Plaine. Marie-Ange est entrée la première dans la chambre. Je suis restée une bonne heure avec Marthe. Depuis cette visite, je n'ai jamais douté d'elle. C'était un miracle car j'étais vraiment très mal disposée.

«Je me rappelle qu'on a parlé des élèves que j'avais à Lyon. Surtout de cela. Elle ne m'a pas parlé de l'avenir...

«Peu après, l'abbé Faure m'a demandé si je ne voulais pas enseigner dans sa petite école. Il m'a confié alors qu'il avait des problèmes avec les institutrices...

«A la fin de la retraite, dans la nuit du samedi au dimanche, toutes les participantes ont été réveillées en sursaut. C'était une succession de bruits différents. Tout d'abord, comme un bruit de vaisselle cassée. La nuit, quand vous êtes dans votre chambre, cela fait une drôle d'impression. Comme la vaisselle était posée sur des tréteaux, qu'il y avait des piles d'assiettes creuses, de verres et de couverts, j'ai tout de suite pensé que les tréteaux avaient cédé... Après, on a entendu un bruit énorme de moteur. Il y a eu deux crises d'hystérie cette nuit-là ! D'autant que, réveillés eux aussi, les grands ducs faisaient du bruit dans le grenier...

«Je suis sortie de ma chambre. Mais on m'a renvoyée me coucher. Marie-Ange Dumas enfilait des dizaines de chapelets...

«Moi, le lendemain matin, j'ai dit au Père Finet qu'il fallait exorciser cette maison ; que je n'y reviendrai pas tant qu'elle ne serait pas exorcisée ! Mgr Pic, évêque de

Valence, fut d'ailleurs prévenu et c'est ainsi que l'exorcisme a été fait par l'abbé Faure, le Père Finet et le chanoine Babolat.

«Avant de partir, je suis allée faire mes adieux à Marthe, avec Marie-Ange Dumas. Elle, toujours très enthousiaste, me dit, juste avant de monter dans le car et en regardant vers la colline où avait eu lieu la retraite : «*Ce serait drôle si je revenais ici !*». Moi, je ne me doutais de rien et même ne pensais pas à revenir. En fait, après notre départ (nous l'avons su par la suite), Marthe a dit au Père Finet, en parlant de nous : «*Ce sont les deux qui doivent venir ici !*». Avec sa spontanéité habituelle, il a répondu : «*Vous auriez pu le dire une demi-heure plus tôt !*». Elle dit seulement : «*Je n'ai pas osé !*»

L'abbé Finet reçoit la «paternité» des Foyers

Quelques jours après leur retour à Lyon, Marie-Ange Dumas et Hélène Fagot, chacune séparément et sans s'être concertées, s'en sont allées trouver l'abbé Finet à la Direction de l'Enseignement libre : «*Je crois qu'il me faut aller à Châteauneuf !*» lui dirent-elles en substance. Or on était à quelques jours de la rentrée...

Le 30 septembre, Marie-Ange Dumas et Hélène Fagot occupent leur nouveau poste. La première prend le cours supérieur et la première année de brevet ; la seconde le cours élémentaire, le cours moyen et les petits. Au total, vingt-quatre élèves, dont quatorze internes pour lesquelles il fallait encore préparer le repas ! Nos deux institutrices n'avaient vraiment pas de quoi s'ennuyer...

Le soir, elles montaient à la Plaine : «*Avec Marthe, nous parlions de tout, des enfants, de notre vie, de nos difficultés, de la place des meubles, de la Sainte Vierge ! On priait aussi et on chantait. Marthe voyait encore à ce moment-là et portait des lunettes : un de nos premiers gestes en arrivant était de les lui nettoyer. Sa maman se plaçait souvent debout à la tête du lit pour remonter un peu l'oreiller de Marthe et la redresser. Ces visites nous faisaient beaucoup de bien !*» (33)

Sans que personne ne s'en rende compte, le premier Foyer de Charité venait d'être créé...

L'abbé Finet n'était pas là en permanence, tant s'en faut, puisqu'il continuait à travailler à la Direction de l'Enseignement libre à Lyon. Mais dès qu'il le pouvait, il faisait un saut à Châteauneuf : il n'y a jamais que quatre vingts kilomètres de distance...

Et il commençait à porter sa responsabilité de «Père».

Ici, il faut rapporter un fait important qui s'est déroulé au soir du 8 septembre durant la première retraite. L'abbé Finet accompagnait l'abbé Faure qui portait la communion à Marthe à l'occasion de la fête de la Sainte Vierge. Au moment où, selon l'habitude, Monsieur le Curé de Châteauneuf s'apprêtait à entendre la confession de Marthe, elle s'adressa au Père Finet. Pour la première fois, il s'entendit appeler par elle, non pas «*Monsieur l'abbé*», mais «*Père*» ou «*mon Père*». En ce jour anniversaire de son baptême, il recevait la paternité des Foyers. Puis «*le Père*» comme on dira désormais à Châteauneuf-de-Galaure, donna lui-même la communion à Marthe.

26 décembre 1936 : la deuxième retraite, les nuits d'adoration de fin d'année

«*Le Père*» revint notamment pour la deuxième retraite qui s'est déroulée du 26 décembre 1936 au 1er janvier 1937. Une belle retraite encore avec, à la fin, un baptême d'adulte et la visite de l'évêque de Valence, Mgr Pic. Avec enthousiasme, il déclara : «*Je vous apporte la bénédiction de l'Eglise !*»

La nuit du 31 décembre au 1er janvier fut consacrée à l'adoration du Saint Sacrement et, depuis cette grande première, il en est ainsi à chaque retraite de fin d'année à Châteauneuf-de-Galaure. (34)

Sur le matin, les retraitantes sont allées prendre un peu de repos. Comme tout le monde, le Père Finet s'étendit sur son lit. Il n'y resta pas longtemps : à 6 h 45, il en était éjecté. La terre tremblait. Une autre personne, Mme Véricel, fut également éjectée à terre. La secousse était assez forte.

Le lendemain, le quotidien grenoblois de l'époque «*le petit dauphinois*» notait en page trois qu'une petite secousse sismique avait été enregistrée à Saint-Sorlin et à Châteauneuf-de-Galaure. Les chroniques locales du 3 janvier du même journal précisaient que le tremblement de terre avait été également perçu dans les environs jusqu'à Saint-Donat et Romans, mais qu'il n'y avait pas de dégât. Curieux, tout de même !

Que s'est-il passé donc entre le 31 décembre 36 et le 1er janvier 37 ? L'épicentre de cette secousse serait-il situé, comme par hasard, juste entre Châteauneuf et Saint-Sorlin, c'est-à-dire au quartier des Moïlles et plus précisément à la ferme Robin ? Il y a des coïncidences qui sont étranges...

«*Personne n'a fait le rapprochement avec le démon*» reconnaît Hélène Fagot ; «*pour moi c'était un tremblement de terre...*». Pourtant, selon le Père Finet, Marthe disait : «*Le démon voulait démolir le Foyer !*». On sait que les hommes désormais peuvent provoquer des tremblements de terre avec les redoutables ondes E.L.F. (Extremy Low Frequency). Pourquoi pas le démon ? Quoi qu'il en soit, l'empire d'où il rayonnait à partir d'un certain dancing mal famé, avait complètement basculé...

Les retraites suivantes : pendant les vacances scolaires

Après l'expérience des deux premières retraites, le Père Finet décida, de concert avec les membres du Foyer, que les périodes de vacances seraient utilisées dans l'école de Châteauneuf pour donner des retraites : une à Noël, une à Pâques, cinq pendant les mois de l'été.

Comment se passait une retraite ? Dans une atmosphère de silence et de prière. Quand quelqu'un ne respectait pas le silence, Marthe le lui disait en toute franchise, comme si de sa chambre, à deux kilomètres du Foyer, elle avait tout entendu...

Le Père Finet prêchait et Marthe priait ; elle emportait dans sa prière toutes les participantes. A Châteauneuf, selon le mot d'un regretté jésuite, le Père Monier, il y avait «*comme un enveloppement maternel*».

Chaque retraite se terminait - et il en est toujours ainsi - par une Consécration à Jésus, Sagesse éternelle, par les mains de Marie, selon la formule proposée par Saint-Louis-Marie Grignion de Montfort. Et les participants aux retraites sont ensuite invités à réciter quotidiennement, après la retraite, la prière qui en est extraite : «*Je vous choisis, aujourd'hui, ô Marie... pour ma Mère et ma Reine*» que nous avons déjà citée en entier. (35)

Une urgence : bâtir un Foyer distinct de l'école

Le Seigneur bénit largement le Foyer et chaque année de nouveaux membres s'adjoignirent. Tant et si bien que les locaux devinrent trop exigus. Dès 1938, le Père Finet envisagea de faire des constructions.

L'urgence d'un Foyer distinct de l'école apparut très clairement quand le Père se mit à donner en 1939 des conférences de Carême aux hommes le dimanche soir : quarante-deux participants à la première conférence sur le christianisme et le communisme, trois-cent-vingt pour la dernière ! Les hommes venaient de tous les environs : Saint-Uze, la Motte-de-Galaure, Anjou (ce dernier village est assez proche, mais dans l'Isère). Détail important : pendant que le Père Finet parlait, les enfants disaient le chapelet... Après la conférence, au lieu de repartir rapidement à la maison, les hommes prenaient du temps pour bavarder entre eux et boire le café - lequel leur était servi gratuitement : ils n'en croyaient pas leurs yeux ! Tout doucement, le Foyer devenait un pôle d'attraction dans la vallée ; il se caractérisait comme un centre d'enseignement, de prière et de partage.

L'affluence des retraitantes comme celle des hommes aux conférences de Carême ne posait pas seulement la question d'un Foyer à construire, mais aussi celle de la permanence du Père Finet. Il devenait de plus en plus nécessaire qu'il vint s'établir définitivement à Châteauneuf-de-Galaure. L'archevêque de Lyon, le cardinal Gerlier, était réticent ; il n'avait pas envie de céder un prêtre de valeur au diocèse de Valence ; finalement il consentit à ce que le Père Finet n'assurât plus que deux jours de présence à Lyon, par semaine. Le Père Finet obéit, trop heureux de pouvoir consacrer les cinq autres jours à Châteauneuf. Désormais, les choses pourront plus facilement avancer.

Tout d'abord, les travaux des fondations démarrèrent en mai 1939. Ce qui ennuyait M. Stribick, l'entrepreneur de Saint-Etienne, qui dirigeait le chantier, c'est qu'il n'arrivait pas à trouver le rocher sur lequel asseoir les fondations. Marthe lui recommanda de creuser plus profond, ce qu'il fit, et il trouva tout de suite ce roc qu'il cherchait. Car ce Foyer est bâti sur un roc...

La seconde guerre mondiale éclata, arrêtant quelque peu les travaux. Le chantier ne fut vraiment ouvert qu'après la débâcle de l'armée française, vers le mois d'octobre 40. Les permis de construire étaient alors très difficilement accordés. Vouloir édifier un immeuble de cinq étages relevait de l'inconscience pour ne pas dire de la folie. A moins que ce ne soit de la foi tout simplement... Car Jésus avait dit à Marthe quelques années auparavant qu'il faudrait construire «*malgré les difficultés de l'heure et les angoisses croissantes. N'est-ce pas aux époques les plus mouvementées et les plus troublées, parmi les batailles, les incendies et les ruines que s'est épanouie l'immense et admirable floraison de mes œuvres divines et de mon Amour ?*»

De fait les murs ont monté sans difficulté particulière, au grand scandale de la population. Les langues jasaient : on jugeait, tout aux alentours, que le Foyer devait être de connivence avec le régime du maréchal Pétain. Mais Marthe avait des appuis plus hauts que ceux du gouvernement de Vichy !...

De la Plaine, elle suivait tous les travaux ; discrètement elle faisait des appels à une retraitante pour devenir membre du Foyer ou enseignante à l'école du Foyer. Par exemple un jour d'août 1942, une retraitante rend visite à Marthe.

- *Le Père a-t-il parlé des Foyers ?*
- Non

Marthe n'insiste pas. La jeune retraitante la quitte pour poursuivre sa retraite. Le dernier jour, elle fait la consécration à Jésus par Marie.

Puis le Père Finet passant au milieu du groupe des retraitants (36), déclare : «*Il y en a qui ont quelque chose à me dire !*». A 18 heures en effet, la jeune retraitante s'en va conter au Père Finet le désir qu'elle a de se mettre au service des Foyers. Le Père s'exclame :

- *C'est trop beau ! Il y a trois semaines que je le sais !*
- Comment cela ?
- *Oui, quand j'ai lu à Marthe la liste des participants à la retraite et que j'ai prononcé votre nom, elle m'a dit : «La Sainte Vierge va nous la donner !»*

Peu après, Marthe expliquera à la nouvelle recrue qu'elle a été émue en voyant la manière dont la Sainte Vierge avait tout conduit...

La nouveauté des Foyers de Charité

Le lecteur a compris, malgré la discrétion qui la caractérise, que Marthe a été l'inspiratrice des Foyers de Charité, qu'elle portait dans sa prière le Père, les membres et les retraitants (36). Jésus se servait de Marthe pour faire connaître ses volontés. Qu'est-ce donc que les Foyers de Charité ? Qu'est-ce que cette institution apporte de nouveau à l'Eglise ? Quelle est sa mission ? A quel avenir est-elle appelée ?

Jésus avait dit à Marthe : «*Je veux faire quelque chose de nouveau*». De fait, un Foyer de Charité n'est ni un couvent, ni un monastère ; les membres ne sont pas des religieux, le responsable de Châteauneuf-de-Galaure n'est pas un supérieur général ; l'ensemble des Foyers ne constitue ni un ordre, ni une congrégation, ni une Pieuse Union.

Un Foyer est une communauté de baptisés, hommes et femmes, qui à l'exemple des premiers chrétiens, mettent en commun leurs biens matériels, intellectuels et spirituels. Ils ne sont pas liés par des vœux. C'est l'amour du Christ qui les lie les uns aux autres et l'amour de Marie, puisqu'ensemble et par Elle, ils constituent le Corps du Christ.

Le prêtre exerce dans la communauté un rôle important, lui qui est responsable de la Vie divine qui circule dans l'Eglise, mais c'est la Communauté tout entière qui doit être «Foyer de Lumière, de Charité et d'Amour».

Que recouvre exactement cette expression consacrée ?

Un Foyer n'est pas une maison ordinaire, un lieu de rencontre pour un groupe, c'est là même où brûle le feu de Dieu.

- On parle de Foyer de Lumière parce que l'activité principale est de diffuser l'enseignement de Lumière de l'Evangile par les retraites spirituelles. Tous les membres d'un Foyer, chacun à sa place et selon ses moyens, constituent une union au service de l'annonce de l'Evangile. Tous collaborent pour que les retraitants soient bien accueillis, puissent recevoir dans une atmosphère de prière «*la moëlle de l'Evangile*» et connaître ainsi Celui qui est la Lumière du monde.

- Foyer de Charité. La Charité, c'est l'Agapé, chère à saint Jean, c'est-à-dire cet amour personnel de Dieu qui répand dans les cœurs l'amour pour les autres. Au fond, un Foyer de Charité, c'est le feu de Dieu qui brûle une communauté de baptisés et lui donne un rayonnement de Lumière.

- Foyer d'Amour enfin, parce que «si quelqu'un dit qu'il aime Dieu, alors qu'il n'aime pas son frère, c'est un menteur». (I - Jean IV - 20). Par conséquent, une institution qui s'alimente au Feu de Dieu doit tout naturellement être un lieu de partage de tous les biens, biens matériels, intellectuels et spirituels. On ne peut en rester au niveau du sentiment, de la piété ou des bonnes paroles. C'est-à-dire que la volonté d'évangélisation qui anime un Foyer, ne passe pas seulement par un enseignement, la prédication, mais surtout par la manière de vivre de la communauté. Nous en reparlerons.

Mais le Foyer de Châteauneuf n'est plus unique au monde. Il a fait école... Quels liens unissent les divers Foyers les uns aux autres ? Ces liens ne sont pas de nature juridique. Là encore, il y a quelque chose de curieux à observer. Jésus avait dit à Marthe :

> «*Chaque Foyer aura son caractère particulier pour travailler au salut, rechristianiser les foules. Il agira en collaboration avec le centre (Foyer-Cen-*

tre) pour l'union de la famille et des paroisses, des peuples et de l'Eglise... Cette famille (des Foyers) ne s'enfermera pas en d'étroites frontières, mais les débordera... Les hommes qui y viendront seuls ou en groupes d'une nation ou d'une autre, devront être reçus de la même manière au Foyer car ils gardent dans un langage différent et sous d'autres costumes le même appel à l'unité... Que cette variété de richesses et de génie des différentes nations y serve au progrès commun de toute l'humanité, comme la variété des biens et des talents sert à la prospérité d'un pays, comme la variété des dons dans une famille sert à la vie du foyer...»

Vision universaliste...

Un demi siècle après ces orientations prophétiques, le monde est riche d'une soixantaine de Foyers répartis à travers les cinq continents. Ils s'exercent à vivre l'unité dans la diversité. La graine de moutarde de 1936 est devenue un grand arbre... Comme l'a dit un jour le Père Lochet, «*Les Foyers, et Marthe qui est à l'origine des Foyers, sont précurseurs... L'annonce de l'Evangile va passer par les communautés chrétiennes vivantes.*»

CHAPITRE 4 :

Marthe et sa famille

«Je vous bénis, Seigneur, à chaque aube naissante
Des bons et chers parents que vous m'avez donnés
De mes frères, mes sœurs, ma famille bien grande
De ma chère maison où nous nous sommes aimés»

(22 juin 1931)

«Ce que je demande surtout, c'est le retour à la foi, aux pratiques religieuses de mes bons parents»

(18 août 1930)

«Marthe ne rejetait personne dans sa famille. Parfois elle disait : ce n'est pas bien ! Mais je ne l'ai jamais entendu dire du mal de quelqu'un»

(Isabelle Chancrin, arrière-petite nièce de Marthe)

Pour éviter de couper trop tôt l'histoire des premières années du Foyer de Charité de Châteauneuf-de-Galaure, nous avons omis volontairement de signaler les événements qui sont survenus dans la famille de Marthe pendant la même période. Faisons donc maintenant un petit retour en arrière.

On se souvient sans doute que M. Robin, le père de

Marthe, était déjà bien fatigué quand le Père Finet vint pour la première fois à Châteauneuf. C'était le 10 février 1936. Il avait beaucoup évolué dans les dernières années de sa vie, comme son épouse d'ailleurs, et Marthe a éprouvé une grande joie dès qu'elle a pu communier en présence de ses parents, dès qu'elle les a sentis de cœur avec elle et non pas seulement d'une présence physique... Elle pria beaucoup pour eux et fut largement exaucée.

La sainte mort de M. Robin

M. Robin n'a pas vu la première retraite qui a été organisée au Foyer. Il est décédé le 23 juin 1936. Saintement. Mais que de souffrances pour Marthe, là encore, puisque sa mère était bien malade à ce moment-là et qu'elle-même ne pouvait rien faire, étant clouée à son lit. C'est ce qu'elle raconte dans une lettre datée du 19 juillet 1936.

> «*...Je dois vous dire que le jour où le facteur me remettait votre lettre, le Seigneur avait emporté dans son Ciel l'âme de mon cher bien aimé papa, ravissant à notre affection ce père tant aimé, alors que ma chère maman était, elle aussi, bien malade. Une quatrième crise de foie (elle en avait déjà eu trois en quelques semaines) la remettait au lit la veille du décès de mon pauvre cher papa.*
>
> «*Vous voyez maintenant pourquoi je ne vous écrivais pas, malgré l'ardent désir que j'avais de le faire.*
>
> «*Je n'essayerai pas de vous dire dans quelles tortures morales j'ai vécu pendant quelques semaines auprès de mes pauvres parents si malades, sans pouvoir leur donner le moindre secours matériel.*
>
> «*Une grande joie cependant adoucit ma douleur : mon cher papa a vraiment fait la mort d'un saint, et c'est tout mon bonheur.*
>
> «*Il passait ses jours et ses nuits en prières, les mains continuellement croisées sur sa pauvre poi-*

trine ; puis les derniers jours, ne pouvant plus croiser ses mains ni prier longuement, il répétait sans cesse : «Seigneur, ayez pitié de nous». Enfin, son dernier baiser fut pour Jésus Crucifié. Que le Seigneur soit à jamais remercié et glorifié pour cette grâce finale. Oh ! Oui, j'espère que notre grand Dieu d'Amour l'aura bien reçu, lui qui L'a tant aimé, lui qui, la semaine avant sa mort, recevait, après les avoir demandés, les derniers sacrements...»

Le mémorable pèlerinage à Lourdes de Mme Robin

Pour les dernières années de la vie de Mme Robin, nous disposons d'un peu plus de détails. Ne nous privons pas de lire en particulier le récit savoureux que nous a laissé Hélène Fagot, membre de la première heure du Foyer de Charité. Derrière l'anecdote, nous allons découvrir la foi de Marthe et la puissance de sa prière.

«C'était en 1937.

«Mme Robin était alitée. On avait appelé le docteur Sallier, de Saint-Uze ; il arrive ; il ausculte le ventre de Mme Robin : «C'est grave !» dit-il à Marthe.

«Puis, j'ai raccompagné le médecin à sa voiture. Là, il m'a confié : «Elle est perdue !».

«Quand je suis revenue dans la chambre, Marthe m'a dit : «*Vite ! Vite ! A genoux ! Nous allons commencer une neuvaine à Notre-Dame de Lourdes. Si maman guérit, elle ira à Lourdes.*»

«Trois ou quatre jours après, le médecin revient visiter sa malade. Il s'assied entre les deux lits (37). Je le revois encore : il avait une main sur le ventre de Mme Robin et l'autre touchait le pied du divan de Marthe. «Eh bien ! Il n'y a plus rien !». Il a répété cette phrase plusieurs fois...

«Marthe a dit : «*Vite ! Remercions Notre-Dame de Lourdes !*»

«Quelques mois après, en 1938, on est parti pour Lourdes. Inénarrable ! Mme Robin ne voulait pas y aller. Elle n'aimait pas sortir de chez elle. Pour elle, faire une valise était une chose atroce... On est parti un lundi pour revenir un jeudi. On n'avait rien retenu comme hôtel. Ce fut une aventure unique.

«D'abord, on est parti avec la Citroën B 14 du Foyer jusqu'à la gare de Valence. Je devais donc monter à «La Plaine», avec cette voiture très haute pour chercher Mme Robin ; on avait décidé de partir à cinq heures du matin. La voiture ne voulait pas démarrer. Avec la manivelle, j'ai pourtant réussi à la mettre en marche. J'arrive à «la Plaine», je prends Mme Robin et je redémarre. La voiture fait quelques mètres et se bloque juste à la hauteur de la maison voisine de M. Ferdinand Robin. Je vais en prévenir Marthe. «*Prenez dans mon armoire la bouteille d'eau bénite, sur le rayon à droite, et jetez-la sur le moteur !*» Je prends le flacon en question, je lève le capot de la voiture et verse l'eau bénite ! La voiture est repartie sans problème !...

«Arrivées à la gare de Valence, nous avons laissé la voiture et pris le train. Puis à Lourdes, on s'est mis à chercher un hôtel. C'était complet partout ! Mme Robin était fatiguée ; comme elle n'y voyait pas beaucoup, je l'ai fait asseoir dans un café ; j'ai demandé qu'on lui serve une tisane et, en pensant à Marthe... j'ai poursuivi mes recherches... Je rentre dans un hôtel. On me dit : «*C'est complet !*». Mais deux jeunes interviennent : «*On a chacun une chambre ; on pourrait coucher ensemble et vous céder une chambre !*». Or c'était une chambre à deux lits... Mme Robin s'est couchée tout de suite.

«Le lendemain (mardi) on est allé à la grotte de Massabielle. Marthe m'avait dit : «*Il faut qu'elle se confesse !*». J'ai fait la queue et quand ce fut mon tour, je l'ai mise dans le confessionnal !

«Le mercredi, on est à table. Arrive un ménage qui cherche une chambre. La femme était enceinte. Je lui dis : on a deux lits dans notre chambre : je vous en offre un. Et on est monté tous les quatre dans la chambre ; l'hôtelier a posé un paravent entre les deux lits, le ménage d'un côté, nous de l'autre. Pendant la nuit, hurlement de la sirène ! C'était une scierie qui brûlait. Et pendant ce temps-là, Mme Robin était malade...

«Puis on a repris le train jusqu'à Valence. Quand on

est arrivé à Châteauneuf, le jeudi soir, c'était juste avant le commencement de la Passion...»

Le décès de Mme Robin

Deux ans passèrent. Nous voici en 1940. Mme Robin qui a été très marquée par son pèlerinage à Lourdes, est de nouveau gravement malade. D'urgence on la transporte à Lyon. Le docteur Ricard - celui qui était venu examiner Marthe à Châteauneuf-de-Galaure - opère Mme Robin d'une occlusion intestinale.

Ici, nous reprenons le récit d'Hélène Fagot.

«J'étais à la clinique, à genoux à côté de Mme Robin.

«A Châteauneuf, comme il n'y avait pas de téléphone à l'école, Marie-Ange Dumas est descendue téléphoner à l'hôtel Marron, en bas du village. Elle m'appelle donc au téléphone : «*Marthe vous fait dire que sa maman a trop chaud ; il faut ouvrir la fenêtre !*»...

«Le vendredi, l'abbé Faure arrive vers treize heures. On s'attendait à voir mourir Mme Robin d'un moment à l'autre. Or, il nous annonce : «*Marthe vous fait dire de ramener sa mère immédiatement !*»

— Mais, Monsieur le Curé, si on la ramène, elle va mourir en route.

- *C'est un ordre ! Obéissez...*

— J'obéis à condition qu'on vienne en ambulance et avec Mère Lautru.

«Les infirmières étaient encore à table. Je suis allée prévenir Mère Lautru, puis on est parti. En route, celle-ci a fait deux piqûres à Mme Robin. Nous sommes arrivées à la tombée de la nuit. C'était le vendredi 22 novembre, vers 17 h 30. A ce moment-là, Marthe vivait la Passion... Elle était en extase. Elle n'en est pas sortie (contrairement à ce que nous avions noté dans «*Marthe Robin, la croix et la joie*»). L'infirmier qui portait dans ses bras Mme Robin, pencha délicatement sa tête sur la joue de Marthe avant de l'étendre dans le lit.

«Le Père Finet lui donna l'onction des malades. Quelques minutes après, Mme Robin mourait. Il y eut une grande lumière. C'est alors que Marthe a parlé pendant près de deux heures avec sa mère... J'en ai été témoin avec Marie-Ange Dumas, Mère Lautru, le frère de Marthe et le Père Finet ; extraordinaire rencontre ! Marthe a parlé jusqu'à la mort réelle de sa mère. (Elle disait souvent qu'il y a un temps entre la mort apparente et la mort réelle...). Les assistants n'entendaient que les paroles de Marthe. A la fin, elle dit : «*Partez maintenant dans les demeures éternelles*».

«Ensuite elle retomba dans le silence.

«Pendant neuf mois, elle vécut le purgatoire de sa mère : peine des sens, puis peine du dam. Une période affreuse ! Marthe appelait le Père Finet «*Monsieur*». Elle ne le reconnaissait pas. Le Père était découragé de la voir dans cet état. (71)

«C'est plein de mystère... Je ne peux en dire plus».

Marthe offre ses yeux en sacrifice...

Marthe a perdu son père et sa mère. Or, on sait suffisamment qu'elle est complètement paralysée. Il n'est pas pensable qu'elle puisse se débrouiller toute seule : c'est son frère Henri et le Foyer qui vont donc maintenant s'occuper d'elle. Combien de fois elle aura eu d'occasions de maudire la vie ?... Or, on ne trouve pas un seul mot de révolte chez elle.

Au contraire, il semble qu'à la veille de la seconde guerre mondiale, elle ait voulu faire le sacrifice de ses yeux, mais seulement après en avoir demandé l'autorisation au Père Finet. Toute sa vie, elle a obéi...

L'offrande de sa vue fut immédiatement exaucée. Marthe devint aveugle à la fin de 1939. Et pourtant, il ne suffit pas de dire qu'elle a vécu désormais dans le noir pour comprendre son état. Car sa pupille était si sensible que le moindre rai de lumière naturelle ou artificielle pouvait provoquer un évanouissement.

C'est la raison pour laquelle Marthe vécut en permanence, depuis la fin 39, dans une chambre sans lumière et tous volets fermés : seule une petite veilleuse brûlait derrière un épais rideau, tiré entre la fenêtre et le divan. On passait donc derrière le rideau quand on voulait lire une lettre ou un passage de journal à Marthe, ou quand on voulait prendre des notes.

Le moindre rai de lumière faisait souffrir atrocement Marthe... C'est pourquoi, lorsqu'on arrivait de la cuisine, il fallait bien fermer la porte de celle-ci qui donne sur un petit couloir, avant d'entrer dans la chambre. La simple négligence d'un enfant, par exemple d'un petit neveu venu avec ses parents pour passer un moment chez la grande tante, ou la distraction d'une personne, ou une maladresse, provoquait des souffrances de calvaire à Marthe. C'est ainsi que Mme Simone Gaillard, une nièce de Marthe, atteste : «*Je l'ai entendu crier de douleur quand un jour, par mégarde, j'ai bousculé la lampe qui lui a envoyé un rayon de lumière sur les yeux*». Et elle ajoute : «*Marthe m'a aussi confié qu'un rayon de soleil matinal à travers un volet mal fermé, l'avait fait souffrir plusieurs jours des yeux et de la tête*».

Prise en charge de Marthe par le Foyer de Charité

Le frère de Marthe était «*indifférent, sec*», notait en 1942 un visiteur. «*Il vaquait aux travaux de la ferme, une cigarette aux lèvres, ne vous regardant même pas quand vous lui adressiez la parole*». Ceci est un point de vue qui appelle une précision : bien des visiteurs se sont conduits avec indélicatesse à son égard. Le pauvre homme n'était plus chez lui ; il ne pouvait manger tranquillement ; il y avait toujours du monde dans la cuisine. Par ailleurs il souffrait de névralgies faciales. De toutes façons, il n'était pas possible à Henri de s'occuper de sa sœur, de la ferme et de l'accueil des visiteurs. C'est pourquoi, le Foyer de Charité décida de prendre Marthe en charge totalement.

La chambre de celle-ci, donnant sur la cour, était bruyante à l'occasion, par exemple en raison de l'arrivée d'une automobile ou des bavardages des visiteurs. C'est ce qui motiva le Père Finet à construire, à l'automne de 1942, une autre chambre, à l'arrière de la maison et donnant sur des bois...

Puis un membre du Foyer fut mis au service de Marthe et de l'accueil des visiteurs ; à partir de 1951, il y aura même deux aides en permanence.

Mais Marthe est toujours visitée par les membres de sa famille

Nouveau chagrin de Marthe : la mort de son frère Henri. Mais les autres membres de la famille ne se sentiront que plus proches d'elle.

Mme Céline Serve, la sœur aînée habitant Saint-Sorlin, malgré son grand âge, ira voir sa petite sœur jusqu'en novembre 1980, c'est-à-dire presque jusqu'à la mort de Marthe.

Gabrielle et surtout Alice qui avait tant d'affinités avec Marthe, sont allées la voir aussi très souvent. Et Alice avait d'autant plus de mérite pour monter à la Plaine qu'elle marchait très difficilement. Dans les dernières années de sa vie, il fallait qu'on l'y emmène en voiture.

Neveux et nièces, petits neveux et petites nièces n'ont pas négligé de se rendre chez «tante Marthe». Ce n'est pas à eux qu'on ferait croire qu'il y avait quelque truquage dans cette chambre sombre. Que des personnes méfiantes aient pu penser à cette malice, c'était inévitable, mais cela ne fit qu'ajouter une souffrance de plus à Marthe. (38)

Une nièce de Marthe, fille de sa sœur préférée, Alice, nous a confié : «*On allait la voir parce qu'on l'aimait. On parlait de tout. Ce n'est pas elle qui cherchait à se faire valoir !*». Personne ne lui parlait de ses stigmates et elle non plus. C'était son secret.

«*La tante Marthe, je la regrette beaucoup*», dit une autre nièce qui avait seulement sept ans de moins qu'elle ; «*c'était une amie, une sœur ! La pauvre, comme elle a souffert ! Ah ! Ma grand-mère* (Mme Robin) *a bien fait tout ce qu'elle a pu pour la soigner. Mais ce n'était pas une maladie ordinaire...*»

Une autre nièce encore dit : «*Marthe ne rejetait personne dans sa famille*». Quand il y avait des problèmes, - quelle famille n'en a pas à l'occasion d'un mariage qui ne plaît pas à tout le monde, d'un décès ou d'un incident quel qu'il soit -, elle ne mettait pas de l'huile sur le feu. Bien au contraire, elle essayait d'arranger les choses avec délicatesse. A propos de médisances ou de calomnies qu'on lui rapportait, elle disait : «*C'est dommage que ça ait été dit ! Ça s'oubliera*».

«*Je ne l'ai jamais entendu dire du mal de quelqu'un*», insiste une arrière-petite nièce.

Ces visites des membres de sa famille faisaient le plus grand plaisir à Marthe. La conversation se prolongeait. Marthe demandait des nouvelles de tout le monde, posait des questions sur le travail et la santé de chacun. Elle restait naturellement curieuse, mais avec une bienveillance indicible et beaucoup d'humour. Parfois elle invitait à déjeuner ou à dîner. Bien sûr, elle ne craignait pas de pouvoir se mettre à table avec ses convives, mais elle prenait soin d'eux en indiquant à ses deux aides les bons plats à mettre au menu. A l'occasion, le Père Finet prenait le repas avec quelques membres de la famille. Puis on revenait après le repas pour un bout de conversation : Marthe demandait des nouvelles du village, de la paroisse, du Père curé, de tout le monde ; elle parlait un peu du Foyer, des retraites, des enfants des écoles, de la récolte en cours ou de la chèvre malade ! Tout y passait ! Pas de conversation guidée ! Pas de silence qui manifesterait une gêne de Marthe devant une visite qu'elle jugerait trop longue. Elle était à l'aise avec tout le monde.

Une situation était-elle pénible dans la famille ? Elle ne faisait pas de remontrance par personne interposée. Elle souffrait, bien sûr, mais elle demeurait très accueillante.

Extraordinaire tante Marthe !

CHAPITRE 5 :

Les évêques et Marthe

«Mgr Pic voulut la mettre à couvert de curiosités indiscrètes, en soulignant que son désir à elle était de poursuivre dans l'ombre une vie de prière et de souffrance»

(Mgr Soulas, vicaire général)

Du jour où des personnes ont comencé à se rendre à la Plaine pour voir «la stigmatisée», prier avec elle, recevoir quelque conseil, jusqu'au jour où Marthe a quitté cette terre, six évêques se sont succédés sur le siège de Valence. C'étaient des hommes de tempérament fort différent, mais doués de cette sagesse et de cette prudence qu'on trouve habituellement chez les responsables d'Eglise, spécialement quand survient un événement embarrassant. On sait que la hiérarchie est facilement réservée ; sa prudence est légendaire. Il est donc intéressant de voir comment chacun des six évêques a réagi face au cas Marthe Robin.

D'ailleurs, les évêques de Valence n'ont pas été les seuls à être concernés. Bien d'autres le furent, ne serait-ce que parce qu'un de leurs prêtres demandait à entrer dans un Foyer de Charité. Là encore, comment ont réagi ceux qui ont au premier chef la responsabilité dans l'Eglise ?

Pourquoi le cacher ? Quelques évêques ont paru

réticents : en gros, il s'agit de ceux qui ne sont jamais venus voir Marthe. L'un d'eux disait justement : «*Les cas de ce genre, je ne les comprends pas, je les juge à leurs fruits, mais il faut du temps et quand on est sur le terrain, je reconnais qu'il faut porter une appréciation*».

Sur le terrain précisément, il y eut d'abord Mgr Paget. Quand l'abbé Faure lui parla de sa paroissienne, le prélat lui recommanda la prudence. Mgr Paget est mort en 1931 et semble n'avoir jamais visité Marthe. Mais il n'a jamais fait de mise en garde, ni à ses prêtres, ni à ses diocésains, comme il arrive parfois à l'occasion de prétendues apparitions.

Le contrôle demandé par Mgr Pic

Mgr Pic est arrivé à Valence en 1932. Evêque de Gap durant deux années, il avait été auparavant supérieur du grand séminaire de Valence. Il était donc sans doute un peu au courant de la situation, car nous savons que déjà à cette époque des séminaristes parlaient entre eux de la stigmatisée...

Enthousiaste par tempérament, Mgr Pic accueillit à bras ouverts le Père Finet en 1936 ; il fit exorciser le Foyer de Charité à la fin de la première retraite, on s'en souvient, et il vint en personne passer un temps à la deuxième retraite. C'est dire qu'il était très attentif à ce qui se passait à Châteauneuf.

Lorsque Marthe perdit ses parents et fut prise en charge par le Foyer complètement, l'évêque de Valence eut les coudées plus franches pour faire procéder à un contrôle médical.

Nous en avons déjà parlé (39), deux médecins de Lyon sont venus à Châteauneuf pour examiner Marthe une journée durant. Ils ont rédigé ensuite un rapport de plus de vingt pages dactylographiées en triple exemplaire : le premier a été remis au Père Finet, le second et le troisième ont été envoyés à l'évêché de Valence et au Saint-Siège. Un rapport très sérieux. Le jugement de ces deux professeurs ne fait que confirmer tout ce qui avait été observé par de nombreux médecins de la Galaure et de Saint-Péray. Nous pensons que, sur le plan médical, aucun doute n'est possible.

Sauf chez ceux qui se complaisent systématiquement à faire courir des bruits malveillants, y compris parfois par tracts. C'est à la suite d'une action de ce genre que Mgr Pic publia, le 7 août 1943, dans la partie officielle de la «Semaine Religieuse de Valence», une mise au point au sujet de Marthe Robin, qui est exactement le contraire d'une mise en garde. Mgr Pic connaissait bien l'histoire et avait une très bonne plume. C'est dire que le document qu'il a signé est lourd de sens. Comme «ordinaire du lieu», il s'engage à fond. Il n'a jamais été contredit ni par un de ses successeurs, ni par un autre évêque dans la moindre lettre officielle. Lisons plutôt ce qu'il a écrit :

«Depuis onze ans que notre attention d'évêque est attirée sur la personne et l'action de notre diocésaine, Mlle Marthe Robin, nous nous sommes fait un devoir de ne rien publier à son sujet, de ne la nommer dans aucun de nos écrits.

«Cette réserve, imposée par la prudence et conforme aux prescriptions de l'Eglise, correspondait pleinement au désir sans cesse manifesté de cette âme qui veut écarter de sa personne toute curiosité intempestive et, dans la souffrance, se consacrer uniquement au bien des âmes qui l'approchent.

«Des circulaires de teneurs et de provenances diverses, sans nom d'auteur, ni d'imprimeur, et sans l'imprimatur cependant requis pour les relations de ce genre, ont vulgarisé son nom, ajoutant à des données exactes, de nombreux détails fantaisistes, mettant parfois fort indiscrètement en cause les plus respectables théologiens, évêques et même cardinaux...

«Nous demandons à nos prêtres et à nos diocésains de s'inspirer pour le cas présent aussi de cette même réserve qu'il est nécessaire d'observer strictement si l'on ne veut pas ouvrir la voie à des controverses où l'incompétence se donne libre-carrière et qui finirait par jeter le discrédit sur ce qu'il y a de plus respectable dans la vie des âmes et sur l'Eglise elle-même».

C'est le genre d'écrit qui ne passe pas inaperçu - et dont on se souvient. Précisément, dix-sept ans plus tard, un rédacteur de la «Semaine Religieuse de Valence» qui était selon toute vraisemblance Mgr Soulas, le vicaire général de Mgr Pic, évoquait, après le décès de l'évêque, cette *mise au point* dans des termes qui prouvaient bien que la réserve de l'Eglise n'avait rien d'une méfiance :

«Mgr Pic voulut la (Marthe Robin) mettre à couvert de curiosités indiscrètes, en soulignant que son désir à elle était de poursuivre dans l'ombre une vie de prière et de souffrance. Fille de l'Eglise avec tout ce que ce titre comporte de fierté, de déférence et d'amour, Marthe Robin sait, à n'en pas douter, qu'il n'y a dans ces réserves que gratitude et respect.» (40)

Le lecteur n'oublie pas que, toujours sous l'épiscopat de Mgr Pic, Marthe a été contrôlée également sur le plan spirituel et théologique par deux experts : le Père Albert Valensin, un éminent jésuite, spécialiste de la mystique et qui jouissait d'une réputation de sainteté, et le Père Garrigou-Lagrange, dominicain, professeur à Rome, un thomiste de la plus pure espèce à qui on ne racontait pas d'histoires... On est donc en droit de dire que, si par tempérament il était un enthousiaste, Mgr Pic a été dans le cas de Marthe tout particulièrement vigilant. En d'autres circonstances (par exemple un cas de pseudo-apparition de la Sainte-Vierge) il s'est trompé, il a fait marche arrière et il l'a fait savoir. Rien de semblable au sujet de Marthe Robin.

Bien au contraire ! Le seul reproche au fond qu'on pourrait adresser à Mgr Pic, est d'avoir trop parlé de la «*petite Marthe*», d'avoir ainsi, involontairement et sans succès, tenté de l'arracher à sa vocation de vie cachée. Mais comme elle était aveugle et immobilisée dans la chambre d'une maison de campagne, loin des grandes routes, comme son entourage était discret et sérieux, elle n'a probablement jamais rien su de ce que disait l'évêque.

Multiplication des Foyers à travers le monde

Il est au moins une circonstance où Mgr Pic ne

pouvait que reconnaître officiellement la mission de Marthe : c'est lors de l'inauguration du Foyer de Charité. Mis en service en novembre 1947, il a été inauguré officiellement le 17 mai 1948, le lundi de Pentecôte. On vit ce jour-là une affluence considérable de prêtres et de fidèles.

Jadis l'évêque de Belley avait honoré le curé d'Ars en lui remettant un camail de chanoine. Impossible évidemment d'agir de même pour Marthe. Que fit Mgr Pic ? Il nomma l'abbé Faure chanoine honoraire. En «l'installant» (comme on disait à l'époque) à la cathédrale de Valence, il le couvrit d'éloges. C'était le contraire d'un désaveu.

Il convient d'ajouter que Mgr Pic ne s'est pas contenté d'inaugurer les nouveaux bâtiments. Auparavant, il avait fait retoucher les plans pour que tout soit agrandi. L'homme était prévoyant. C'est grâce à son intuition que le Foyer de Châteauneuf-de-Galaure accueille de nos jours, et plusieurs fois par an, des retraites de plus de trois cents participants !

A partir de cette reconnaissance officielle des Foyers de Charité, leur nombre a crû rapidement. Avant l'inauguration de Châteauneuf, deux Foyers seulement avaient été fondés : celui de La Léchère-les-Bains en 1941 et celui de La Gavotte en 1943. Mais on compte huit fondations entre 1950 et 1960, dont deux en dehors de France ; seize fondations entre 1960 et 1970, dont quinze en dehors de France ; et trente fondations entre 1960 et 1980, et ceci dans toutes les parties du monde. Or, le Père Finet ne peut faire face à toutes les demandes d'évêques qui désireraient avoir «chez eux» un Foyer. C'est dire que s'il faut juger l'œuvre à ses fruits comme disait cet évêque que nous citions en début de chapitre, de nombreux évêques de toutes nationalités ont jugé de la manière la plus favorable qui soit.

Marthe se laissait-elle griser par le succès ? Cette question n'a pas de sens pour une femme dévorée par la souffrance et la recherche de la gloire de Dieu. Elle connaissait bien les projets de Foyers, les réalisations, et elle les portait dans sa prière. Pour elle d'ailleurs, comme pour une vraie maman, il n'y avait pas de préférence ; elle ne distinguait pas le Foyer de Châteauneuf et les Foyers d'ailleurs. Les membres des Foyers les plus lointains étaient reçus par elle avec la même tendresse que ceux de Châteauneuf. Les lettres qui lui parvenaient des divers Foyers du monde entier constituaient son trésor. Elle bénissait le Seigneur pour les merveilles qu'Il accomplissait dans ces maisons de retraites spirituelles.

L'arrivée de Mgr Urtasun

A la mort de Mgr Pic (en 1951), un certain nombre de questions se posaient dans le diocèse de Valence. Rome envoya pour succéder à l'évêque enthousiaste, un homme prudent, bien que très spontané et pratique. Rien n'échappait à son regard ou alors il s'en offusquait. C'était Mgr Urtasun. Peu après son arrivée à Valence, il déclara aux grands séminaristes, à l'issue d'une messe dans la chapelle du séminaire : «*Je suis allé voir Marthe Robin. Il fait bien sombre dans cette chambre ! Il faudra que je regarde cette situation de plus près !*». Il le fit, mais non de la manière délicate qu'on aurait souhaitée. Il demanda en effet, à son arrivée dans la chambre de Marthe, qu'on ouvrit les volets... Il voulait voir clair. Ce jour-là, Marthe a cruellement souffert des yeux, et aussi moralement, de la méfiance de son nouvel évêque.

Mais comme le doute de l'apôtre Thomas, le scepticisme épiscopal a été permis pour renforcer nos convictions. «Il vit et il crut...» Si par ailleurs dans le diocèse Mgr Urtasun remit de l'ordre, rien ne fut changé en ce qui concerne le Foyer de Châteauneuf-de-Galaure et Marthe Robin. A l'un et l'autre, il témoigna de toute sa confiance.

Mgr Vignancour : un ami du Foyer

Mgr Urtasun ne resta pas longtemps évêque de Valence ; il fut nommé archevêque d'Avignon. Mgr Vignancour lui succéda. C'était donc à lui normalement qu'il revenait de présider les fêtes du vingt-cinquième anniversaire de la Fondation du Foyer qui se déroulèrent le 11 février 1961. Mais l'archevêque d'Avignon tint à présider en personne la cérémonie en tant que métropolitain. Lors de cette nouvelle fête du Foyer, on compta de nombreux évêques, dont le cardinal Gerlier. Lui aussi avait été très réservé, dans les débuts, on pourrait même dire : inquiet. Ce 11 février 1961, on comprit que toutes les réticences étaient dissipées. Mgr Urtasun évoqua d'abord les origines du Foyer : comment l'abbé Faure «*pour accomplir un vouloir divin*», transmis «*par l'une de ses plus vertueuses paroissiennes, clairvoyante et mortifiée*», ouvrit «*contre toute sagesse humaine*» la petite école de filles, «*grain de sénevé d'où devait sortir le grand arbre du Foyer*». Ici encore, il ne s'agit pas de littérature ; tous les mots portent.

L'archevêque de Lyon, le cardinal Gerlier, se réjouit quant à lui des effets merveilleux de la grâce du Seigneur au cœur d'une petite paysanne de la Galaure, semblable à Bernadette Soubirous... Paroles qui ont évidemment été reprises dans la presse...

S'il y eut donc au départ des réserves dans l'épiscopat, on peut dire qu'en 1961, le vent avait bien tourné...

Mgr Vignancour, le nouvel évêque de Valence, ne pouvant être appelé comme Mgr Pic «*le premier évêque des Foyers*» fut vite reconnu comme un «*ami du Foyer*» de Châteauneuf. Il y venait souvent.

Mgr de Cambourg : le respect devant le mystère de la Passion

Quand Mgr Vignancour fut nommé archevêque de Bourges, Mgr de Cambourg lui succéda. Ce n'était pas un orateur aux déclarations fracassantes mais un homme de dossier. Il ne faisait pas de bruit, il parlait peu, il écoutait beaucoup et avec attention. Quand il avait une remarque à faire, il la faisait, tranquillement.

De Marthe Robin, on ne l'entendit jamais parler en public. Mais il la connaissait bien. S'il avait eu des observations à faire, il n'aurait pas hésité une seconde. Sa réserve n'a pas été le signe d'une quelconque désapprobation, mais plutôt celui d'un grand respect pour le mystère de la Passion vécu par Marthe dans le silence de la Plaine. Lui-même, en arrivant à Valence, avait déclaré ne rien vouloir d'autre que «*Jésus-Christ et Jésus-Christ crucifié*» : pris au mot, il dut interrompre son ministère épiscopal à la suite d'une hémiplégie...

Mgr Marchand : «une immense action de grâces»

A la fin de 1978, un nouvel évêque était nommé à Valence : Mgr Marchand. Il ne disposa que de peu de temps pour connaître Marthe puisqu'elle est retournée vers le Père au début de 1981. Il eut l'occasion de s'exprimer publiquement au moment des funérailles de Marthe. «*Le fruit qu'elle porte,* dit-il discrètement, *est pour la gloire du Père*».

Dans un numéro de «*Feu et Lumière*» (41) justement consacré à Marthe Robin, il a accepté de répondre aux questions d'un journaliste. Il a déclaré :

«*J'ai été très interpellé par Marthe Robin. Je la connaissais peu. Je suis allé lui rendre visite quelque temps après mon arrivée (à Valence) et j'ai reconnu en elle ce que j'avais entendu d'elle : d'abord ce très grand réalisme, puis sa très grande simplicité, sa très grande humilité... Il me semble qu'elle a vécu la croix du Christ, sa Passion, à partir de sa vie d'handicapée.*

«*Ce qui m'a frappé chez Marthe, c'est son très grand sens de l'Eglise... Elle aurait pu vivre pour son compte, pardonnez-moi l'expression ! C'était vraiment son sens de l'Eglise qui lui faisait offrir sa vie en permanence*».

L'hommage du nouvel évêque était volontairement discret et contenu, mais dans l'intimité du Foyer de Châteauneuf, Mgr Marchand met tout son cœur à rendre grâces. Ainsi pour l'assemblée plénière des soixante Foyers du monde réunis à Châteauneuf le 10 novembre 84, il déclarait :

«Il m'est très agréable d'être avec vous, venus de tous les Foyers du monde, pour célébrer cette Eucharistie, pour rendre grâces, pour dire un peu avec Marie «Mon âme exalte le Seigneur». C'est vraiment une grande joie et une grande grâce pour moi qui suis l'évêque de Châteauneuf et qui ai été l'évêque de Marthe dans les dernières années de sa vie terrestre.

«Et c'est bien à Marthe et aux Foyers que nous pensions en écoutant les textes qui nous ont été lus. J'ajouterai même que c'est en pensant à Marthe et aux Foyers qu'on pourrait aussi louer le Père, comme Jésus le dit : «d'avoir caché ces choses aux sages et aux savants».

«La vie des Foyers et la vie de Marthe sont liées. Et c'est une immense action de grâces qui doit monter de nos cœurs au moment où vous êtes ici, vous qui représentez tous les Foyers du monde, vous qui êtes ici autour du Père Finet».

Une immense action de grâces... Comment mieux reconnaître les merveilles qui se sont accomplies à Châteauneuf-de-Galaure ?

CHAPITRE 6 :

Une semaine de Marthe

> «Je me suis rendu compte de son régime de vie. Il y avait de quoi épuiser une personne en bonne santé !»
>
> (Françoise Degaud)

1931 - 1981... : L'enfouissement...

Cette période de la vie de Marthe n'est tissée que de prière jour et nuit, de visites de personnes souvent en quête d'un conseil, de souffrances atroces, coupées seulement par des extases. Au fur et à mesure que Marthe avance en âge, il devient impossible d'écrire une vraie biographie.

Et pourtant chacun a soif d'en savoir davantage sur cette vie d'handicapée absolue. Essayons donc de retracer par exemple ce qu'on pourrait appeler son emploi du temps de la semaine.

Mais par quel jour commencer ? A cause de ses extases qui, à la fin de sa vie, s'achevaient le lundi, quel était pour Marthe le premier «jour de travail» de la semaine ? Au fond, ce pourrait être le mardi car elle avait trois jours de grande activité, (si l'on ose parler ainsi pour une personne immobilisée complètement et qui de surcroît est devenue aveugle en 1939 !) : le mardi, le mercredi et le jeudi. Le reste du temps, elle était en Dieu.

Programme du mardi, mercredi et jeudi

Commençons par le mardi et laissons la parole à une enseignante du Foyer de Charité, Françoise Degaud, qui, de 1972 à 1981, fut en juillet et août «secrétaire» de Marthe.

«*A ce moment-là,* dit clairement Françoise Degaud, *je me suis rendu compte de son rythme de vie : il y avait de quoi exténuer une personne en bonne santé ! Marthe n'avait pas un instant de répit.*

«*Je montais à la Plaine, avec le Père, vers 8 h 30. Dès que possible j'entrais dans la chambre de Marthe. Beaucoup de lettres arrivées les jours précédents n'avaient pas encore pu être lues. Nous commencions donc tout de suite, Marthe écoutant ce que je lisais à la lumière de la petite lampe derrière le rideau. Si dans une lettre étaient posées des questions précises, Marthe dictait la réponse avec netteté et concision : toujours le mot propre, pas un mot superflu. Elle remerciait chaleureusement les personnes qui lui avaient envoyé des colis, ouverts par l'un ou l'autre membre du Foyer qui lui en avait dit la composition. Elle se souvenait de tout et précisait à ses correspondants l'utilité de chaque objet. Lettres de remerciements, toujours, pour les chèques reçus pour l'Oeuvre des Foyers. Marthe était très émue par les «petits dons» envoyés par des personnes aux revenus modestes. Devant telle ou telle lettre apparemment anodine elle vibrait profondément, sachant qu'un drame s'y révélait. Mais si l'auteur d'une lettre la prenait pour une pythonisse elle disait, avant la fin de la lecture : «déchirez vite». Quand des prêtres ou des religieuses lui demandaient conseil pour l'orientation de leur vocation elle s'exclamait : «Mais ils ont des supérieurs ou des directeurs ! Ce n'est pas à moi de répondre à leurs questions !» A la lecture de lettres déchirantes elle pleurait... puis dictait la réponse avec son cœur débordant de tendresse. Les nouvelles données par les membres des Foyers du monde étaient toujours pour elle les très bienvenues : elle partageait avec le même amour joies et peines confiées par les uns et les autres, qu'ils soient kilométriquement proches ou lointains.*

«A plusieurs reprises, au milieu de la lecture d'une lettre, les membres du Foyer travaillant à la Plaine venaient lui demander conseil pour confectionner tel ou tel colis destinés aux nécessiteux, aux missionnaires, à ses «petits vieux» comme elle disait en riant. Colis qu'il lui était possible d'expédier grâce aux dons apportés chez elle, reçus par la poste ou remis par les retraitants dans ce qu'on appelle au Foyer «la corbeille de Marthe». La confection de ces colis n'était pas pour Marthe simple transmission de ce qui lui avait été offert. Elle établissait avec joie et grande délicatesse la composition du colis en fonction du destinataire : «Il reste encore un peu de place ? ajoutez quelques chapelets... mettez donc ce petit saucisson... pour ce Foyer d'Amérique Latine, envoyez ces médicaments.» Elle se souciait de la solidité du carton et des ficelles, recommandait d'écrire l'adresse sur le colis avec une encre indélébile.

«En fin de matinée, nous nous succédions pour déjeuner pour qu'elle puisse continuer de travailler avec l'une de nous, alternant ainsi colis et courrier. Et le facteur apportait encore un volumineux paquet de lettres...

«Heureusement au début et à la fin de l'après-midi, souvent, des membres de sa famille, des amies du pays, amies de vieille date, venaient lui rendre visite et lui apportaient quelque détente.

— Que faisait Marthe le mercredi et le jeudi ?

«Elle recevait les retraitants qui en avaient exprimé le désir. Ils montaient par groupes de six, défilé incessant dans la cuisine devenue salle d'attente. L'un après l'autre, chacun entrait dans la chambre de Marthe pour une visite d'environ dix minutes. Je frappais à la porte au bout de sept minutes, c'était le plus souvent au moment où Marthe commençait à prier avec la personne qui était avec elle. Parfois, il fallait frapper une seconde fois, une troisième encore, mais je n'osais pas insister plus !

Marthe a reçu ainsi pendant les dernières années de sa vie de cinquante à soixante personnes chaque mercredi et chaque jeudi... et dès que cela était possible, nous reprenions le courrier.

— Quand il n'y avait pas de retraite, que faisait Marthe ?

«Marthe recevait des visiteurs venus d'un peu partout, des amis et des membres des Foyers que nous connaissions bien mais aussi des personnes venues la voir d'une manière totalement discrète.

Le rythme de la journée était un peu moins tendu. Nous pouvions échanger des nouvelles du journal, du village, de nos familles, des Foyers. Marthe m'interrogeait sur tel ou tel livre dont on lui avait parlé ou que j'avais lu. Nous prenions même de temps en temps une petite «récréation». Marthe aimait plaisanter, raconter des histoires, elle était très gaie et nous riions de bon cœur. Elle parlait des récoltes : «Vous avez vu les beaux champs de colza ?», du temps : «J'entends le vent... j'entends la pluie...» Elle aimait la nature, les animaux de sa ferme, «sa petite chèvre»... la minette qui eut le privilège de monter souvent sur son lit, sans jamais lui faire mal.

— Comment les journées se terminaient-elles ?

«Le mardi et le mercredi, quand les derniers visiteurs étaient partis et que la nuit était tombée, nous éteignions la petite lampe et ouvriions un peu plus les volets et la fenêtre de Marthe, qui pouvait enfin respirer un peu mieux. Dans la pénombre, nous restions en silence, nous priions, nous nous donnions des nouvelles des uns et des autres, précieux moments de vie de famille.

Vers dix heures, nous percevions le bruit d'un moteur, souvent c'était Marthe qui l'entendait la première. «Le Père arrive» disait-elle avec soulagement. Nous nous retirions alors à la cuisine. Au bout d'un moment plus ou moins long, le Père nous rappelait. Lorsqu'il ne donnait pas la communion à Marthe nous priions avec eux le chapelet et d'autres prières chères au Père et à Marthe. Puis nous sortions tous, le Père le dernier. Il fermait à clef la porte de la chambre. Marthe avait dû le lui demander : elle n'avait aucun moyen de se défendre... pas même d'un insecte !

Le vendredi et les jours suivants

— Le jeudi soir, elle entrait en Passion ; elle la poursuivait le vendredi et le samedi. Est-ce qu'elle vous en parlait ?

«Non. Elle était d'une discrétion extrême. Nous ne lui posions pas de questions. Nous n'en parlions pas entre nous. Nous savions que nous l'aurions blessée.

«Pratiquement, à partir de 1948, elle n'a plus prié à haute voix pendant la Passion du vendredi. Le Père Auric, qui succéda à l'abbé Faure comme curé de Châteauneuf-de-Galaure, se tenait parfois à côté d'elle le vendredi. Il disait qu'au fil des années, il y avait de moins en moins de manifestations extérieures, mise à part la couronne d'épines et les larmes de sang...

C'est le jeudi soir, on vient de nous le rappeler, que Marthe entrait en agonie. Ses tourments se prolongeaient dans la nuit du jeudi au vendredi. Marthe revivait diverses scènes de la Passion, puis le vendredi après-midi, à des heures variables d'ailleurs, elle poussait un grand cri.

En août 1942, le chanoine Bérardier (de Saint-Etienne) a rédigé un compte-rendu précis de sa visite à Marthe pendant la Passion qu'elle vivait, en compagnie du Père Finet et d'un médecin que nous connaissons bien maintenant, le docteur Ricard. Ecoutons ce récit.

«Marthe gémit doucement, mais d'un gémissement douloureux...

«Nous commençons le chapelet et brusquement nous voyons son corps violemment projeté à droite, à gauche ; elle va frapper durement de la tête le meuble qui se trouve entre le mur et son lit.

«L'intervention diabolique paraît manifeste. Le Dr Ricard nous révèle qu'il a relevé des traces de strangulation très nettes et, demain, pendant que Marthe revivra les trois heures du Christ en croix, nous l'entendrons plusieurs fois pousser des cris rauques comme quelqu'un qu'on saisit à la gorge et qui étouffe. Elle a d'ailleurs confié plusieurs fois à son Directeur que ce sont les démons - «Ils sont légion» *- qui rôdent autour d'elle et*

tentent de l'étrangler.

«L'agonie à laquelle nous assistons est plutôt calme et silencieuse, nous dit M. Finet. Certaines sont beaucoup plus agitées et tragiques. On entend alors Marthe dire sur un ton suppliant : «Non, mon Père, pas ça ! Mais, Père, s'il le faut, j'accepte».

«Nous récitons une prière ensemble, nous la bénissons et nous partons, après avoir vu, comme la veille, le chanoine Finet fermer la porte à clef...

«Vendredi 16 h 35, heure officielle, c'est-à-dire 14 h 35 au soleil, nous rejoignons M. Finet qui est près de Marthe depuis plus de deux heures. Il a trouvé le corps presque hors du lit, la tête à quelques centimètres du plancher...

«Une plainte continue d'échapper des lèvres de Marthe et l'angoisse nous étreint l'âme... La tête va de droite à gauche sur l'oreiller... «Oh, va-t-en, tais-toi !». *Parfois Marthe ajoute :* «Oh ! Veux-tu te tenir tranquille ? Tu n'arriveras à rien !». *A ce moment-là sans doute, Satan lui suggère comme une tentation de désespoir et tend à la persuader que ses souffrances sont vaines... Vers 17 h, nous entendons Marthe dire :* «Mon Père, pourquoi m'avez-vous abandonnée ?». *La tête a toujours ce même va-et-vient. Au lieu des gémissements, ce sont des ah ! ah ! secs, entrecoupés, assez rapides. Puis très articulé, quoique à voix basse :* «Mon Dieu, je remets mon âme entre vos mains». *Une minute après, Marthe pousse un grand cri, un cri étrange qui dure trois ou quatre secondes - et d'un coup sec la tête retombe sur le côté gauche, faisant un angle droit très marqué avec le corps. Nous avons tout à fait l'impression qu'elle vient de mourir... Nous restons plusieurs minutes à genoux dans un silence absolu. Le cœur bat violemment ; la pensée se porte au calvaire. Nous avons l'impression que c'est ainsi que cela a dû se passer. Nous nous relevons lentement ; nous mettons la main devant la bouche de Marthe : aucun souffle. C'est une morte que nous avons sous les yeux. Le visage est pâle, les joues sillonnées de larmes de sang qui ont coulé jusque sur la serviette qui entoure le cou...»*

Alors commençait l'extase.

Marthe ne revenait à elle que le dimanche, ou même - dans les dernières années de sa vie - que le lundi et encore en fin d'après-midi. Au moment de Pâques, le temps d'extase durait pratiquement une quinzaine de jours. «*Pendant une quinzaine de jours,* dit le Père Finet, *on ne pouvait pas lui parler...*»

Voilà quel était l'emploi du temps de Marthe tout au long de la semaine. On comprend mieux à présent, sans doute, pourquoi, invariable ou presque, il rend quasi impossible une biographie année par année. Mais comme Marthe n'arrêtait pas de souffrir et qu'on ne s'en rendait pratiquement pas compte, cet emploi du temps très chargé pour une handicapée absolue, nous donne à penser sur sa force d'âme.

Justement, il nous faut pousser notre enquête plus loin. Maintenant que nous connaissons le monotone déroulement de sa semaine, nous allons nous mettre de l'autre côté du personnage, entendre les réactions des jeunes, des prêtres, des visiteurs de tous genres qui sont montés à la Plaine. Ce sera tout naturellement l'objet des chapitres qui suivent.

Nous allons rencontrer Marthe en pleine action missionnaire.

CHAPITRE 7 :

Marthe et ses 100.000 visiteurs

> «O vous qui souffrez et qui vous plaignez de vivre dans une nuit sans étoiles, regardez au fond de votre cœur s'il n'y a pas quelque chose, un souvenir ou une affection, qui tienne la place que Jésus doit occuper. Chassez tout cela et laissez entrer Jésus»
>
> (23 mars 1930)

Combien sont-ils passés par la chambre de Marthe pour venir chercher, qui un encouragement, qui une conversion, qui une guérison ?...

Tout chiffre peut être contesté. De 1931 à 1981, on n'a pas pointé ceux qui venaient, mais le nombre de cent mille semble être une bonne indication. Il pourrait bien être inférieur à la réalité, mais finalement, il est sans importance. Ce qui compte, c'est cette impression de paix et de lumière que les retraitants et d'autres personnes encore ont reçue et ne peuvent oublier.

Dans ce chapitre, nous ne rassemblons que quelques témoignages parmi les milliers qui pourraient être donnés. Ils en disent long cependant sur l'attention de Marthe aux personnes et le don charismatique de «science» que le Seigneur lui avait donné, sa confiance en Lui, sa tendresse pour Marie, et tout ensemble son réalisme, son sens de l'humour ou ses exigences.

Comment se déroulaient les visites ?

Dans le chapitre précédent, nous avons déjà donné quelques précisions. Les retraitants de Châteauneuf qui désiraient rencontrer Marthe s'inscrivaient sur une liste et se partageaient entre deux grands groupes : le premier montait à la Plaine le mercredi, l'autre le jeudi.

Après l'attente de son tour dans la cuisine ou dans la cour, on entrait, dûment accompagné, dans la pénombre de la chambre. Au bout de quelques instants, on percevait assez distinctement une forme blanche sur le minuscule divan. On s'asseyait au pied de celui-ci, sur une chaise. On déclinait son nom et son adresse, à moins que Marthe elle-même, vous ayant déjà rencontré, vous ait chaleureusement accueilli par une parole inattendue. Parfois d'ailleurs on ne comprenait cette parole que quelques semaines ou quelques mois plus tard. Il est donc nécessaire de bien écouter et de retenir ce qu'elle dit. Retenez plus ce qu'elle vous dit que ce que vous lui dites.

Au reste, la voix est claire et assurée. Comme disait le commandant Pettieu en 1942, «*elle a une voix qui ne trompe pas*».

Une valentinoise : la retraite de la reconnaissance

«J'ai connu Marthe par l'intermédiaire de M. Rouet, un libraire de Valence. Il me disait, lui qui était un saint homme : «Marthe, c'est un coin du ciel !»

«Ma première visite date du 25 mars 1943, mais elle pensait à moi en septembre 42. En effet, un jour de ce mois, ma belle-mère avait été la voir et elle s'est fait entendre dire : «*Votre belle-fille n'aura qu'un enfant*». A ce moment-là, ma fille avait sept ans. Ce genre d'annonce de l'avenir m'a plutôt surprise !

«Pourtant, le 25 mars 1943, je suis partie à Châteauneuf-de-Galaure en taxi avec Mme Barricaire, le commandant Pettieu et une autre dame, tous trois aujourd'hui décédés. En arrivant au Foyer, on nous dit : «Attention, vous n'allez pas voir une sorcière !»

«Mme Barricaire est passée la première. Puis, après que j'aie attendu un bon moment dans la cuisine, mon tour vint d'entrer dans la chambre de Marthe. Je me suis présentée.

- *Il y a longtemps que je vous attendais ! Comment allez-vous ?*

— Très bien !

- *Oh ! Pas tant que ça ! Il faudrait entrer en clinique le plus tôt possible.*

«J'ai tenu tête à Marthe. Je lui ai raconté que j'avais vu un médecin, qu'il m'avait assuré qu'il n'y avait pas urgence... Elle m'a dit : «*Vous avez des adhérences partout !*»

«J'ai été déçue par ce premier contact...

«Le commandant Pettieu me succéda dans la chambre. Cet homme était incroyant. Il nous avait dit qu'il se contenterait de saluer Marthe et qu'il repartirait aussitôt. Il est resté une heure. Marthe lui a parlé de la guerre, des événements graves du moment, puis du temps où il était marin à Madagascar. A la fin de la conversation, elle lui a demandé s'il accepterait de prier un tout petit moment avec elle. Il a dit oui !

«La dernière personne qui était avec nous avait perdu son mari à Dunkerque. Elle avait une fille. «*Il faudra la faire élever très chrétiennement*», recommanda Marthe. Là encore, j'ai été très surprise par son conseil. Trois mois après, j'ai compris : cette dame mourait d'une tumeur. Sa fille est aujourd'hui mariée et a mis ses enfants à Saint-Bonnet-de-Galaure. Elle dit : «Dans ma vie j'ai eu beaucoup d'ennuis ; heureusement, j'ai connu Marthe !»

«Pour moi, en rentrant à Valence, j'ai d'abord revu mon médecin ; il m'a dit : «C'est grave ; entrez tout de suite à l'Antiquaille à Lyon !» J'étais d'accord, mais là-bas, le docteur Ricard était en vacances. J'ai d'ailleurs été obligée de retarder mon voyage car j'ai pris une péritonite et ne suis rentrée à la clinique que le 23 mai 43. Quand le chirurgien a vu mon état, il m'a dit : «J'espère que vous vous en sortirez» : J'étais confiante. Je me suis dit : «Si Marthe t'aime, elle priera pour toi !». J'ai mis une médaille de la Sainte Vierge dans mes cheveux...

«J'ai été opérée le 1er juin. Le mal avait empiré mais finalement tout s'est bien passé et j'ai pu quitter la clinique le 15 juin.

«Comme j'allais mieux, j'ai décidé d'aller faire une retraite à Châteauneuf-de-Galaure le 3 août. J'ai eu des problèmes tout le long... J'avais mis mon vélo aux bagages dans le train. Un pneu a crevé. Le garagiste à St-Vallier m'a dit qu'il ne travaillait pas le dimanche. Alors j'ai fait quatorze kilomètres à pied en traînant mon vélo et un cageot de légumes. Quand je suis arrivée, Marthe m'a dit : «*C'est la retraite de la reconnaissance*» (42)

La vice-présidente du Sénat chez Marthe

Marthe a reçu toutes sortes de personnes : des pauvres, des riches, des ouvriers, des agriculteurs ou des professeurs d'Université. Voici le témoignage d'un sénateur des Ardennes bien connu, Marie-Hélène Cardot. Pendant la guerre, elle avait fait de la résistance avec son mari. Aussi en 1945, beaucoup poussaient Mme Cardot à se présenter aux élections et à se lancer dans la carrière politique. C'était une femme remarquable, merveilleuse, mais elle ne sentait aucun attrait pour ce genre de situation. Au reste, elle était humble et elle partageait tout ce qu'elle avait. Ne sachant que décider, elle est venue demander conseil à Marthe. Voici le récit de sa visite.

«Je l'ai vue trois quarts d'heure environ. Elle est paralysée, les jambes pliées sous elle, ne peut bouger. Holocauste vivant, elle souffre chaque vendredi les douleurs de la Passion... Les yeux s'habituent peu à peu (à la pénombre) et on l'aperçoit toute petite, toute menue... C'est très impressionnant. Elle est au courant de tout ce qui se passe, espère que la France se relèvera, m'a encouragée dans ma «*belle tâche*». Elle m'a recommandé de ne pas me décourager, de persévérer, de porter le message du Christ ; elle priera pour moi et m'a demandé à plusieurs reprises de revenir : «*Il faut revenir quand vous passez*». Ensemble, nous avons dit une dizaine de chapelet et le «souvenez-vous», avant de nous séparer. Je suis très impressionnée».

Marie-Hélène Cardot, encouragée par tout ce que Marthe lui a dit sur sa «*belle tâche*», est devenue... vice-présidente du Sénat, ce qui lui a permis de beaucoup travailler pour améliorer les relations très tendues qui existaient entre le président de la République, le général De Gaulle, et le président du sénat, M. Monnerville.

Simplicité et humour

Une habitante de Tersanne, commune proche de Châteauneuf-de-Galaure, confiait à Marthe qu'elle priait en union avec elle tous les soirs.

- *Eh bien ! A tous les soirs !* lui répondit joyeusement Marthe.

En apprenant ce petit fait, une jeune femme des environs de Valence qui pratiquait la même habitude, s'empressa de lui en faire aussi la confidence :

«*La belle affaire !*» répliqua Marthe.

Aide à une maman dans la peine

«C'était en 1946... Si je n'avais pas eu la foi, elle me l'aurait donnée. Mon fils était mort à Mauthausen, après dix-sept mois de déportation. Je n'arrivais pas à m'en remettre. Je suis allée voir Marthe.

- *Madame, qui êtes-vous ?*
— Une maman qui vient vous demander du courage.
- *Votre fils est mort martyr. Il est près de Dieu.*

Elle m'a dit cela alors que je ne lui avais rien dit au sujet de mon fils. Puis elle m'a dit : «*Mettez-vous à genoux près de moi ; nous allons dire une dizaine de chapelet*» (43)

Une militante de la J.A.C.

Cette drômoise était militante de la J.A.C. (Jeunesse Agricole Chrétienne). Elle s'est rendue souvent chez Marthe Robin. Elle évoque quelques-unes de ses visites. Elle a tout noté sur des feuilles de cahier qu'elle garde précieusement...

«La première fois, c'était le jeudi 17 juillet 1942, le

soir, un peu avant que Marthe entre en agonie. Une voix douce m'accueille. Je lui dis mon nom, je lui rappelle la visite de mon frère. Elle me dit : «*Et sa petite fille ?*». Je donne des nouvelles. Après, on a abordé mes problèmes de la retraite que je suivais. Puis on a dit trois «Je vous salue, Marie» et un «Gloire au Père». Dans la pénombre, j'ai remarqué une large plaie au front.

«En ce temps-là, pendant la retraite, on allait voir deux fois Marthe. Ma deuxième visite s'est passée le 21 juillet en début d'après-midi, on attendait dans la cour... Une dame sort toute surprise ; elle dit : «Elle m'a demandé comment on conservait les œufs après qu'on ait parlé de choses spirituelles !». Une personne passe, puis vient mon tour. Je rentre avec une petite appréhension. Mais elle me reconnaît tout de suite.

Je lui demande de prier pour que je garde mon enthousiasme : «*Il ne s'agit pas d'enthousiasme,* dit-elle, *mais de vivre ce qu'on vous a enseigné !*».

«Je lui ai dit que je faisais de l'Action catholique dans la J.A.C. Elle m'a dit : «*Laissez agir la grâce !*»

«J'ai donné la recette des œufs qu'elle avait demandé à l'autre personne. Elle m'a dit : «*C'est pour faire des gâteaux pour les prisonniers* (de guerre). *Je ne sais plus quoi mettre dans les colis !*».

«En 1970, j'avais organisé une maison familiale rurale. Elle m'a conseillé d'aller chercher les élèves «*derrière les buissons*», c'est-à-dire de prendre des cas sociaux...

«Elle était très gaie. Un jour que je lui parlais d'une séance récréative que je préparais, elle m'a dit : «*Faites chanter les Magnanarelles*» et elle s'est mise à chanter !...» (44)

Réponse à un problème... après avoir prié

Autre témoignage :

«J'avais un problème que je ne savais comment résoudre. Au cours d'une retraite, je vais voir Marthe. J'ai eu une émotion forte, alors que je crois être très équilibrée. J'ai exposé mon problème. Marthe m'a répondu :

- *Vous en avez parlé au Père Finet ? Prenez son avis.*
Puis elle m'a demandé :
- *Avez-vous une prière que vous aimez beaucoup ?*

J'ai commencé alors le «Souvenez-vous» à Notre-Dame du Sacré-Cœur que je récitais chaque jour. Après la première phrase, je me suis mise à pleurer, sans pouvoir poursuivre. Marthe a continué comme si de rien n'était.

«Quand j'ai vu le Père Finet, il était très pressé. Il m'a donné la réponse en une phrase !» (45)

Une enseignante dans une école d'infirmières

«Je l'ai vue pour la première fois en mai 1977. Je ne voulais pas la voir quand j'étais enfant. Ça me faisait peur. J'avais des problèmes. Elle m'a réconfortée. J'ai remarqué en elle une transparence de miséricorde, comme si elle disait : «Va, je ne te juge pas ; essaye de faire mieux !»

- *On va prier ?*
— Si vous voulez.

«Alors sa voix changeait, rajeunissait. On avait l'impression d'avoir une enfant près de soi. Elle me disait : «*Qu'est-ce que vous voulez choisir comme prière ?*»

«Quelques mois après, en septembre 1977, je me suis rendue au Foyer pour la cueillette des haricots et divers travaux ménagers. J'ai eu la chance ainsi d'être reçue quarante cinq minutes par Marthe, alors qu'on m'avait demandé de ne pas rester longtemps ! Mais c'est elle qui m'a gardée. Elle m'est apparue comme quelqu'un de très ouvert. Pour son âge, c'était stupéfiant. Elle était pratique et en même temps pleine du Saint-Esprit. Quand on ne l'avait vue qu'une fois, c'était mon cas, on avait l'impression qu'elle vous connaissait comme une maman. C'était quelqu'un qui savait ce qu'est la souffrance...

«Je suis sortie au bout de quarante cinq minutes, j'étais heureuse ! Elle avait ri. Mais je me suis rendu compte qu'on n'avait parlé que de moi.

«On n'allait pas la voir parce que c'était une mystique, mais parce qu'elle écoutait. Elle ne faisait pas la morale. Elle cherchait à comprendre et à éclaircir vos attitudes.

«Pendant que j'étais au Foyer, j'ai eu encore la chance d'assister à la communion de Marthe. Il y avait dans la chambre une quinzaine de personnes, dont un libanais et un évêque dans la pénombre. On a parlé du Liban. Le libanais a évoqué un massacre de gamins. Elle a précisé le chiffre. Je ne sais plus le détail. On a récité le chapelet. Puis elle a communié. Tout d'un coup, le silence. On n'a plus rien entendu. On est parti...» (46)

Epanouissement

Dimanche 26 juillet 1953 : avant de quitter Châteauneuf, une retraitante confie à un prêtre l'impression profonde que lui a laissée sa visite à Marthe : «Comme je lui parlais du besoin que je ressentais de mettre plus de générosité et de pénitence dans ma vie, elle m'a répondu : «*Qui vous parle de pénitence quand il s'agit d'épanouissement ?*»

Dans le même sens, en juillet 1948, elle avait répondu à un jeune qui lui disait : «Avec le bon Dieu, on hésite quelquefois à s'avancer parce que l'on se dit : qu'est-ce qu'il va encore me demander après ?»

– *Comment ? Mais c'est l'épanouissement !* répliqua-t-elle !

«Dire que c'est elle qui m'a dit ça», ajoutait le jeune, tout pénétré de cette pensée...

Perfection ou sainteté ?

Une maîtresse de novices venait d'écrire à propos de C... «Certes, elle n'est pas parfaite, mais...».

Un prêtre a fait observer à Marthe : «La recherche de la perfection est encore une recherche de soi»

– Bien sûr qu'il ne faut pas se préoccuper de perfection ! Jésus dans l'Evangile dit : Celui qui veut sauver sa vie la perdra ! Sainte Thérèse n'a pas cherché à être

parfaite !

— La «petite» ?

- *Oui, elle n'a jamais cherché à être parfaite, elle a voulu être une grande sainte !*

A propos de la complète «coupure» du monde des religieuses pour raison de consécration, Marthe ajoutait : «*Mais* (à la messe) *c'est quand Jésus est consacré qu'il se donne à tout le monde ?*» (30 mai 1955)

Ajouter témoignage à témoignage tournerait à la lassitude. Nous en avons dit assez sans doute pour qu'on se rende bien compte que Marthe ne cherchait pas à éblouir ses visiteurs, mais à leur être utile (47). Cette handicapée absolue qui ne parlait jamais de ses souffrances, vous redonnait la force d'avancer dans la vie. Il faut avoir entendu ou lu des dizaines et des dizaines de témoignages pour arriver à trouver un demi-aveu de ce genre, que nous rapporte un prêtre de Paris qui est venu la voir souvent :

«Marthe éternue. Comme je lui dis : «A vos souhaits !», elle avoue : «*Ça fait mal partout, mais surtout dans la tête !*».

Marthe a dû aussitôt regretter d'en avoir trop dit. Elle éternue une seconde fois. J'essaie de la plaindre : «On ne peut rien pour vous ?» Aussitôt, elle embraie sur un autre sujet... (25 juillet 1961).

Douze ans après, comme ce même prêtre remerciait Marthe d'avoir souligné l'importance du signe de croix, elle disait : «*La croix est bien enfoncée dans mon corps, dans mon âme, dans mon cœur*». C'est la plus grande confidence que Marthe m'ait jamais faite, a dit ce prêtre.

Après son passage à Châteauneuf-de-Galaure, le cardinal Daniélou concluait : «La personne la plus extraordinaire du siècle, ce n'est ni Jean XXIII, ni le général de Gaulle, c'est Marthe Robin !».

CHAPITRE 8 :

Marthe et les prêtres

«Tout pacte d'amour entre Jésus et une âme sera un jour payé par des merveilles de grâces, des déluges de miséricorde»

Dans la mission que le Seigneur a confiée à Marthe durant sa vie, les prêtres occupent une place privilégiée. Ceux d'entre eux qui sont venus à Châteauneuf-de-Galaure pour rencontrer la stigmatisée, n'étaient pas pour elle des visiteurs comme les autres. Il en était de même pour les séminaristes qu'elle appelait joliment «*les prêtres en herbe*». Elle pensait beaucoup à eux en priant, notamment en revivant la passion de Jésus chaque vendredi ; elle les «*portait*» et les «*emportait*» selon une expression qu'elle affectait particulièrement. Esquissons donc les relations dans le Seigneur qui unirent Marthe et les prêtres.

Les prêtres qui ont exercé une influence sur Marthe

Elle leur devait d'ailleurs beaucoup.

Elle a certainement été très marquée par l'abbé Cluze parce qu'il la prépara, elle et le fils de l'instituteur laïc, à leur première communion le 15 août 1912. Il n'y avait que deux enfants à la cérémonie de ce jour de fête, les deux qui avaient été malades précisément quand quelques semaines plus tôt la première communion s'était déroulée dans la paroisse. Mais pour deux enfants le brave curé avait jugé qu'il valait la peine de prêcher, dans le jardin du presbytère, une retraite pendant plusieurs jours. «Une âme, c'est un diocèse !» disait St-François de Sales. Le résultat de cette préparation soignée, *communion privée* (on s'exprimait ainsi, à l'époque,) *a été une prise de possession de Notre-Seigneur. Je crois que déjà Il s'est emparé de moi à ce moment-là*».

L'abbé Faure, malgré son caractère bourru, était un prêtre dévoué, mortifié. Il est venu visiter Marthe très souvent et lui donner l'absolution et la communion. Combien de fois a-t-il prié pour elle, parce qu'il ne la comprenait pas et que son cas le dépassait ?

Il faut évoquer encore deux prêtres du diocèse, l'abbé Perrier, de Saint-Uze, et l'abbé Betton, professeur au grand séminaire de Valence. Nous n'oublions pas non plus ce capucin, le Père Bernard, qui admit Marthe dans le tiers-ordre capucin et l'appela à de nouvelles exigences, ni surtout le Père Finet qui fut son père spirituel pendant quarante-cinq ans...

Ainsi Marthe n'est pas partie de zéro. Elle a bénéficié toute sa vie du ministère des prêtres. Elle sait quel rayonnement est le leur quand ils sont de vrais disciples de Jésus-Christ. Elle les envie parfois d'avoir étudié la théologie, c'est-à-dire la science de Dieu. Mais elle a trop de bon sens pour ne pas contrôler sa pensée à ce sujet :

> «*Parfois, j'envie ceux qui ont le bonheur de faire de la théologie ! Mais l'oraison, la divine contemplation ne dépasse-t-elle pas de bien haut, en connaissance, en amour, en puissance, les plus fortes études ? L'expérience est plus profonde, plus lumineuse, plus féconde que la science. Pour moi, toute ma théologie, toute ma science, c'est l'amour, l'union de mon âme à Dieu par Jésus-Christ, avec la Sainte Vierge ! Rien de plus et rien de moins*»

(22 janvier 1930)

Elle prie pour la sanctification des prêtres

Ce qui inquiète Marthe, c'est que parfois, à ce qu'on lui raconte, les prêtres ne sont pas assez donnés au Seigneur.

Autour des années 1926-1930, elle disait à sa secrétaire (48) :

- *Et à la cure, comment ça se passe ?*

A l'occasion, celle-ci répondait :

— C'est le jour de leur réunion cantonale. «Ils» doivent jouer aux cartes...

- *Ils n'ont donc rien d'autre à faire ?* soupirait-elle.

L'anecdote est déjà ancienne, mais en des temps plus récents, il lui arrivait de demander : «*Que font les prêtres ?*»

Notez qu'elle interrogeait. Elle ne parlait pas pour condamner. Elle priait même pour qu'ils ne soient pas condamnés. Elle savait l'admirable dévouement de certains. Mais, comme sainte Thérèse d'Avila, elle subit un jour une atroce vision de l'enfer ; elle fut horrifiée par la septième demeure qui était pour les prêtres et les personnes consacrées. Alors ardemment elle suppliait pour eux (72). Déjà dans l'Acte d'abandon à la Volonté de Dieu, deuxième version, elle criait à Jésus :

> «*O Sauveur adorable ! Vous êtes l'unique possession de mon âme et de tout mon être. Recevez l'immolation que chaque jour et à tout instant, je vous offre en silence. Daignez l'agréer et la faire servir au bien spirituel de tant de millions de cœurs qui ne vous aiment pas... à la sanctification et à l'apostolat de tous vos bien-aimés prêtres... et en faveur de toutes les créatures*»

Lorsqu'elle endure la Passion, elle va jusqu'à dire :

> «*Dans ces abîmes sans fond de miséricorde, de pardon et d'amour du Cœur de Jésus, je noie l'iniquité, la haine et l'impiété... Je submerge les cœurs froids, endurcis et rebelles dans l'océan*

infini de sa tendresse. J'emporte les prêtres, tous les prêtres dans ces demeures réservées à eux seuls» (4 juin 1937)

Ce que des prêtres lui doivent

On ne saura jamais toute l'aide que Marthe a apportée à certains prêtres. Prophète, elle en a remis quelques-uns sur le droit chemin ; elle a exercé à l'égard de maints autres une vraie maternité spirituelle et leur a fait découvrir une nouvelle manière de vivre la foi. Un prêtre canadien, que la mission propulse sur les routes du monde, a été fortement ému lorsqu'on lui a remis une photo de Marthe sur son lit mortuaire. Il avait dû se passer quelque chose lors de leur rencontre...

C'est dire que Marthe ne s'est pas contentée de prier pour les prêtres. Elle les a accueillis et écoutés ; elle leur a fait retrouver parfois une nouvelle jeunesse. Ecoutons donc les prêtres nous dire eux-mêmes ce qu'ils doivent à Marthe.

En sortant de sa chambre, un prêtre expliquait : «*Je viens de voir le surnaturel*». Il avait récité une dizaine de chapelet avec elle et, observait-il, «*J'avais l'impression que je venais de prier avec Bernadette. La petite voyante de Lourdes devait prier comme cela*» (49)

On le sait, les prêtres aussi, comme les gens mariés, connaissent des ratés dans leur vie de consacrés. C'est ainsi qu'un prêtre, qui a connu cette situation, nous a écrit après la sortie du premier livre «Marthe Robin, la croix et la joie» :

«J'étais dans une période peu brillante et c'est à l'intercession de Marthe que j'attribue mon changement. Le Père X... m'avait donné un chapelet qui avait transité par les mains de Marthe. Je lui ai rendu visite en 1976. J'ai été impressionné par son esprit d'à-propos... J'ai entendu sa réflexion dont j'ai fait mon profit».

Voici un cas plus douloureux :

«J'ai rencontré un prêtre... Il avait été marié et avait un fils prêtre. Le père et le fils étaient brouillés à mort. Ce prêtre (le père) en partant pour le midi s'était présenté au Foyer pour faire sa retraite ; il n'était pas inscrit et il n'y avait plus de place. En remontant vers le nord, il comptait rencontrer Marthe. Il n'était pas annoncé et l'heure était passée... Connaissant la situation, je suis intervenu pour lui et la rencontre a pu avoir lieu. Marthe a tout écouté, a promis sa prière, m'a demandé d'écrire au fils... Cela se passait en septembre. Le vieux prêtre est mort à la fin de la même année, réconcilié contre toute espérance avec son fils».

Parfois, c'est une vocation qui, après une tourmente de plusieurs années, est réorientée par Marthe et retrouve paix et joie.

«Si je suis prêtre aujourd'hui, je le dois en grande partie à la prière et à l'offrande de Marthe. Je suis de la génération de mai 68, mouvement commencé les années précédentes dans les séminaires, où nous remettions alors tout en question. Nos aînés, nouvellement ordonnés prêtres, quittaient le ministère, quand ce n'était pas notre père spirituel. (Ce fut mon cas). Le bruit circulait même que bientôt Paul VI permettrait le mariage des prêtres... «Et tu t'engages maintenant ? Tu ferais mieux d'attendre !»

«Ce vent de folie nourrissait la tempête en mon cœur. Que faire ? Où aller ? Que devenir ? C'est comme cela qu'un soir d'hiver de février 1970, j'arrivai à Châteauneuf pour me recommander à Marthe et à toute la communauté du Foyer. On me fit monter à «La Plaine». Et en compagnie du Père Finet je rencontrai Marthe dans sa petite chambre obscure.

«De cette visite je me souviens, surtout du silence et de quelques paroles douces de Marthe... mais je sortis ne sachant toujours rien de la Volonté du Seigneur sinon que je devais «m'abandonner à Lui». C'est deux mois plus tard, au cours de la Cène du Jeudi-Saint, en faisant chanter à mes frères : «Ma vie, nul ne la prend, mais c'est Moi qui la donne», que je compris finalement que c'était bien au sacerdoce que j'étais appelé. La paix et la joie envahissaient mon cœur et ne m'ont jamais quitté. Le sacrifice de Marthe l'avait emporté sur toutes les puissances des ténèbres.» (50)

Beaucoup de prêtres rapportent de leur visite auprès de Marthe une impression de réconfort.
A un prêtre qui vient de fêter son jubilé, elle déclare :

«C'est une nouvelle jeunesse ! Mgr Ancel dit que c'est l'époque des désillusions. On a perdu ses illusions. Mais on n'a pas vieilli pour autant et l'on repart avec une nouvelle jeunesse !» (21 septembre 1954)

L'erreur serait de croire, suite à tous les redressements de vie qu'elle a favorisés, qu'elle passait beaucoup de temps à faire la leçon aux prêtres. Répétons : elle écoutait, elle s'intéressait aux divers problèmes de la pastorale, elle n'avait pas de solution préfabriquée. Un prêtre qui s'occupait du catéchuménat dans son diocèse, a été frappé de l'intérêt qu'elle prenait pour son ministère, des questions qu'elle posait. Elle ne lui a fait aucune révélation, elle l'a «renvoyé au quotidien de sa vie», disait-il.

Il n'empêche qu'elle était de bon conseil, comme en témoignait encore le chanoine Bérardier en 1942 :

«Avec elle, je me suis entretenu du prêtre, de la grandeur du sacerdoce... Je restai ébahi en entendant cette paysanne tenir un langage que n'aurait pas désavoué un supérieur de grand séminaire. Ses vues vous confondent, par exemple sur la manière de confesser les enfants, sur les attaches au péché qu'il faut rompre, même les plus ténues parce que parfois ce sont elles qui retiennent davantage... Et tout cela se dit avec une extrême délicatesse. Marthe s'excuse à chaque instant de tenir un tel langage, surtout devant un prêtre, «elle qui n'est rien qu'une pauvre paysanne».

Justesse du langage de Marthe

Un dominicain s'en vint trouver Marthe. «Comme elle me répondait qu'elle n'avait pas de message pour moi, je lui ai demandé la différence qu'il y avait entre la vie intellectuelle et la vie spirituelle. Sa réponse, je m'en souviens bien, a été celle que m'aurait donné un bon psychologue thomiste. Intellect : connaissance, enrichissement de l'esprit - qui n'implique pas la transformation du «cœur», qui ne réalise pas l'amour de Dieu et du prochain».

Et le dominicain ajoute dans son témoignage : «J'ai bien pu observer une exsudation sanguine autour des yeux, mais non des larmes de sang» (51)

Un don de «science»

Parmi les sept dons de l'Esprit-Saint, il en est un qu'on appelle don de science ou encore de connaissance. Il consiste à révéler ce qui est caché, à lire au fond des cœurs, pour servir les frères. Une sorte d'intuition très précise qui interpelle et qui aide à la construction de la foi. Marthe a fait usage de ce don aussi avec les prêtres.

Par exemple on avait demandé à un jésuite de Toulouse de prêcher une retraite au Foyer de Châteauneuf. En vérité, son calendrier étant plein, il avait un excellent prétexte pour refuser. Mais on insista et on lui proposa une autre date. Il n'accepta qu'à contre-cœur. Il vint donc, comme convenu, à Châteauneuf, et dans les débuts de la retraite rendit visite à Marthe.

- *Eh bien, mon Père, vous n'avez pas l'air très heureux de venir ici,* lui dit-elle.

Surprise du Père ! Il se défendit en expliquant qu'il faisait noir dans cette chambre et qu'il lui fallait un peu de temps pour réagir.

- *C'est que vous n'êtes pas ouvert à la grâce des Foyers...*

Puis elle proposa au jésuite de prier avec elle.

— D'accord, mais à condition que vous commenciez, répondit-il.

«Alors elle a commencé, en citant des passages de ce que je venais juste de dire aux retraitants. J'ai reçu un sacré coup à l'estomac ! Puis elle m'a donné tout le plan de la retraite. J'étais époustouflé. Elle m'a proposé ensuite de prendre une responsabilité. J'ai répondu que j'étais jésuite et que je dépendais d'abord de mon Provincial.

- «*Dieu le demande,* dit-elle, *votre Provincial s'y soumettra !*»

Ce qu'il fit en effet...

Grand expert dans le «discernement des esprits», selon saint Ignace de Loyola, ce jésuite n'a pas manqué d'être frappé par les extases de Marthe. Y a-t-il un rapport entre celles-ci et le «repos dans l'Esprit» ? Non, m'a précisé le Père. Car dans «le repos de l'Esprit», on ne remue plus, mais on est très lucide, on entend, on suit. Tandis que Marthe n'entendait plus, et ceci pendant de longues heures. Je n'ai jamais vu de cas semblable au sien.

Et le jésuite donne encore un détail intéressant : «Un jour que j'allais la voir, j'entendis couler le robinet. Je trouvais cela curieux et je le lui ai dit. Elle m'a répondu qu'elle avait des ennuis avec le démon : «*Il s'est amusé à ouvrir le robinet parce qu'il savait que j'avais les lèvres sèches, très sèches. Mais si ce n'est pas trop vous demander, mon Père, vous pourriez fermer le robinet ?*»

Quand les prêtres donnent la communion à Marthe

Les quelques témoignages que nous avons receuillis suffisent sans doute à exprimer l'admiration et la reconnaissance des prêtres qui ont visité Marthe Robin. Mais tous ceux qui ont eu la joie de lui donner la communion, racontent invariablement le fait qui les a le plus frappés.

«Chaque fois, atteste par exemple le même Père jésuite, l'hostie a été aspirée vers elle. Et dès qu'elle était entrée en elle, elle était en extase».

Un autre prêtre confirme :

«Plusieurs fois, je fus chargé de lui porter la communion. La première fois, à table, un prêtre me demande : Avez-vous remarqué quelque chose ? Je répondis que l'hostie m'avait échappé des mains. Il m'expliqua que c'était toujours comme cela. A chaque fois, j'ai été frappé et j'ai été dans l'admiration de l'action de grâces de Marthe, son extase».

Aux diverses périodes de la vie de Marthe, on retrouve de nombreux témoignages qui vont dans ce sens. Les prêtres n'ont pas fini de déposer sur les lèvres de Marthe la sainte hostie que celle-ci disparaît en un clin d'œil, sans que la communiante ait fait le moindre signe de déglutition. Quelques instants après, Marthe entre en extase, le souffle à peine perceptible, la tête inclinée à gauche. On a alors l'impression que seul son corps est là, un corps dont la vie se serait échappée. Il ne reste plus alors qu'à croire et à prier.

Ce sont des prêtres qui ont appris à Marthe les rudiments de la foi, l'ont initiée à la prière et à la vie spirituelle. Mais elle a largement rendu à tout le corps sacerdotal ce qu'elle en a reçu. Son expérience a plus instruit les prêtres que maintes leçons magistrales entendues au séminaire. Pour eux, son existence a été un appel. Tous ceux d'entre eux qui ont rencontré Marthe n'oublieront jamais sa recommandation essentielle : «*Soyez saints, allez vers les autres, mais ne quittez jamais la prière, quelque soit votre travail*».

CHAPITRE 9 :

Marthe, les jeunes des écoles du Foyer, leurs parents et les enseignants

«Le Seigneur vous appelle à de bien grandes choses, et la première de toutes est de vous quitter vous-même»

«La fidélité, il n'y a rien de plus important» (22 janvier 1966)

«L'école ou les missions, c'est toujours la mission» (Réponse à un professeur, membre du Foyer, qui se posait la question d'un éventuel départ dans les missions)

On s'en souvient, en 1934, l'abbé Faure ouvrait à Châteauneuf une petite école primaire de filles. Or, cette même année, Dieu demandait à Marthe la fondation d'un Foyer de Charité. C'est dire que d'emblée on a toutes raisons de croire en des liens particulièrement étroits entre le Foyer et l'école, ou plutôt entre le Foyer et les écoles. Car l'école des débuts fut rapidement doublée d'un collège de jeunes filles, puis d'un collège de garçons et d'un collège agricole. S'agirait-il là d'une de ces excroissances comme il s'en rencontre dans l'histoire de certaines congrégations religieuses ? On sait en effet que parfois celles-ci, fondées pour une tâche bien précise, s'orientent par la suite vers d'autres tâches.

A Châteauneuf-de-Galaure, il n'en est pas ainsi. L'école et le Foyer ont été prévus ensemble et forment un tout. Marthe disait avec humour que l'école était une «*branche, née du Foyer, bien qu'ayant commencé avant !*»

Et les collèges aussi sont des branches...

Quelles relations Marthe entretenait-elle avec les jeunes de ces collèges ? Quand elle recevait les enseignants, quelles exigences posait-elle dans le domaine de l'éducation ? Et tout d'abord, qu'est-ce que Marthe demandait aux parents des élèves des écoles du Foyer ? C'est à ces trois questions que voudrait répondre ce nouveau chapitre.

«Les parents ne doivent pas regarder par la fenêtre !»

Disons-le tout de suite. Marthe ne considérait pas que les écoles du Foyer devaient être comme des nids remis entre les mains toutes-puissantes des enseignants, les parents n'ayant plus qu'à abdiquer ! Le mercredi 19 octobre 1976, elle confiait à un membre du Foyer le langage qu'il fallait tenir aux parents :

> «*Si vous avez choisi cette école, ce n'est pas pour rendre les choses faciles. Il faut prendre vos responsabilités. Ou vous nous les confiez et vous vous engagez. Ou vous les enlevez et vous laissez la place à d'autres qui en profitent !*»

Marthe tenait donc à une collaboration étroite entre les enseignants et les parents, ce qui suppose rencontres, connaissance et harmonie par rapport au but visé :

> «*Il faut que la famille s'engage avec nous, sinon on ne peut rien. Il faut que nous soyons en harmonie les uns avec les autres. Il faut la prière pour créer l'unité...*»

Dans le même sens, elle avait dit le 4 novembre 1975 :

«Que les parents s'engagent avec les enfants. Ils nous regardent si souvent derrière la vitre !... Il faut faire la prière du soir en famille, en sortant de table, avant d'astiquer !»

Concrètement, comment les parents des écoles du Foyer sont-ils impliqués dans l'éducation des jeunes ? Par des relations personnelles avec les enseignants, bien sûr, mais aussi par des rencontres d'une journée, à la fois pédagogiques et spirituelles, et par des réunions préparatoires à certains événements. Voici par exemple quelques conseils donnés par Marthe le 2 février 1977, lors de la réunion préparatoire pour la rencontre des parents, un peu avant une profession de foi.

«Il faut qu'ils fassent la découverte de l'éducation chrétienne des enfants. Il faut mettre la prière en famille. C'est tellement important que les parents prient avec leurs enfants autour d'eux. La prière nous remonte quand on est écrasé !...

«La mission de la maman, c'est de former l'âme de l'enfant. Il faut être exigeant dans l'amour. Ne pas toujours être contre, ne pas être toujours sur leur dos, mais réagir très à propos»

«Il faut surtout unité de cœur et d'âme. Les enfants sentent le manque d'unité et que ce n'est pas très vrai».

Et Marthe conseillait aux éducateurs et éducatrices du Foyer dans leurs rencontres avec les parents, de ne pas faire des reproches, mais plutôt des invitations.

Quand Marthe rencontre les jeunes

Elle ne se contentait pas, elle, la paralysée, de donner de bons conseils... Elle était heureuse de recevoir les élèves avec leurs professeurs, classe par classe, vers la fin de l'année scolaire. Voici par exemple le dialogue qui s'est échangé le 22 juin 1976 entre les classes de 5e de Saint-Bonnet-de-Galaure et Marthe (les initiales sont celles des prénoms des garçons qui s'exprimaient).

P. — Qu'est-ce qu'il faut faire pour devenir un petit saint en 5e ?

Marthe - *Aimer. Aimer. Aimer. Toujours Aimer ! Aimez-moi, dit Jésus. Aimez les autres ! Se demander ce que ferait Jésus. Est-ce que cela plaît à Jésus ?... C'est Marie qui nous conduit à Jésus.*

F. - Faites-nous un résumé sur la vocation !

Marthe - *Le Père vous en parle...*

F. - (C'est pour) qu'on voie si c'est pareil !

Marthe - «*Ce n'est pas vous qui m'avez choisi, c'est Moi qui vous ai choisis*» (disait Jésus). *Il y a beaucoup d'appelés mais peu d'élus. Tout le monde est appelé, mais ceux qui sont chargés d'être davantage mes témoins, les prêtres, vos professeurs, sont des choisis de Dieu, tout donnés, consacrés à Jésus.*

J. M. - Est-ce pour nous punir, la sécheresse (qui avait lieu à cette époque-là) ?

Marthe - *C'est le secret de Dieu, mais c'est pour que nous nous tournions vers Lui, pour éprouver notre foi, pour que notre prière soit plus fervente pour notre région.*

J. - Quand on prie pour vous, est-ce que ça vous aide ?

Marthe - *Bien sûr ! Et c'est mieux que l'amitié. C'est plus profond de prier pour quelqu'un, ça va bien plus loin.*

Et Marthe de donner à ces enfants qui se préparaient à partir en vacances quelques conseils :

> «*La messe n'est pas obligatoire, elle est nécessaire ! Est-ce que vous allez mettre Jésus en vacances ? Il faudra parler avec vos parents, prier le matin et le soir, offrir votre journée, celle de vos parents... Il faudra dire un peu de chapelet avec sa maman, sa petite sœur, plus si on peut. Sur la plage ! Oui, c'est beau en admirant ! Il faudra recevoir régulièrement le sacrement de confession. Etre témoin par la parole aussi pendant les vacances !...*»

A des élèves de 3e qui lui demandent quelle est sa mission, Marthe répond le 28 mars 1973 :

> «*C'est l'offrande. Ma vie est une messe conti-*

nuelle. Je n'ai jamais l'impression que mon lit est un lit ; c'est un autel, c'est la croix»

Le Père Finet, présent, souligne que l'offrande de Marthe est totale. Elle reprend humblement :

«*Je ne voudrais pas dire non. Je ne pourrais pas dire non. Il y a des fois, j'avoue bien humblement que j'aimerais dormir, pour oublier un peu. Il y a pourtant bien des faiblesses. Mais on est faible avec amour !*»

Une élève de terminale : «Quand on l'a vue, on se sent meilleur»

De nombreux anciens élèves des écoles du Foyer gardent ainsi au fond de leur cœur le souvenir de cette visite qu'ils ont rendue à Marthe avec toute leur classe, ou personnellement s'ils étaient en classes terminales. Une jeune institutrice nous évoque ainsi ses rencontres avec Marthe : (52)

«Quand je suis arrivée à Châteauneuf en 1973, j'avais une certaine réticence à son égard. Je n'y croyais pas vraiment. Mais quand on l'a rencontrée, on est convaincue, sans que d'ailleurs elle cherche à vous convaincre.

«En 73, j'étais en 3e, je n'imaginais pas ce qu'elle pouvait être. J'avais une peur bleue d'aller la voir. On était toutes autour du lit avec les professeurs et le Père Finet. Elle avait une petite voix jolie, très claire. Elle était d'une simplicité fantastique. Elle avait beaucoup d'humour...

«En 76, quand je l'ai vue toute seule, on a parlé du choix de mon métier. Je voulais entrer dans un conservatoire de théâtre. J'avais à ce moment-là vraiment une passion pour le théâtre. Elle m'a demandé si je me sentais la force de tenir dans ce milieu. Elle n'est pas intervenue de façon directive, mais elle m'a amenée à comprendre ce que je devais faire. A la fin de l'entretien, elle m'a dit : «*Surtout, ne tiédissez pas !*»

«De chez elle, on sortait «regonflé». C'était quelqu'un de merveilleux. Elle était tellement à notre portée, très proche de nous. J'éprouvais des sentiments de tendresse ; j'étais transportée d'allégresse ! Comment dire ? C'est comme quand on a prié très fortement en groupe ou quand on sort d'un très beau film. On se sent meilleur. On dit : c'est formidable qu'il existe des gens comme ça ! On voudrait faire partie de leur nombre. On a la paix en soi, on se sent le cœur plein de résolutions».

A la lecture de ce témoignage, il apparaît clairement que Marthe ne jouait pas à la petite sainte qui ferait la morale aux jeunes. Elle s'intéressait à eux, elle les aimait. Que faut-il de plus ?

Exigences d'une pédagogie de la foi

Aussi bien, aux membres du Foyer qui sont enseignants, elle ne demande rien d'autre au départ que d'être «avec». Marthe, explique une enseignante, nous a appris à «être avec», à vivre avec les enfants. Elle tenait comme une chose très importante que les mêmes membres du Foyer enseignent, servent les repas, jouent en récréation, dorment dans les dortoirs, prient le chapelet avec les enfants.

Nous n'allons pas ici rédiger un traité de pédagogie. Marthe n'en a pas dicté. Du reste, elle ne cherchait pas à gouverner les collèges, en court-circuitant les responsables. Elle avait trop le respect de chacun et le sens de la grâce d'état que Dieu donne à tous ceux qui portent des responsabilités. «Je n'ai jamais vu quelqu'un qui avait autant ce sens-là» note un membre du Foyer.

Mais il n'est pas sans intérêt de découvrir au gré de conversations anodines, quels étaient selon Marthe les points d'insistance pour une bonne pédagogie de la foi.

Tout d'abord former la conscience. Pour elle, c'était primordial. Les enfants n'ont plus de colonne vertébrale, disait-elle. Ce n'était pas une critique par rapport aux enfants de jadis, mais un constat en vue de trouver un remède. Il importait donc pour elle de former leur conscience. Cela commence par l'exemple des enseignants et des parents et par une éducation de la liberté dans la foi, en forme d'appel.

«Les enfants ont besoin de nous voir prier. Il faut leur dire : «Venez, adorons le Seigneur... Le Seigneur compte sur toi... Le Seigneur a besoin de toi... Il faut les inviter.

«Les garçons ont besoin d'une affection forte. Ils ont besoin de se sentir aimés de façon désintéressée : pas de cheveux tirés ou de main passée dans le dos.»

(7 décembre 1977)

Elle-même donne cet exemple. Ainsi un élève de 5e lui demande malicieusement le 17 mai 1972 :

— On nous a dit que vous veniez nous voir a St-Bonnet. Est-ce vrai ?

- *Petit coquin ! Et si Dieu fait que ce soit possible ! Mais puisque Dieu est le maître de l'impossible !*

Oui, elle suivait, du cœur au moins, tous les jeunes, et elle disait qu'elle allait «*prier devant les tabernacles de tous les Foyers*» pour offrir les peines et les joies du monde entier. Lorsque déjà le 31 mai 1937 Mgr Pic donna l'autorisation au Foyer de garder l'Eucharistie, elle disait aux enseignantes : «*Quand le travail vous empêchera d'être auprès de Lui, je serai toujours là*».

Pour former la conscience, Marthe ne voyait rien de tel que la prière personnelle, la catéchèse et la lecture de l'Evangile. Quand elle parle de prière, elle pense d'abord à un moment de silence à la chapelle dans un contact personnel avec le Seigneur, un cœur à cœur, mais elle n'exclut pas la prière en groupe ; elle recommande vivement le chapelet et le chemin de croix. Pas de règle précise pour les écoles, mais de la souplesse : il s'agit de voir ce qui est possible.

La mystique ne manquait pas de sagesse...

Si Marthe regrettait une chose, c'est cette tendance fâcheuse que l'on rencontre de nourrir «*les jeunes de pâture au rabais*», alors qu'ils sont appelés à grandir, donc à monter, et non pas à se laisser aller. «*Elle est grande notre vie, elle est belle. On parle d'évolution : que ce soit en beauté, en grandeur !*»

A propos de la mixité, Marthe pensait qu'on n'éduque pas les filles comme les garçons. La mixité ne saurait constituer une panacée pour résoudre les problèmes.

Pour Marthe, filles et garçons ont droit à une formation adaptée.

Pensait-elle que les garçons avaient plus besoin d'être «secoués» ? En tout cas, le 18 juillet 1949, quand un aumônier parisien parlait de ses garçons à Marthe, elle remarqua : «*Cela leur fait du bien d'être secoués ! Nous avons tous besoin d'être secoués ! Vous aussi !*» dit-elle en éclatant de rire... Cinq ans plus tard, en présence du même aumônier, elle observera encore : «*Tant pis, je le dis bien qu'il soit là, mais on voit bien les résultats qu'obtient le Père X... avec ses garçons en étant exigeant avec eux !*». Exigence, c'est le maître mot de Marthe, en matière d'éducation.

Marthe, qui ne quittait jamais l'union à Dieu, savait s'intéresser à toutes les dimensions de la vie des jeunes : leur travail à l'école, leurs activités périscolaires, les relations avec leurs parents. Elle éduquait les jeunes au don de soi, au sens des autres, pour tout dire à l'engagement, un mot qui revient souvent dans sa bouche comme le mot témoignage. Parlant des vocations par exemple, elle disait le 7 décembre 1977 : «*Il faut cultiver les appels, les nourrir, les abreuver, les former, les pousser à un engagement*». Un ancien jeune professeur de St-Bonnet disait : «Une parole me reste constamment à la mémoire ; c'est celle-ci : «*N'hésitez plus, faites le plongeon !*»

Elle encourageait beaucoup les enfants à visiter les personnes âgées ou malades. «*Il faudrait faire prendre plus tôt des engagements. On ne le fait pas assez chez nous : s'occuper des malades, des pauvres, prendre en charge leur famille. Faire des petites délicatesses, surtout à ceux qui ne nous disent rien !*» (18 mars 1978). L'éducation à la communauté humaine passe aussi par des petites démarches de ce genre-là...

Dans le vent de l'Esprit et sur la route des hommes

La communauté était la grande idée directrice de Marthe. Mais la communauté n'existe pas en soi. «*Il faut la communion entre nous pour faire la communauté*» disait-elle. Ceci est très important, car c'est normalement «*la communauté qui reçoit le Saint-Esprit*» comme elle le précise le 25 juillet 1961.

Certes, toute communauté traverse un jour ou l'autre une crise, mais pourquoi se décourager ? Il faut *«repartir modestement avec un petit groupe de garçons décidés,* conseillait-elle à l'aumônier, déjà cité, *acceptant de se poser des exigences»* à eux-mêmes. Quand il se trouve des *«tièdes»*, que *«la communauté les porte davantage, en ne leur demandant pas tout ce que l'on demande aux autres»*.

L'aumônier parisien regrettait cependant la «ponction» que le départ des «3e année» de sa grande école infligeait à «sa» communauté... *«Ils en fabriqueront d'autres !»* répliqua Marthe.

Car, pour elle, chaque communauté doit toujours s'ouvrir sur une communauté plus grande. A ces élèves de troisième qu'elle recevait le 28 mars 1973, elle faisait remarquer : *«Le Foyer de Charité est pour l'humanité. Il a commencé par l'école, j'en suis toujours aussi émue»*. Elle ajoutait : *«On pourrait être dans un joli petit parc»*. En fait, le Foyer de Châteauneuf n'est pas dans cet environnement-là, il est sur la route. Alors *«Nous devons être sur la route avec les hommes. Nous ne sommes jamais chez nous. Jésus parle de la route. Il est la route»*.

Vraiment la paralysée de la Plaine n'avait rien d'une recluse, repliée sur ses malheurs. Elle était dans le vent de l'Esprit et sur la route des hommes.

C'est pourquoi les jeunes l'écoutaient et l'aimaient.

CHAPITRE 10 :

Marthe et les malades

«Au coucher du soleil, tous ceux qui avaient des malades de toutes sortes les Lui amenèrent, et Lui, imposant les mains à chacun d'eux, les guérissait»
(Luc IV - 40)

«L'amour seul m'attire. Je ne désire plus la souffrance, je la possède ! Et par elle j'ai cru souvent toucher le rivage du ciel ! Aujourd'hui, je ne sais plus rien demander à Jésus, excepté l'accomplissement parfait de son adorable volonté sur mon âme et son amour infini»

Les catholiques sont peu sensibles de nos jours au ministère des guérisons. Ils en font volontiers un charisme propre aux saints et aux lieux de pèlerinage. Ce faisant, ils en sont venus à un manque d'attention aux malades.

Souffrance et guérison

Les sectes ne partagent pas la même discrétion, mais elles mettent tant en valeur la prière de guérison pour les malades que s'ils ne sont pas guéris, ceux-ci en éprouvent du découragement. Les sectes ne savent pas situer théologiquement ni la maladie ni la guérison. Elles ne savent malheureusement pas éduquer la foi.

Or la foi nous révèle le sens rédempteur de la souffrance et le signe d'évangélisation qu'est la guérison. Il faut tenir les deux bouts de la chaîne.

Car la souffrance qui peut être franchement inutile ou devenir cause de révolte contre Dieu et contre les hommes, peut également servir à la rédemption. Tout dépend de l'usage qu'on en fait. «*Suivre Jésus en portant sa croix*, disait Marthe, *ce n'est pas mettre des boulets à ses pieds, mais des ailes à son cœur, du ciel dans sa vie*». La souffrance, qui a envahi sa vie, lui a permis de voler vers la volonté du Seigneur. Pour Marthe, nous l'avons dit dans la deuxième partie de cet ouvrage, «*la souffrance est l'école du véritable amour*». Mais la souffrance n'est pas un but, rappelons-le. Et si Marthe en a toujours été consciente, il est clair que plus elle souffrira, plus elle centrera son cœur sur l'amour. Celle qui a dit «*Je n'ai qu'un désir, celui d'aimer, d'aimer à la folie*» est parfaitement fidèle à elle-même quand elle précise :

> «*L'amour seul m'attire. Je ne désire plus la souffrance, je la possède ! Et par elle j'ai cru souvent toucher le rivage du ciel !*
>
> «*Aujourd'hui, je ne sais plus rien demander à Jésus, excepté l'accomplissement parfait de son adorable volonté sur mon âme et son amour infini*»

En Jésus, comme Jésus, Marthe a pris sur elle toutes les souffrances humaines. C'est une vocation particulière qu'on ne peut souhaiter à tout le monde. Le Seigneur l'a réservée à son propre Fils et à ceux qui veulent lui ressembler au plus près : «Veux-tu être comme moi ?»

D'autres sont favorisés par la guérison. Dans l'Evangile, la guérison apparaît comme liée à l'évangélisation. Jésus guérit toutes sortes de malades et Il a donné à ses disciples ce pouvoir. «Voici les signes qui accompagneront ceux qui auront cru : ils imposeront les mains à des malades et ceux-ci seront guéris» (Marc XVI 18). Il s'agit là d'une promesse divine à l'égard de ceux qui auront cru, et non pas des seuls saints canonisés ou des seuls lieux de pèlerinage. Il ne s'agit pas d'une promesse d'intérêt secondaire ; elle vise au contraire une réalité évangélique fondamentale : Dieu n'est pas venu pour nous rendre malades, mais pour nous apporter la vie ! Il veut guérir l'homme tout entier. Les guérisons sont quelque chose de si important et significatif qu'elles se trouvent presque dans toutes les pages de l'Evangile. Elles sont le message en acte : Jésus sauve l'homme, corps, âme et esprit, et non pas simplement l'âme. La guérison du cœur est certes essentielle, car les psychismes désaxés sont causes de tant de maladies et perturbent tellement la vie sociale, mais la guérison du corps ne peut en aucun cas être sous estimée. C'est pourquoi la prière, pour la guérison des corps, est traditionnelle, et la multiplication des guérisons, obtenues par la prière, est le signe qu'on se situe dans un climat d'évangile.

Qu'on nous pardonne ces réflexions trop longues peut-être, mais qui nous paraissent nécessaires. En effet les témoignages que nous allons citer, ne sont pas destinés à prouver la sainteté d'une personne, mais la puissance de Dieu qui accompagne normalement la foi. Tous les malades qui ont été recommandés à Marthe n'ont pas été guéris dans leur corps ; ceux qui l'ont été savent qu'ils ont reçu un signe de l'Amour de Dieu et de la puissance de la prière de Marthe.

Jusqu'au bout, Marthe a souffert

Crucifiée avec Jésus, Marthe n'a jamais demandé au Seigneur de descendre de la croix. Elle avait dit oui à la question : «*Veux-tu être comme Moi ?*». Elle a été fidèle à son «Fiat» jusqu'à la fin de sa vie. Le docteur Philippe Madre qui a été le dernier à avoir un entretien avec Marthe, raconte : «Ce qui m'a beaucoup frappé, c'était son extrême faiblesse, ses quintes de toux fréquentes qui étaient vraiment déchirantes, qui hâchaient ses phrases. Cependant c'était toujours la même force qui animait ses propos, la même intensité de présence. Une seule fois, elle a laissé échapper une plainte, à peine audible : «*Je n'en peux plus*». Nous avons alors voulu nous retirer, mais elle a poursuivi l'entretien comme si de rien n'était». (53)

Le pape saint Grégoire, commentant le livre de Job, disait : «Les justes se reconnaissent à ceci : accablés de douleur par l'épreuve, ils ne cessent de se soucier de l'intérêt d'autrui. Ils sont de grands médecins tout en étant frappés par la maladie. Eux-mêmes sont déchirés de blessures, et ils portent aux autres les remèdes qui leur porteront la santé». Quand nous relisons cette pensée que nous avons inscrite dans la première partie, en tête du chapitre 3, nous avons l'impression que ce portrait des justes correspond tout à fait à celui de Marthe...

...Et elle a obtenu la guérison des autres...

Elle a prié pour tous ceux qui subissent l'épreuve de la maladie, elle demandait de leurs nouvelles et pour la gloire de Dieu, elle suppliait pour obtenir leur guérison. Elle désirait qu'on la tienne au courant des malades qu'on lui confiait. Parfois elle se plaignait à Gisèle Signé : «*On me demande souvent d'intercéder, mais on oublie de me tenir au courant de la suite*». Sa foi avait besoin, bien sûr, d'être fortifiée en apprenant les faveurs obtenues, et Marthe devait estimer normal aussi de rendre grâces : encore fallait-il qu'elle sache.

Les faveurs obtenues ont été nombreuses. Nous avons cité quelques exemples dans notre premier livre. Voici d'autres témoignages dont nous respectons pleinement la teneur savoureuse. Nous nous contentons seulement d'ajouter, à l'occasion, entre parenthèses, quelques mots pour rendre le texte plus compréhensible. Gisèle Signé nous présente trois cas :

«Très souvent, j'ai fait appel à Marthe en lui confiant des personnes très malades et la plupart du temps condamnées par les médecins.

«Une petite fille (de Lyon), Renée Chevauchet, née le 12-1-29, a pris une bronchopneumonie (13 mois) en février ou mars 1930. C'est le docteur Beck qui avait vu cette petite fille la première fois et lui avait donné le traitement, mais il la considérait comme perdue. Alors, les parents ont fait appel à un docteur, ami du père de la petite fille, le docteur Maurin, qui lui a dit : «Effectivement, elle est perdue». Le papa a dit : «Si c'était votre enfant, que feriez-vous ?»

— Moi, je lui donnerais un bain froid. Après, tu la mets dans des couvertures (avec) des bouillottes, et si elle doit revenir, elle reviendra. Mais je ne te donne pas d'espoir.

«Le lendemain matin, le docteur est revenu et la petite fille n'avait plus aucune trace, à l'auscultation, de bronchopneumonie. Elle a pris ses biberons, elle était guérie. Je l'avais confiée par écrit à Marthe, avant qu'elle ne voie le docteur Maurin, quand le docteur Beck a dit qu'il ne pouvait plus rien faire pour elle. Mon amie m'avait priée d'écrire à Marthe pour lui confier sa petite fille. Elle en a déduit elle-même que Marthe était intervenue en sa faveur.

«Le petit garçon, André, né le 14 octobre 1930, son frère, avait eu d'abord une pneumonie et une péritonite, puis en 1935 ou 1936, une pleurésie avec ponction. Il était soigné à l'infirmerie protestante, cours Giraud (à Lyon). J'ai écrit encore à Marthe évidemment. Il était aussi à l'article de la mort ce gamin. C'était le docteur Pinel qui était venu le voir chez elle (la mère). Il a eu aussi la vie sauve.

«Elle-même, (Mme Chevauchet) a été le 2 ou 3 juillet 1937, opérée d'une splélectomie (enlèvement de la rate) à l'infirmerie protestante par le docteur de Rougemont. Auparavant elle avait été examinée chez elle et le docteur Pinel n'arrivait pas à déterminer ce qu'elle avait. Il l'a envoyée à l'infirmerie protestante où elle a été opérée. J'avais écrit à Marthe par M. le curé pour lui confier mon amie, et alors Marthe m'avait donné elle-même un chapelet en corail ; ce chapelet, Marthe m'avait dit : «*Je l'ai récité personnellement*». Ce chapelet, je le lui avais prêté (à Mme Chevauchet) et le lui ai mis autour du bras, comme un bracelet. J'allais la voir tous les jours. Elle est partie à la salle d'opération avec ce chapelet qu'elle a refusé qu'on lui enlève. Quand on l'a endormie, elle n'a cessé de prononcer le nom de Marthe. C'est la sœur infirmière qui me l'a dit. Elle-même s'appelait Marthe et elle se demandait pourquoi mon amie l'appelait comme cela !... Le chirurgien n'espérait pas qu'elle surmonterait son opération. Quand je l'ai vue, le soir de son opération, elle n'avait absolument plus de figure. J'ai été effrayée de la voir dans l'état dans lequel elle était et, bien que je savais qu'elle était protégée par Marthe, je vous assure que j'ai bien eu peur. Décrire toutes les phases de son séjour serait trop long évidemment. Elle est passée par des phases pour moi incompréhensibles. J'ai bien cru qu'elle ne survivrait pas. Elle est restée deux mois et demi, trois mois, hospitalisée. C'est vous dire !

«En reconnaissance de cette grâce, elle m'a fait demander par M. le curé une permission pour aller remercier Marthe. M. le curé a accepté et, à ce moment-là, c'était en 1938, nous sommes allées en reconnaissance... Elle a été émue quand elle a vu Marthe. Elle avait promis aussi d'aller en pèlerinage à Lourdes, ce qu'elle a fait dès qu'elle a eu l'argent nécessaire».

Histoire d'une «petite robe»

Le deuxième témoignage provient d'une autre amie de Marthe, que nous avons déjà rencontrée aussi précédemment, Marguerite Lautru.

«Nous nous entretenions de broderies. J'admirais les ouvrages qu'elle avait faits. Ils étaient si parfaitement exécutés qu'un jour je lui demandais de me broder une petite robe pour une de mes petites cousines. J'ai fait le dessin et elle me l'a remise un jour, la broderie étant terminée. J'ai achevé de la monter, mais je n'ai jamais vu Marthe ni broder, ni coudre. En l'offrant à ma cousine, je lui dis : «Ne détruisez jamais cette robe !». Ma cousine l'a gardée pendant des années dans une armoire...

«Bien des années après, peut-être dix, peut-être quinze, je ne sais plus, au cours d'une visite à Marthe, elle me dit : «*Comment va votre petite cousine pour laquelle j'avais brodé une petite robe ?*»... Cette question m'ayant intriguée, je vis ma cousine très rapidement après cet entretien ; elle avait conservé précieusement la petite robe et me l'a rendue ; elle s'était rappelée la recommandation.

«Peu après, je vais voir Marthe et je lui dis : «J'ai la

petite robe que vous aviez brodée pour ma cousine»... Je ne sais plus ce qu'elle m'a répondu. J'ai continué en lui disant : «Mais je ne vous ai jamais vu broder !» Alors elle m'a répondu : «*Mais ce n'est pas moi qui l'ai brodée !*». Enhardie par mon pressentiment, je poursuis : «Mais qui l'a brodée ?». Et là très simplement, mais très nettement, elle me dit : «*C'est la Sainte Vierge*» tout comme s'il s'agissait d'une chose banale... J'étais très émue.

«Cette petite robe, par son application, a obtenu beaucoup de guérisons...

«Un jour, je me rendais au Foyer pour y prendre livraison d'un travail de polycopie, emmenant avec moi pour faire diversion (sans avis médical) une jeune sœur dont la santé présentait des troubles graves : elle vomissait absolument tout, depuis plusieurs semaines ; elle avait été examinée par M. Dechaume et M. Guillemin, médecin et chirurgien des hôpitaux (de Lyon) qui faisaient un sombre diagnostic.

«Elle ne connaissait pas Marthe. Entre le Foyer et la Plaine, je lui en parle brièvement (car je la savais sceptique dans le domaine des mystiques) et je lui propose d'aller prier sous sa fenêtre et de demander avec moi sa guérison ; elle accepte et nous prions quelques minutes. Puis nous rentrons à Lyon vers 18 heures. A 21 heures, je reçois un coup de téléphone de M. Barrès, qui était allé faire une commission à Marthe. Elle lui a dit : «*J'ai entendu prier sous ma fenêtre, c'était la Mère* (54), *j'aurais bien voulu la voir, mais dites-lui que j'ai pris sa prière dans mon cœur*».

«A ce moment-là, j'ai eu la certitude de la guérison de la jeune Sœur, je gardais cela dans mon cœur sans en parler, et j'attendais.

«Quelques jours après, sous un prétexte banal, elle vient me trouver, je lui demande comment elle va, elle me répond : «Je ne vomis plus, je n'ai plus vomi depuis la prière sous la fenêtre de Marthe ; j'ai ressenti l'inexprimable», mais elle restait encore sceptique. Comme il fallait un autre signe de certitude de sa guérison, je lui demande de vouloir bien m'en parler après l'apparition de ce signe, lequel n'a pas manqué pour le jour prévu. Alors, ensemble, nous avons conclu à la guérison totale.

«Et depuis, voilà 23 ans, cette Sœur est cheftaine

dans un des plus importants services des Hôpitaux, sans jamais cesser ses activités.

«Un de ses petits neveux a été également guéri par l'application de la petite robe dont j'ai parlé».

«Marthe priez pour nous !»

Nous terminerons ce chapitre par le témoignage, beaucoup plus récent, d'une infirmière qui habitait avec ses parents tout près de Valence. (55)

«Mon père souffrait affreusement de son cancer de la gorge. En septembre 1980, il n'avait plus de tension, il était livide. Un jour, c'était tellement inquiétant que j'ai appelé le S.A.M.U. J'ai essayé de ne pas m'affoler, mais je me disais : «Il va y passer !». Avec maman, on a prié calmement. Plus on priait, plus il souffrait ! C'était affreux. Mon père était en larmes. Il était vert. Maman disait : «Marthe, priez pour nous !». A un moment, n'y tenant plus, j'ai levé les yeux au ciel, j'ai dit : «Y'a de l'écoute là-haut ?». A ce moment-là, il y a eu comme une corde qui s'est coupée, mon père s'est mis à souffler, il allait bien. Le S.A.M.U. est arrivé. Mon père a dit : «Ce n'est plus la peine, je me sens bien !». On l'a bien ausculté. Une demi-heure plus tard est arrivé le médecin de famille. Tout allait bien. Le docteur n'y a rien compris».

Ce ne sont là que quelques exemples de ce que la prière de Marthe a obtenu pour les malades. Depuis qu'elle a quitté cette terre, la chambre où elle vécut est devenue comme un oratoire où plusieurs miracles ont été obtenus (73). Marthe reste attentive aux malades... Elle peut encore *«franchir monts et vaux, non pour les soigner, mais pour les aimer»*...

C'est l'amour qui fait des miracles.

CHAPITRE 11 :

Marthe et la nouvelle Pentecôte

«Gloire à Dieu ! Puis-je chanter quelque chose de plus beau ?»
(25 décembre 1929)

«Seigneur, renouvelez votre première Pentecôte... Esprit-Saint, Esprit d'Amour, venez tel un vent puissant... Apportez au monde la fraîcheur de votre souffle sanctifiant»
(26 mai 1939)

Dans l'après-midi du 10 février 1936, Marthe Robin, recevant le Père Finet, lui annonçait une nouvelle Pentecôte d'Amour qui serait précédée d'un renouveau de l'Eglise. L'Eglise (disait Marthe) va se rajeunir par l'apostolat des laïcs ; ceux-ci vont avoir un rôle très important à jouer, notamment dans des Foyers de Lumière, de Charité et d'Amour...

Comme toujours, la prophétie ne s'imposait pas par l'évidence. Le Père Finet la méditait dans son cœur et Marthe suppliait : «*Seigneur, renouvelez votre Pentecôte*» ou encore «*Esprit-Saint, Esprit d'amour, venez tel un vent puissant !*». Les années passaient : rien ne semblait se produire. Mais lorsque Pie XII, puis Jean XXIII et Paul VI parlèrent d'un nouveau printemps de l'Eglise, le Père du Foyer de Châteauneuf comprit que la prophétie de Marthe commençait à se réaliser...

Or, il n'est pas sans intérêt de constater que la même prophétie a été donnée, en cette même année, à Johannesburg, en Afrique du sud.

David du Plessis, jeune Pentecôtiste qu'on appellera un jour «Monsieur Pentecôte» reçut la visite de l'évangéliste Smith Wigglesworth dans son bureau. Celui-ci posa les mains sur les épaules de David du Plessis et le regardant droit dans les yeux, lui déclara : «*Le Seigneur m'envoie vers toi pour te dire ce qu'Il m'a montré ce matin. Il va se produire au sein des Eglises traditionnelles un réveil qui éclipsera tout ce qu'on a pu connaître de ce genre au cours de l'histoire... De ton vivant, tu verras cette action se développer et atteindre une dimension telle que le mouvement de Pentecôte lui-même (le mouvement des Pentecôtistes) n'apparaîtra plus que comme une petite chose en comparaison avec ce que Dieu va faire par le moyen des vieilles Eglises ! Il y aura d'énormes rassemblements de gens... et certains de leurs dirigeants, parmi les plus renommés, changeront d'attitude, non seulement en acceptant le message, mais en s'emparant aussi de la bénédiction pour eux-mêmes. Le Seigneur m'a dit de t'avertir qu'il allait se servir de toi dans le mouvement qui se produira... Si tu restes humble et fidèle, tu vivras assez longtemps pour voir tout cela s'accomplir*».

David du Plessis était abasourdi - un peu comme le Père Finet dans son entretien du 10 février 1936 avec Marthe Robin. L'évangéliste précisa :

«*J'ai résisté au Seigneur pendant un moment, car ce n'était pas du tout dans le sens de ce que mes frères attendent !... Le Seigneur vous préparera par l'Esprit. Dites-vous bien que ce n'est pas pour demain. Cela ne commencera même pas à se réaliser de mon vivant. Quand je mourrai, il sera temps que vous commenciez à y penser*»

Smith Wigglesworth avait encore annoncé : «*Les cathédrales seront au maximum de leur capacité, remplies d'adorateurs. De grandes salles déborderont d'auditeurs en quête de la vérité et de la vie. Un temps viendra où l'on ne trouvera plus un seul bâtiment suffisamment grand, et l'on verra alors d'immenses étendues, couvertes de gens louant et adorant le Seigneur*». (56)

L'annonce d'un renouveau pentecostal a donc été

faite plusieurs années à l'avance simultanément dans l'Eglise catholique par Marthe Robin et dans le Pentecôtisme par l'évangéliste Smith Wigglesworth.

Les composantes du renouveau de l'Eglise

Quand on évoque le renouveau dans l'Eglise, on pense naturellement au «Renouveau charismatique», encore appelé «Renouveau dans l'Esprit». Certes. Encore convient-il de le situer et de le saisir dans ses racines car le Renouveau qui est apparu aux Etats-Unis, d'abord vers 1967, s'inscrit dans un chapitre d'histoire de l'Eglise qui comprend plusieurs étapes :

— Le renouveau biblique d'abord. Au commencement est toujours la Parole de Dieu... A travers toutes les Eglises, depuis le début du XXe siècle se sont multipliés les études et les cercles d'études autour de la Bible.

— Le renouveau liturgique. Il a suivi et il est allé de pair avec le renouveau des «paroisses - communautés - missionnaires».

— Le renouveau de l'apostolat. Des chrétiens d'un type nouveau sont nés, vivant de Jésus-Christ et voulant le faire connaître. C'est le temps de l'action catholique et de toutes sortes de mouvements et de services.

— Le «Renouveau charismatique» rassemble les groupes de prière et de vie dans l'Esprit, qui se sont propagés comme le feu à travers le monde, sans la moindre directive des hiérarchies. C'est un courant de revivification pour que l'Eglise remplisse bien sa mission.

La double prophétie de Marthe et de Smith Wigglesworth en 1936, s'est accomplie et continue de s'accomplir sous nos yeux.

Par exemple, dans l'Eglise catholique, le concile de Vatican II a été un immense Cénacle. Pour la première fois de l'histoire, se sont réunis des évêques de tous les continents et pratiquement de toutes les races. Par exemple encore «*Pentecôte 82*», un nom significatif, vit à Strasbourg 30 000 chrétiens, catholiques ou protestants, rassemblés au Palais de la Foire, puis au stade. «*Un temps viendra où on ne trouvera plus un seul bâtiment suffisamment grand !*»... David du Plessis lui-même a participé à des rassemblements de 50 000 ou 60 000 personnes. Comme le Père Emiliano Tardif... On peut encore évoquer cette retraite exceptionnelle qui a regroupé à Rome, en octobre 1984, 80 évêques et cardinaux et près de 6000 prêtres, provenant de plus de 120 pays ! Une Pentecôte extraordinaire, en vérité ! Le cardinal Gantin y donna une remarquable conférence sur... «*la croix et la joie*» : c'était le sous-titre même que nous avions donné à notre premier livre pour résumer la vie de Marthe Robin. Vraiment, elle était là pour l'accomplissement de sa prophétie de 1936...

Le «Renouveau dans l'Esprit» n'est donc pas un phénomène isolé, ni sans lendemain ; il n'est pas une secte, il est un courant de grâce, interconfessionnel ; il est une chance pour l'Eglise, comme disait Paul VI ; il travaille à son unité et à son dynamisme car il est une action en profondeur de l'Esprit-Saint ; il s'exprime d'ailleurs dans des groupes très divers ; il influence ou suscite des communautés nouvelles ; il provoque une recherche passionnée du Royaume de Dieu, notamment chez les plus pauvres, les handicapés, les drogués, les laissés pour compte, il est universel enfin...

Marthe et le «Renouveau charismatique»

Marthe a annoncé le Renouveau de l'Eglise. Surtout, elle a prié à cette intention et le moment venu elle a noué des liens avec les membres des diverses communautés du Renouveau charismatique. Pratiquement, tous les leaders du Renouveau en France, et quelques autres d'ailleurs, sont venus à Châteauneuf-de-Galaure.

Il ne faudrait certes pas, en voulant trop prouver, se mettre à confondre les Foyers de Charité avec les communautés charismatiques. Les uns et les autres ont leur style propre. Mais une triple ressemblance peut être observée.

Tout d'abord, marquée par Grignion de Montfort, Marthe donne beaucoup de place dans sa vie à l'Esprit-Saint. En s'appelant «Foyers de Lumière, de Charité et d'Amour», les Foyers portent en quelque sorte le nom de l'Esprit-Saint car Il est précisément l'Esprit de Lumière et d'Amour. Lisons plutôt, pour nous en convaincre, cette belle prière de Marthe, qui date du 26 mai 1939, c'est-à-dire de l'avant-veille de la Pentecôte :

> «*Seigneur, envoyez votre Esprit et tout sera créé, et Vous renouvellerez la face de la terre.*
>
> «*Seigneur, renouvelez votre première Pentecôte. Accordez, Jésus, à tous vos bien aimés prêtres, la grâce du discernement des esprits, comblez-les de vos dons, augmentez leur amour, faites de tous de vaillants apôtres et de vrais saints parmi les hommes.*
>
> «*Esprit-Saint, Dieu d'Amour, venez tel un vent puissant, dans nos cathédrales, dans nos églises, dans nos chapelles, dans nos cénacles, dans les plus luxueuses maisons comme dans les plus humbles demeures. Emplissez la terre entière de vos lumières, de vos consolations et de votre amour.*
>
> «*Venez, Esprit d'Amour, apportez au monde la fraîcheur de votre souffle sanctifiant. Enveloppez tous les hommes du rayonnement de votre grâce ! Emportez-les tous dans les splendeurs de votre gloire.*
>
> «*Venez les réconforter dans le présent encore si lourd d'angoisse, éclairez l'avenir incertain de beaucoup, raffermissez ceux qui hésitent encore dans les voies divines.*
>
> «*Esprit de Lumière, dissipez toutes les ténèbres de la terre, guidez toutes les brebis errantes au divin bercail, percez les nues de vos mystérieuses clartés. Révélez-vous aux hommes et que ce jour soit l'annonce d'une nouvelle aurore. Emplissez tous les cœurs de vos dons multiples et précieux, Fruit divin de l'Immolation du Calvaire, gage magnifique des promesses du Christ. Divin Esprit, Feu d'Amour, joie qui surpasse toute plénitude, lumière qui met en fuite les plus lamentables obscurités ; inspirateur de toute louange, Esprit de Vérité, établissez toutes les âmes dans le goût des choses saintes. Faites-les pénétrer dans les beau-*

tés profondes de vos demeures mystérieuses. Qu'elles entrent dans le royaume secret des mystères divins selon la promesse du Verbe ; et leur vie toute transformée, toute transfigurée, toute divinisée dans le Christ atteindra une puissance infinie par la valeur même de vos divines richesses.

«*Divin consolateur de nos peines, charme précieux des fécondes solitudes, animateur de toutes nos joies, germe sacré de toute vie spirituelle, étendez sur tout l'univers votre immensité. Remplissez le monde de votre plénitude. Absorbez notre humaine substance dans le mystère de votre divine unité ; imprimez dans les cœurs le sceau des promesses du Père ; effacez toute ombre de nos fronts ; mettez sur toutes les lèvres l'ivresse du calice de Jésus, et bientôt toute une moisson de saints se lèveront dans la lumière*». (26 mai 1939)

«*Je bénis mon Dieu dans tout ce qu'Il voudra de moi. Rien ne me peut coûter, Jésus ayant déposé dans mon cœur la blanche fleur de l'immortelle Espérance.*

«*Que tous les esprits, tous les cœurs, toutes les bouches s'unissent pour célébrer les grandeurs et les amabilités infinies du Bon Dieu*». (17 août 1930)

Si le Renouveau se caractérise par le goût de la louange, ce trait lui est encore commun avec Marthe. On connaît par exemple cette belle prière qu'elle composa en 1931 et dont nous avons déjà cité quelques vers :

«*Mon Dieu, je vous bénis dans vos bienfaits immenses,*
Pour vos dons, vos merveilles et toutes vos bontés,
Pour les trésors d'amour, de paix et d'espérances,
Qui versent la confiance sur mes jours éprouvés.

Seigneur, je vous bénis du meilleur de mon être
Pour vous avoir compris dans vos voies admirables.
De tout mon cœur vibrant, épris de vous connaître.

De redire en chantant vos tendresses ineffables.

Je vous bénis, Seigneur, en mon âme radieuse
Des flammes si douces qui consument mon cœur,
De la source d'eau vive qui jaillit merveilleuse,
Des rayons de lumière qui baignent ma douleur.

Je vous bénis, Seigneur, à chaque aube naissante,
Des bons et chers Parents que vous m'avez
donnés,
De mes frères, mes sœurs, ma famille bien grande
De la chère maison où nous nous sommes aimés.

Je vous bénis, Seigneur, des affections profondes
et pures
Que votre amour immense a mises en mon chemin.
Je vous bénis, mon Dieu, dans toutes vos créatures
Dont l'âme reste la gloire des Célestes Jardins.

Je vous bénis, Seigneur, dans la nature entière
Qui publie votre nom, vos gloires et vos grandeurs.
Pour l'immense ciel bleu, et la brise légère,
Et le soleil radieux qui épanouit les fleurs.

Seigneur, je vous bénis pour l'épreuve et la vie,
Quand je tendrai vers vous ma pauvre main
bien lasse
En murmurant tout bas : «Je vous aime et vous prie
Emmenez-moi, Seigneur, faites moi cette grâce...»
(22 juin 1931)

La troisième caractéristique de Marthe, commune avec le Renouveau, nous paraît être l'importance qu'elle a donnée à la communauté comme un moyen d'évangélisation...

Pour les premiers chrétiens, se convertir signifiait s'incorporer à une communauté, s'engager à se soutenir mutuellement et à pourvoir aux besoins des malades, des orphelins et des veuves.

Cette restauration d'une communauté chrétienne authentique est la grande intuition de Marthe et du Renouveau. Les Foyers de Charité et les communautés charismatiques peuvent organiser leur vie commune de façon différente, mais l'important est qu'ils constituent un corps étroitement uni. «*Qu'ils soient un afin que le monde croit*». Une communauté unie, c'est l'annonce en acte du monde à venir.

Fidèles à la pensée de Marthe, les Foyers sont toujours ouverts au Renouveau. En août 1982, près de 300 prêtres de tous âges envahirent le Foyer de Châteauneuf. Semaine de prière mémorable avec «chant en langues» harmonieux et très doux. Marthe a dû se réjouir particulièrement de cette retraite, elle qui a tant offert pour les prêtres et a tant prié pour une nouvelle Pentecôte d'amour.

CHAPITRE 12 :

Marthe et les nouvelles communautés dans l'Eglise

> «Où trouver des âmes qui utilisent toutes leurs énergies, déploient toutes leurs facultés, dépensent toutes leurs forces sans tendre jamais à vide, et qui veulent à tout prix s'unir à Celui qui est leur tout en ce monde et dans l'autre ?.. Des âmes qui aient la noble vaillance de le chercher toujours, même dans la souffrance et dans la fidélité journalière aux multiples devoirs que son amour leur a tracés»

Le mouvement communautaire déborde largement le «Renouveau charismatique» et même l'Eglise. Mais en celle-ci, il a été particulièrement fécond. Quels liens se sont tissés entre Marthe et ces communautés nouvelles qui ont surgi dans l'Eglise au milieu de notre siècle ? Comment les fondateurs et fondatrices de ces communautés ont-ils considéré Marthe ? Ce sont à ces deux questions que nous voudrions répondre à présent en présentant six témoignages significatifs.

Les petites sœurs de Jésus

Dans la mouvance du Père de Foucauld, les petites sœurs de Jésus ont été fondées par la «petite sœur

Magdeleine» en 1939. Leur vie en fraternité est centrée sur l'Eucharistie et le partage des conditions les plus pauvres.

Sœur Magdeleine a rencontré pour la première fois Marthe le 25 février 1943 et l'a régulièrement visitée par la suite, pratiquement chaque année. Elle nous explique :

«Marthe a tenu une grande place dans ma vie. J'en parlais très peu car je ne voulais pas cultiver chez les Petites Sœurs la curiosité de l'extraordinaire.

«Mais dès le début de la Fraternité, il y a eu tout un concours de circonstances qui ont fait que j'ai été poussée comme malgré moi vers elle. Et tout de suite une amitié très grande nous a unies. Chaque fois qu'il y avait quelque chose de difficile dans la Fraternité, j'allais le lui confier, ou bien je lui écrivais. Elle a offert beaucoup de ses souffrances pour la Fraternité.

«Il y a quelques Petites Sœurs qui la connaissent, mais je crois qu'elles faisaient comme moi, elles n'en parlaient pas beaucoup, pour ne pas exciter la curiosité autour d'elles. Marthe Robin ne voulait pas qu'on parle d'elle».

A la mort de Marthe, la «petite sœur Magdeleine» a rappelé à ses sœurs comment s'était déroulé son premier entretien au quartier des Moïlles.

«Ma visite s'est passée le plus simplement du monde avec beaucoup de joie... Nous avons parlé du petit Jésus, Marthe et moi, comme si on s'était connues depuis l'enfance. Une véritable affection est née entre nous deux et je crois que ce sera une bénédiction pour la Fraternité sur laquelle j'ai dû donner beaucoup de détails en vue de vocations futures. Rien d'extraordinaire apparemment.

Marthe Robin m'a encouragée dans ma voie d'amour et de petitesse à «devenir un petit enfant». J'ai recommandé à ses prières chacune de vous. Elle est toute simple et souriante et cependant, quelques heures après mon départ, c'était toute la Passion du Christ qu'elle allait souffrir.

«Elle ne m'a rien dit d'extraordinaire, mais nous avons parlé sans arrêt de l'Amour du Seigneur et, jusqu'au bout, elle a voulu m'appeler «ma mère» pour que je l'adopte, alors que c'est elle qui devait m'adopter...»

Les Foyers Claire-Amitié

Les Foyers «Claire-Amitié» sont une association apostolique universelle de laïques, engagées en équipes communautaires. Leurs animatrices, ayant entendu le cri des jeunes en détresse, se consacrent à la promotion intégrale des jeunes filles et jeunes femmes les plus défavorisées de tous pays. La fondatrice, Thérèse Cornille, issue d'une famille ouvrière, était devenue permanente régionale et membre de l'équipe nationale de la Jeunesse Ouvrière Catholique féminine (J.O.C.F.). Elle créa en 1946 son association parce qu'elle avait pris conscience de la solitude de nombreuses adolescentes, totalement abandonnées, certaines avec un enfant, d'autres se prostituant par besoin d'argent.

Deux ans après la fondation de «Claire-Amitié», Thérèse Cornille rencontre Marthe, en octobre 1948. Une grande amitié naquit, qui n'a jamais cessé.

«Après la création en 1946, avec la vive approbation de mon Evêque, le Cardinal Lienart, de deux foyers d'accueil pour jeunes sans abri dans le Nord de la France ; jeunes rejetées, françaises, étrangères, souffrant de grande solitude, de manque de toit et d'amour, j'étais passionnée pour cette cause et j'en parlais avec cœur... Marthe écoutait avec une grande attention, sensible aux conditions de vie de cette jeunesse abandonnée et très encourageante disait : «O comme vous avez raison de vous occuper de ses petites... Jésus les aime tellement... Promettez-moi de venir m'en reparler».

«Comprise par Marthe, l'extension de ces foyers d'accueil se continuait, ayant comme ambition de donner une solide formation humaine et chrétienne dans le respect et la liberté de conscience.

«Au cours des années les visites, dans la petite maison de Marthe, se succédaient car d'autres jeunes filles étaient venues se joindre à moi ainsi que des amis apportant leur amour et leurs compétences.

«En 1962, je perdis définitivement la vue. Quelques mois après, je rencontrai Marthe à nouveau. Elle me fit un accueil très affectueux.

«Je reprenais toutes mes activités en m'adaptant le

mieux possible. Un jour elle me dit : «Thérèse vous êtes ma petite Sœur...»

«Au fur et à mesure des années, les foyers s'étendaient en France, en Afrique, en Asie, au Cambodge et Marthe suivait très attentivement le développement de Claire Amitié. Alors que la guerre sévissait au Cambodge depuis plusieurs années, Marthe en souffrait beaucoup, portant dans son cœur et sa prière tous ces peuples ; lors de l'invasion de Phnom-Penh, nous souciant des animatrices présentes là-bas, non encore expulsées, Marthe nous réconfortait : «Vos animatrices, il ne leur arrivera rien... Jésus et la Maman veillent sur elles... Moi aussi» (De fait, elles ont été rapatriées par l'ambassade de France).

«Quelle mémoire du cœur et quelle compassion avait-elle pour chaque personne !

«Ayant laissé davantage d'espace entre deux rencontres, à l'étonnement du Père Finet, présent ce jour-là, Marthe rétorqua : «Avec Thérèse, on ne se quitte jamais...»

«Marthe nous aimait et nous soutenait, nous pouvons en témoigner... Elle savait nous laisser percevoir la volonté de Dieu par une question, un silence... pour différentes situations de vie. Elle savait également demander un avis : «Qu'en pensez-vous, Thérèse ?» *Cela aussi était bouleversant.*

«Chacune de ses paroles avait pour nous une signification profonde et nous en avons toujours tenu compte pour notre action apostolique.

«De nouveaux appels, adressés par des Evêques pour ouvrir d'autres foyers Claire Amitié, faisaient ressortir le nombre insuffisant d'animatrices. Marthe nous dit : «Soyez plus audacieuse et répondez à l'Eglise...»

«Chaque année, avec des animatrices pour notre plus grande joie, nous lui rendions visite, heure d'intense échange, grâce d'amitié et de lumière.

«Chez Marthe, nous admirions et apprécions son sens de l'Eglise universelle, son amour du Saint-Père, des Prêtres et des plus Petits.

«Tout ce qui se passait dans le monde l'intéressait, du plus humble événement aux situations les plus importantes et les plus graves. Dans toutes nos rencontres

nous sentions Jésus et la Vierge Marie vraiment présents en Marthe. Nous lui parlions de toutes les jeunes filles, jeunes femmes, mères célibataires et de leur enfant résidant dans nos foyers. En ce qui concerne ces derniers, elle disait «Comment vont mes Petits ?» *Elle envoyait à leur intention régulièrement de très beaux colis. Ce qui nous touchait beaucoup.*

«*Son départ vers le Père, le 6 février 1981, nous a bouleversées, mais quelle espérance nous avons de savoir que, là où elle est, dans l'intimité de Dieu, elle continue sa mission pour l'Eglise et le monde.*

«*Combien grande est notre reconnaissance pour la mission de Marthe, celle du Père Finet et des Foyers de Charité où les animatrices et certaines jeunes trouvent un réel ressourcement dans les retraites.*

«*Nous gardons toutes, comme un trésor, cette confidence faite par Marthe à Thérèse :* «Nous sommes toujours en communion de cœur et de vie...» *Quel réconfort et quel soutien pour notre vie avec les jeunes dans la Mission de l'Eglise !*

Le Nid

Le Père André-Marie Talvas est le fondateur du mouvement du Nid, dont les débuts peuvent être officiellement datés du 11 février 1944, à Paris où la prostitution avait bien augmenté. Grâce à une jociste, le Père Talvas a pu accueillir quelques femmes prostituées : ce fut le point de départ d'une vaste organisation en banlieue parisienne, puis à Lyon, à Marseille, ensuite au Portugal et au Brésil. Des foyers d'accueil et des ateliers de réinsertion ont permis, de 1944 à nos jours, à environ 3000 femmes de sortir de la prostitution ou au moins de découvrir dans la foi le chemin de leur libération.

Le Père Talvas vivait alors avec quelques membres de l'équipe du Nid à Fontenay-sous-bois où s'étaient rassemblées des mères avec leurs enfants. Ils s'interrogeaient sur l'avenir. Un ami prêtre, aumônier de la J.O.C., proposa alors au Père Talvas de rencontrer Marthe. C'était en 1949. Le fondateur du Nid eut la chance de pouvoir passer trois jours à Châteauneuf-de-Galaure et de consulter Marthe sur la mission que le cardinal Suhard venait de lui confirmer auprès des femmes prostituées qui, disait-il, sont aussi ses diocésaines !

Question importante du P. Talvas à Marthe :

— Vaut-il mieux accueillir les femmes prostituées dans un foyer situé en pleine ville ou en banlieue ?

Réponse :

- *Il vaut mieux qu'elles soient à l'écart de la ville ; elles ont besoin de changer de cadre pour se refaire et pour sortir du milieu où elles ont vécu.*

André Talvas fut frappé du bon sens de Marthe, de sa perspicacité. Elle sentait combien ces personnes avaient souffert d'avoir été «réduites» à se prostituer.

Puis il l'interrogea sur l'esprit du Nid, l'ambiance à créer. «J'ai l'intention de tout centrer sur Marie», dit-il.

- *Oh oui, la Vierge !* s'exclama Marthe. *Ces femmes ont tellement besoin de la tendresse d'une mère, elles qui n'ont pas été aimées. C'est elle qui les conduira à Jésus.*

Et d'ajouter :

«*Prenez sur le meuble ce petit livre «Le secret de Marie» que la Vierge a déposé sur mon lit*».

Le Père Talvas avait une bonne connaissance de Grignion de Montfort. Aussi est-ce avec gratitude qu'il accepta. Et l'un et l'autre, ils ont fait ensemble la consécration à Marie, elle par cœur, lui en lisant le texte dans le livre.

La conversation a duré une heure et le Père Talvas a considéré cette rencontre comme une grande faveur. En effet, il recevait de Marthe un encouragement à poursuivre la tâche difficile qui était la sienne.

Il rendit deux autres visites à Marthe entre 1949 et 1951 et eut l'occasion de porter la communion, en présence de l'académicien Jean Guitton et de son épouse. «*J'ai été témoin,* précise-t-il comme tant d'autres, *que l'hostie à peine déposée sur ses lèvres a disparu pour être aussitôt happée, sans qu'elle eut besoin de déglutir, ce que de toute façons elle ne parvenait plus à faire*».

Il a gardé un souvenir profond et durable de ces rencontres, frappé par «*la réceptivité immense de cette âme avide*», par la lucidité joyeuse. «*Ah ! qu'on a ri ensemble !*» (57).

Les Focolari

Les Focolari ont été créés en Italie pendant la seconde guerre mondiale. Devant les ruines qui s'accumulaient en Europe, Chiara Lubich a jugé urgent de travailler à bâtir une civilisation de l'amour. Elle n'a personnellement jamais rencontré Marthe Robin. Mais deux de ses premières compagnes, Graziella De Luca et Aletta Salizzoni sont venues la voir en 1962 ou 1963. Graziella De Luca écrit à ce sujet :

«*Nous avons connu Marthe Robin grâce à sa renommée, mais aussi parce qu'elle avait orienté vers notre mouvement diverses personnes qui étaient ses fils spirituels. C'est pour cela que nous sommes allées la voir.*

«*Elle nous a accueillies dans la complète obscurité de sa chambre - le sang provenant des blessures du couronnement d'épines coulait sur ses yeux, provoquant une cécité presque totale -, et là, nous lui avons raconté les débuts de notre mouvement et de son esprit.*

«*Cela a été quelque chose de très fort et à la fin Marthe Robin a conclu :* «Je me sens comme Saint Jean-Baptiste qui prépare les chemins du Seigneur, tandis que je vois que votre Oeuvre est comme Marie, c'est Marie».

«*Nous avons eu l'impression qu'il s'agissait d'une sainte, d'une grande sainte, et cela parce que nous avons expérimenté dans notre âme des fruits splendides*».

«L'arche» de Jean Vanier

Le but premier de «l'Arche», fondée par Jean Vanier en 1964, est de créer des communautés, inspirées par les béatitudes et l'esprit de l'évangile, des communautés où les handicapés et assistants travaillent et prient ensemble, partagent leurs joies et leurs souffrances comme des frères. Vingt ans après sa fondation, l'Arche compte 67 communautés dans 16 pays et bien des projets sont en cours. Ce développement est inouï. Vivre tous les jours avec ceux que le monde considère comme inguérissables et insupportables, est un défi que seuls relèvent les disciples de l'Evangile. Le monde regrette toujours les faibles, il cache les handicapés. Marthe les défendait avec vigueur, elle cria un jour en faveur de l'un d'eux en l'appelant «*l'élu, le choisi, le rédempteur*» ! Comment ne serait-elle pas intéressée à l'œuvre de l'Arche ? Jean Vanier en témoigne.

«*C'est seulement en 1976 que j'ai assisté à une retraite au Foyer de Charité à Châteauneuf-de-Galaure où j'ai rencontré Marthe. Quelques assistants de l'Arche avaient déjà fait des retraites là-bas et avaient rencontré Marthe. Marthe aimait certains d'entre eux très spécialement. Donc elle connaissait l'Arche déjà et je connaissais un peu qui elle était.*

«*Dans cette première rencontre et les rencontres qui ont suivies, il était évident que Marthe aimait beaucoup l'Arche. Elle était très attentive aux plus petits, aux plus handicapés. Elle avait un sens de la vocation de l'Arche dans l'Eglise et dans le monde et la vocation des personnes handicapées. Elle savait bien la fécondité de la souffrance et de l'humilité. Elle savait d'ailleurs que des groupes de l'Arche faisaient des retraites spécialement pour les personnes avec un handicap dans certains Foyers de Charité.*

«*J'ai senti que Marthe portait dans sa prière les différentes communautés de l'Arche et particulièrement celles du Tiers-Monde. Elle suivait attentivement la croissance de nos communautés et je suis sûr que c'est sa prière qui nous a portés et qui nous porte toujours*».

Les communautés du Lion de Juda

Par rapport au fondateur des «Communautés du Lion de Juda», Marthe a exercé une maternité spirituelle. On ne peut encore livrer le «secret du roi». Contentons-nous ici de quelques détails.

Frère Ephraïm était à l'époque pasteur de l'Eglise réformée à Valence lorsqu'il entendit dire grand bien de Marthe. Peu après, il fonda à Cordes une communauté bien connue. Un jour, il se rendit à Châteauneuf-de-Galaure. Il raconte :

«*Je n'ai pas rencontré une pythie dans cette cham-*

bre ; je ne vis d'abord rien. On me fit asseoir. Une voix cristalline, une voix de grand-mère, mais enjouée et rieuse, jamais à court de plaisanterie, d'un éclat de rire. Au fur et à mesure que je m'habituais à l'obscurité, que ce visage apparaissait comme un galet blanc, en moi grandissait cette impression de lumière et de liberté intérieure extraordinaire.

En sortant de chez elle, je me disais : que m'a-t-elle dit ? Je ne me souvenais de rien. C'était un rendez-vous avec l'évidence. Même les choses prophétiques étaient énoncées avec tant de candeur, de simplicité ! Une simple parole de Marthe vous libérait... Il est arrivé qu'elle ne dise pas un seul mot de Dieu, qu'elle parle simplement des petites choses de la vie, et que les incroyants sortaient de sa chambre en croyant. J'étais là devant une simple paysanne... Ce qu'elle m'a dit devait changer le cours de ma vie.

«En sortant de sa chambre, j'avais envie de danser, de courir sous le soleil. Oh ! Quelle sensation de liberté !»

Ce qu'a dit Marthe n'a pas seulement changé le cours de la vie de Frère Ephraïm, mais aussi celle de toute la communauté de Cordes qui par la suite a beaucoup essaimé. Quelques phrases brûlantes peuvent nous laisser deviner la puissance de l'Esprit dans la mission de Marthe.

«Dans notre première entrevue, ma vie, jusque là entre mes mains, fut soudain aspirée par Dieu, happée jusqu'au vertige. J'appris peu à peu que mon âme, comme toute âme, est une hostie, et que notre prière est avant tout offrande et procession d'offertoire.

«La faim de Dieu me happe, à chaque instant, dans le tabernacle d'abord, mais tout autant dans les yeux humides d'enfants noirs, dans leur ventre gonflé, dans la faim physique d'hommes et de femmes, dans leur désir d'être aimés. Je suis happé par les plaies qui s'infectent et la gangrène qui gagne un corps qui n'est pas soigné, et qui blessent aussi le corps de Dieu...

«A cause de toi, Marthe, ma poitrine brûle par moments, et j'ai faim et soif, éprouvant un instant les sentiments qui étaient en Christ sur la croix. O Marthe,

avec la faim de Dieu qui me happe et que tu m'as communiquée par les paroles les plus simples qui soient, tu m'as donné aussi le moyen d'y répondre, la communauté. Car si je suis miette eucharistique, elle est une hostie qui grandit avec le temps, et presque aussi vite que ma perception de la faim de Dieu». (58)

CHAPITRE 13

Nouveau portrait de Marthe

«Quand on est tout petit,
Dieu fait tout.
C'est en devenant
comme un petit enfant
qu'on arrive à la perfection
de l'amour»

(12 mars 1930)

«Et dire qu'au ciel
on sera encore plus heureux !»

«Marthe est sans doute
la personne la plus extraordinaire
de la planète»

(Docteur Paul-Louis Couchoud,
rationaliste,
cité par Jean Guitton)

Après les paroles brûlantes de Frère Ephraïm sur Marthe que nous venons de citer, peut-on encore oser brosser un nouveau portrait d'elle ?

Déjà, aux alentours de 1925, elle nous était apparue comme une femme merveilleuse, quasi une sainte. Mais par la suite, on s'en est rendu compte, quel envol ! Au point que, comme l'abbé Faure, nous aussi, nous avons été dépassés en la regardant et en l'écoutant. Pourtant, à son contact, nous ne craignions pas de nous perdre dans les nuages : elle est tellement concrète, réaliste. Par exemple, quand le Frère Ephraïm, ancien pasteur, racontait, bouleversé, sa découverte de la Vierge Marie, Marthe souriait : «*Vous avez dû vous demander si c'était du lard ou du cochon ? !*» L'art de vous ramener sur terre ! Un autre jour, quelqu'un parlait d'une personne prétendûment inspirée ; Marthe répondit : «*C'est absurde de s'embarquer dans toutes ces histoires de mystiques !*» (26 juillet 1948)

Elle avait un bon sens supérieur, cette petite paysanne inculte ! Mais comment cerner de près sa personnalité, comment la décrire sans rester à la surface ? Comment la saisir tout entière, alors qu'elle conciliait ce qui parfois nous paraît inconciliable ? Elle était si enjouée, si gaie par exemple et en même temps elle souffrait de sa couronne d'épines et était attachée à la croix en permanence...

Essayons pourtant, le moins maladroitement possible, de peindre ce portrait de Marthe, celui des quarante dernières années de sa vie.

Qualités humaines

Hommes ou femmes, jeunes ou vieux, ignorants et savants, croyants ou non, tous ses visiteurs ont été séduits par sa mémoire étonnante, sa jeunesse d'esprit, son humour, sa spontanéité, son aptitude à comprendre, son sens du mot juste et sa facilité de répartie. «Vous souffrez avec joie ?» lui demande un jour un retraitant. «*Avec amour*» s'empresse-t-elle de corriger... A quelqu'un qui veut lui confier ses préoccupations, elle rectifie : «*vos occupations !*»

Tout le monde aussi appréciait sa prudence, son réalisme, sa discrétion sur elle-même, son attention aux autres, son intensité de présence. Vraiment cette handicapée à 100 % était unique en son genre.

Ceux qui ont approché Marthe à plusieurs reprises, ou fréquemment, ont pu davantage se rendre compte de son respect des libertés et de son sens des exigences, de son admiration pour tous ceux qui luttent et font des efforts : une qualité qui lui plaisait beaucoup, c'était la vaillance ; elle avait d'ailleurs une manière à elle de prononcer ce mot en mouillant le «l». Et puis, nous l'avons vu, quelle puissance de travail, quelle facilité pour organiser, quel sens de la prévoyance jusque dans les plus petits détails, ce qui aurait dû normalement échapper à la recluse qu'elle était. Fondatrice, sans l'être, d'une institution qui compte soixante maisons dans les cinq continents, elle était une source jaillissante. Mais ses vues universalistes ne l'empêchaient pas d'être très villageoise et très paroissiale et de prier sans cesse pour toute la vallée de la Galaure.

Elle était l'équilibre même. Bien plus, elle vous équilibrait. Après avoir conversé avec elle un moment dans sa chambre, on en sortait libéré.

Voilà déjà une belle palette de qualités humaines. Cependant elle ne peut suffire à décrire Marthe. Elle ne permet pas encore de voir ce qui fait le fond de sa vie et sa raison d'être. Marthe juge les choses de bien plus haut, elle est d'un tout autre niveau. Elle serait la première à rire de cette approche morale, horizontale, et à protester de ses déficiences. On ne connaît pas Marthe tant qu'on n'a pas décelé Celui qui est le tout de sa vie, sans qui elle ne serait rien. Car ce demi-siècle et plus qu'elle a traversé sans nourriture et sans sommeil, cette vie de souffrances constantes sans révolte et même sans plainte, cette vie de don et d'abandon, d'enfouissement, nous conduit en définitive à toucher du doigt le mystère du Dieu qui vit en elle, en lequel elle est devenue un holocauste vivant.

Marthe a vécu selon les béatitudes

Une longue énumération de qualités humaines est radicalement insuffisante à expliquer une vie aussi féconde et rayonnante. Si Marthe est autant lumière, ce n'est que parce qu'elle s'est approchée de la Lumière, comme «deux cierges de cire si bien unis que leur lumière n'est plus qu'une, voire que se fondant, il n'y a plus qu'une cire» (59). Car, comme dit Saint Paul, «Celui qui s'approche de Dieu et s'attache à Lui, devient un seul esprit avec Lui» (Ire Cor. VI - 17).

Prenons donc une autre palette pour achever le portrait de Marthe. La palette qui contient les seules qualités qui rendent disponible à l'action de Dieu, ouvrent à l'intelligence de la vie et permettent de décupler ou de «centupler» les énergies de l'homme. En vérité, ce ne sont pas des qualités très naturelles ; leur énoncé fait souvent peur ; elles choquent au premier abord car elles prennent le contre-pied des valeurs auxquelles on est instinctivement attaché. Mais peu importe après tout puisque nous avons vu tous les bons fruits qu'elles ont produit en Marthe. Ces qualités, folles aux yeux des hommes, mais sagesse aux yeux de Dieu - et n'est-ce pas ce qui compte ? - sont celles des béatitudes. Marthe les a toutes pratiquées.

Marthe était pauvre. Qui est plus pauvre qu'elle ? Elle n'a rien, pas même la force de se mouvoir, ni la possibilité de se nourrir. Elle est entièrement dépendante. Elle n'a rien et ne veut rien avoir : «*Vous avez tout demandé à votre petite servante, prenez donc et recevez tout*». Tout ce qu'elle reçoit, elle le redonne. Elle ne peut même pas le voir puisqu'elle a perdu la vue. Elle se sait sans moyens ; alors elle ne se laisse pas griser par les succès de l'œuvre des Foyers, elle rend grâces à Dieu ou encore elle dit : «*C'est la Sainte Vierge !*». Des visiteurs viennent-ils lui demander des conseils qu'ils pourraient recevoir par ailleurs ? Elle les renvoie à l'Eglise. Elle n'accapare pas, ni les biens, ni les personnes. «*La petitesse, comme la simplicité, attire Dieu*» (12 mars 1930).

Elle était douce... «Elle est gentille» disait une de ses premières amies de Châteauneuf, Mlle Caillet. Mais c'est plus que de la gentillesse. Certes elle était très délicate, elle ne froissait pas les gens, elle ne jugeait pas, mais elle ne se laissait pas pour autant dominer. Elle était douce et forte comme l'eau qui est malléable et souple, qui épouse toutes les formes que la main veut lui donner, mais n'en garde pas moins toute sa place et toute sa résistance.

Elle était compatissante parce qu'elle savait ce qu'était la souffrance ! Devant le courrier qu'elle recevait comme avec ses visiteurs, elle était émue par les misères, attentive aux cas sociaux ; elle pleurait avec ceux qui pleurent, elle partageait leurs peines pour mieux les aider à les supporter. Elle mettait en confiance. Cette ouverture aux autres est le plus court chemin de Dieu.

Marthe ne l'a pas manqué.

Elle avait faim et soif de justice, celle-ci, selon l'Ecriture, étant entendue au sens le plus large : le bien, l'idéal, le dépassement, l'amour. Elle avait faim et soif de justice pour les plus pauvres en particulier : les prisonniers, les condamnés, les handicapés, les déchus. «*De toutes mes forces, j'ai voulu le bien et j'ai trouvé Dieu !*» Quelle saisissante formule...

Elle était miséricordieuse. «Une transparence de miséricorde» avons-nous eu l'occasion de dire. «Comme si elle disait : Va, je ne te juge pas ; essaye de faire mieux» (60). A travers elle, on traversait la tendresse du Seigneur, qui est justement «le Père des miséricordes» (2 a Co. I - 3). Or l'amour de Dieu demeure dans ceux qui exercent la miséricorde (1e Joa III - 17).

Elle était un cœur pur, c'est-à-dire sans partage. C'est une question de droiture. *Dieu repousse avec une horreur douloureuse les cœurs partagés, mais il se tient aux côtés de l'âme bien disposée, la tenant par la main, la soutenant pour franchir les abîmes*» (23 janvier 1930)

Elle était artisan de paix : accueillante toujours ; jamais du mal de quelqu'un. Que de conflits elle a su régler, même dans sa famille. Oecuménique : que de protestants et de pasteurs elle a reçus. Auprès d'elle, certains comprirent qu'ils n'avaient pas à se convertir d'une religion à une autre, mais à s'accomplir...

Enfin elle a souffert pour la justice. Elle a été broyée par les détracteurs écrivant leurs mensonges dans des tracts ou des journaux à sensation. Elle a pleuré sur ces attaques personnelles, comme elle pleurait sur toute atteinte à l'unité dans l'Eglise. Puis elle se ressaisissait : «*c'est par la croix que nous devenons conformes à Jésus. Au lieu de nous lamenter, réjouissons-nous d'une si grande faveur d'être appelés à souffrir pour la gloire de Dieu*».

...Dans la foi, l'espérance et la charité

Je ne puis plus relire les béatitudes sans penser à Marthe Robin ; elle les a vécues à fond. Ce faisant, et dès son enfance (rappelons-nous son éducation au sens du partage) elle s'est ouverte à Dieu, elle a vécu en communion avec le Dieu vivant, Père, Fils et Esprit-Saint.

— Sa foi à transporter les montagnes ou à franchir les océans, commençait par une écoute de la Parole de Dieu, se poursuivait par l'obéissance et s'achevait dans une prière incessante.

Toute sa vie, Marthe a obéi et elle a toujours été soucieuse que les prêtres, les religieuses à qui elle demandait quelque chose de la part de Dieu, fussent dans l'obéissance par rapport à leurs évêques ou à leurs supérieurs.

Toute sa vie d'handicapée a été une prière. Marthe a duré dans la prière.

— Depuis le 15 octobre 1925, son espérance était brûlante. Elle n'avait pas d'autre ambition que le Royaume de Dieu. «*Soyez à mon âme son bien et son tout. A vous je la donne et l'abandonne*».

— Enfin comment parler de cette force de Dieu pour aimer tous les hommes, qu'on nomme la charité ? Marthe a fait du bien à tant de visiteurs, en oubliant ses tourments. Elle a fait le sacrifice d'un pèlerinage à Lourdes au profit d'une autre malade, mais ce sacrifice est comme la parabole de sa vie. Car elle était unie au Christ pour la construction de l'Eglise et le salut du monde.

Toutes les affirmations de ce chapître ne sont que les conclusions de ce que nous avons avancé au cours de ce livre. Extraordinaire Marthe ! «Elle était terriblement naturelle et surnaturelle» nous a confié une de ses proches (61). On se tordait de rire quand elle racontait une histoire, mais «Quand elle disait : «*Mettez-vous à genoux, on va prier*», on était déjà changé ; on n'allait pas voir une voyante. On avait l'impression que Jésus était à côté d'elle. Quelle présence ! On était chaviré» (62)

Comme nous sommes loin, non pas loin en vérité, mais haut, bien au-dessus des qualités humaines. Il n'est pas étonnant que visant à ne faire qu'un avec le Seigneur, Il ait déployé sa force en elle, lui ait donné des lumières particulières et ces dons de science et de conseil qui ont frappé maints visiteurs.

«Voici quelques faits qui m'ont particulièrement impressionné. D'abord Marthe lit dans les âmes. J'apporte là un témoignage personnel que des centaines d'autres visiteurs pourraient corroborer : Marthe précise un état psychologique, elle donne des conseils nets qui vont droit au cœur des problèmes que vous lui posez. De sa voix fluette et chantante, avec quelque hésitation entre les mots, elle donne une solution précise, et cela parfois avant que vous ayez vous-même parlé ou fait connaître avec quelques détails le point sur lequel vous voulez avoir quelques éclaircissements. Et cependant elle ignore la personne qui est devant elle ; cette personne est tantôt un prêtre, un jeune homme, une jeune fille cherchant sa voie, un incrédule notoire, un professeur d'Université, une institutrice publique, voire même des hommes d'Etat. A chacun elle dit ce qu'il faut qu'il entende, ce qu'il a besoin de connaître, et malgré lui parfois. Tout cela est dit très simplement, sans allure de prophétisme et très humblement aussi». (63)

Comment conclure en trois mots ce chapitre ? Comment dire en même temps que Marthe était mue par l'Esprit et qu'elle rendait heureux ceux qui l'approchaient ? Nous revient en mémoire le mot d'un libraire de Valence : Marthe, c'est un «coin de ciel». (64) Peut-on mieux dire ?

CINQUIEME PARTIE

«Dans la paix du Christ»

«Jésus est à mon âme la vie que je respire, mon Pain de chaque jour, la Lumière dont je m'inonde, enfin mon Unique et mon tout. Tout passe : la vie bienheureuse viendra un jour remplacer celle-ci ; alors ce sera, éternellement, l'union avec Jésus commencée ici-bas...

«Jésus a quitté le ciel pour porter la croix. Il m'enlèvera de la croix pour m'emmener au ciel»

(21 avril 1930)

CHAPITRE UNIQUE :

«Si le grain de blé ne meurt...»

La mort sera pour moi la fin de la lutte et la délivrance de mes souffrances. Je suis certaine que le démon ne désarmera pas tant qu'il me restera un souffle de vie».

(21 avril 1930)

Soir du vendredi 6 février 1981... Le téléphone sonne à l'évêché de Valence, à la centrale des œuvres, ailleurs encore. «Monseigneur Marchand est-il là ?». Du Foyer de Châteauneuf, on appelle de tous côtés. Marthe a toujours été en communion avec son évêque. Comment ne serait-il pas là au moment où elle achève la grande célébration de sa vie ? Dès qu'il a appris la nouvelle, l'évêque de Valence est allé se recueillir dans la chambre de Marthe et prier avec le Père Finet.

Beaucoup ont été surpris de ce départ de Marthe. Depuis le temps qu'on parlait de celle qui ne vivait que de l'Eucharistie, on s'était habitué à elle et on aurait facilement cru qu'elle ne devait pas mourir. «Marthe est éternelle» disait l'abbé Faure en souriant.

Mais elle, elle n'a pas été surprise. Elle a si souvent attendu, espéré la mort.

«J'étonne les gens en leur disant que je vis pour mourir, que la mort est la grande idée, le sens de ma vie.

«La mort, c'est la grâce des grâces et le couronnement de notre vie chrétienne. Elle n'est pas une fin - comme, hélas, encore trop le pensent - mais le commencement d'une belle naissance. Elle ne marque pas l'heure de la dissolution d'une créature, mais son véritable développement, son plein ***épanouissement*** *dans l'amour. Elle complète notre possession de la vie divine, en supprimant les obstacles qui, ici-bas, nous empêchent d'en jouir à notre aise. Elle nous permet enfin de vaquer librement à l'éternel amour, d'avoir conscience qu'Il se donne à nous et de demeurer à jamais en Lui...*

«Quand je pense à la mort prochaine, je me dis tant mieux ! Bientôt j'irai voir le bon Dieu ! Néanmoins, j'ai comme le pressentiment que Jésus prépare encore des croix plus grandes, plus lourdes, plus sombres, des épreuves nouvelles, à sa petite victime»

(3 janvier 1930)

Le pressentiment de Marthe ne la trompait pas : elle a reçu des croix de plus en plus lourdes pendant un peu plus de cinquante ans. Jusqu'au dernier jour, rien ne lui a été épargné. «*Tes souffrances iront eu augmentant jusqu'à la mort*» lui avait-il été prédit.

Le 1er novembre 1980, pour la Toussaint, Marthe est entrée dans cette phase ultime de souffrances indicibles. Sa colonne vertébrale était tordue. Le docteur Philippe Madre a observé que Marthe était d'une «*extrême faiblesse*» avec des «*quintes de toux fréquentes qui étaient vraiment déchirantes, qui hachaient ses phrases*»

«*Je n'en peux plus*» avouait-elle. «*J'ai toute ma carcasse brisée*». Et cependant, héroïquement, elle n'a jamais fléchi devant le tentateur, elle restait «*abandonnée et obtenait, dans le même temps, du Seigneur, des grâces exceptionnelles qui seront un jour révélées pour la plus grande gloire de Dieu.*» (65)

A la mi-janvier 1981, le Père Finet revenait du Burundi avec du diabète. «*Quelle pénitence pourrais-je faire,* confiait alors Marthe à sa nièce Marthe Brosse, *pour obtenir la guérison du Père ?*». On est ému aux larmes. Alors qu'elle était torturée de souffrances, elle continuait à penser aux autres. Comme au jour où elle avait cédé sa place pour qu'une autre malade puisse se rendre au pèlerinage de Lourdes. L'abnégation poussée à l'héroïsme.

Et Marthe a arraché au Seigneur la guérison du Père Finet.

Lundi 2 février, en la fête de la Présentation, Marthe confie au Père : «*Le démon m'a dit qu'il irait jusqu'au bout*». Déjà le 21 avril 1930, elle avait annoncé : «*Je suis certaine que le démon ne désarmera pas tant qu'il me restera un souffle de vie*». Du démon elle a souffert pendant toute sa vie de stigmatisée. «*Une fois, je suis rentrée chez Marthe,* raconte Mère Marguerite Lautru. *On sentait le brûlé. Le Père Finet m'a dit : «Je vais vous faire voir. Il m'a montré le bras de Marthe. Il y avait une brûlure longue d'un doigt...»*. D'autres fois, nous l'avons vu, le démon lui tapait la tête par terre ou contre la commode : «*Je crois que c'est en 1943 pour le vendredi saint, j'étais dans la cuisine,* nous a dit Françoise Degaud, membre du Foyer : *j'ai entendu la tête taper. Quand on est entré dans la chambre, c'était un gémissement à la fois doux et déchirant, entrecoupé de cris de douleur. Je n'ai pas entendu de paroles. Une mélopée*».

Que lui réservait donc le démon pour les dernières heures à vivre sur cette terre ?

Mercredi 4 février, scène atroce. Marthe toussait sans cesse et s'étouffait. «*Quand je suis arrivée dans sa chambre, elle gémissait, elle disait : ma tête s'en va, ma carcasse saute. Elle était secouée comme un hoquet !*» (66)

Le soir, la petite chambre s'emplit de membres du Foyer. Litanies de la Sainte Vierge, consécration selon St-Louis-Marie Grignion de Montfort, prière à St-Joseph, invocations, chapelet, prière de Pie XII, prière de l'ange à Fatima. Emotion, larmes. Une chapelle ardente. Car les chapelles ne sont ardentes que par les prières de ceux qui sont réunis «*en son Nom*»...

Marthe communie pour la dernière fois sur cette terre. «*Seigneur, je vous aime,* priait-elle le 21 avril 1930 ;

mes yeux avides d'infini sont toujours fixés en vous qui êtes mon bien ; je soupire ardemment vers le ciel, royaume de l'Amour, où l'on vous aime sans voile et sans fin».

L'heure de l'exaucement de cette prière approche enfin...

Comme chaque fois, après avoir reçu le Corps du Christ, Marthe entre en extase, cette extase qui dans les dernières années de sa vie, durait jusqu'au lundi... Le Père Finet prie un moment en union avec Marthe, puis il part prendre un peu de repos. Il a 82 ans et en ce moment-même, se déroule une retraite au Foyer à laquelle il donne la main.

Jeudi 5 février. Sachant ce qu'avait dit le démon, le Père Finet éprouve de l'inquiétude, tout en continuant de recevoir les retraitants. Le soir, il monte à la Plaine et reste près de Marthe : elle revit une nouvelle fois l'agonie et la Passion de Jésus. Tout se passe comme d'habitude. Il se retire vers dix heures du soir.

Vendredi 6 février. Premier vendredi du mois...

En bas, au Foyer, la retraite se poursuit...

Vers dix-sept heures, - c'était habituellement le moment le plus intense de la Passion -, le Père Finet monte à la Plaine, selon son habitude. Il entre dans la chambre et frémit. Tout était bousculé. Marthe était allongée sur le sol, près du divan. Le Père appelle une des deux aides. Le bras droit de Marthe était glacé. «*Il m'a tuée*» aurait-elle dit au Père Finet. Il a été le seul à entendre cette Parole. Avec les deux aides ; il a étendu le corps de Marthe sur le divan, et la fit recouvrir de couvertures. Deux heures durant il pria. Il supplia le Seigneur. Il ne pouvait se résigner à ce qu'elle fût partie.

Vers 19 heures, il fit appeler ses collaborateurs, le Père Bondallaz et le Père Colon. Il fallait bien se rendre à l'évidence. Marthe venait d'achever la Passion.

Dans la déréliction la plus complète.

Comme Jésus.

Tout était consommé. Apparemment, le démon venait de remporter une belle victoire. En fait, à partir de ce moment précis, Marthe lui échappait complètement ; il ne pouvait plus rien faire contre elle. Elle entrait pour toujours dans la paix du Christ. «*Pour moi, le Christ-Jésus est ma vie... Mourir sera donc tout avantage puisque le grand effet de la mort sera de dissiper le voile d'ombre qui me cache une si adorable merveille*» (3 janvier 1930).

Le médecin de Châteauneuf-de-Galaure, le docteur Andolfatto, vint constater le décès, puis arriva Mgr Marchand. «*Si le grain de blé ne tombe en terre et ne meurt,* dit l'évêque de Valence près de la dépouille de Marthe, *il reste seul ; s'il meurt, il porte beaucoup de fruits*».

La longue «messe» de Marthe s'achevait sur une prophétie qu'un demi-siècle auparavant elle avait déjà faite sienne : «*J'ai aimé les miens de toute mon âme et en Dieu. Quand il me faudra les quitter ce ne sera que pour aller à Lui, en les confiant à sa divine Providence... Du sein de la béatitude, je travaillerai encore sans trêve à leur vrai bonheur.*» (21 avril 1930)

— Allez, Marthe, dans la paix du Christ.
— Nous rendons grâce à Dieu...

POINT D'ORGUE :

Le sacerdoce des laïcs vécu par Marthe Robin

«Je vous adjure,
par la miséricorde de Dieu,
d'offrir vos corps
comme un sacrifice vivant.
L'apôtre par cette demande
a fait accéder les hommes
au sommet du sacerdoce».

(St Pierre Chrysologue,
Livre des lectures, p. 420)

«Seigneur, je m'offre à vous
pour être l'hostie vivante
de l'œuvre à laquelle
je m'intéresse ;
je veux être sacrifiée
afin que cette œuvre vive,
s'étende et prospère,
qu'elle produise des fruits de vie»

«La longue messe de Marthe Robin»...

Le sous-titre de ce livre est paradoxal. Marthe Robin n'était pas prêtre pour célébrer la messe, et de plus elle était bien incapable de se rendre dans une église ! C'est-à-dire que jamais, au cours des soixante dernières années de sa vie, elle n'a pu assister à la messe !... Mais, le lecteur l'a bien compris, le lit de Marthe était une sorte d'autel sur lequel elle s'offrait en victime. La messe mystique...

Un jour de 1930, le 14 mai, écrivant à son amie clarisse à Vals-les-Bains, la sœur Marie-Thérèse, Marthe s'exclamait :

«*Qu'il est beau, n'est-ce-pas, ô ma sœur, notre sacerdoce à nous, qui s'exerce dans l'ombre et le silence, caché comme Jésus-hostie*».

A cette époque-là, est-il nécessaire de le préciser, le concile de Vatican II n'avait pas encore eu lieu, et la doctrine du sacerdoce commun des fidèles n'était guère répandue dans l'opinion catholique. Mais Marthe avait assez de connaissances des Ecritures pour savoir que l'Eglise était tout entière sacerdotale ; le sacerdoce n'est pas l'apanage des seuls ordonnés.

Certes, il y a une grande diversité des ministères dans l'Eglise, mais ils sont complémentaires. Le sacerdoce des prêtres diffère de celui des fidèles, mais l'un et l'autre ne s'opposent pas. D'ailleurs, Marthe savait fort bien tout ce qu'elle devait au ministère des prêtres. Le sacerdoce qu'elle a vécu n'a été possible que grâce à leur ministère.

Cette remarque étant faite, il reste très opportun de souligner l'enseignement de Vatican II : «*Le Seigneur Jésus fait participer tout son corps mystique à l'onction de l'Esprit qu'Il a reçue : en lui, tous les chrétiens deviennent un sacerdoce saint et royal, offrant des sacrifices spirituels à Dieu par Jésus-Christ*» (67). Et encore, selon un autre texte : «*Les laïcs* (sont) *rendus participants de la charge sacerdotale, prophétique et royale du Christ*» (68).

Une chose nous a paru évidente en suivant l'itinéraire spirituel de Marthe, c'est que pour elle le sacerdoce des fidèles n'était pas un vague concept ; il correspondait dans son esprit à une manière très forte de vivre sa foi et de servir le peuple de Dieu. Il nous reste donc à dire, avant de clore ces pages, comment Marthe s'est rendue participante de cette charge sacerdotale, prophétique et royale du Christ. Si c'est la triple dignité de tout fidèle, ce fut particulièrement celle de Marthe Robin.

La dignité sacerdotale

Les chrétiens qui manquent la messe du dimanche pensent sans doute qu'ils n'ont manqué qu'une cérémonie présidée par un prêtre, et que de toutes façons la messe a été célébrée. Quelle importance pourrait bien avoir leur absence ? En réalité, ils ont manqué à tout le Corps de l'Eglise. Car il faut bien le comprendre, nous ne sommes pas des unités isolées, sans lien les unes avec les autres. Chaque chrétien est une cellule du Corps mystique dont les membres s'offrent à Dieu, comme la Tête qu'est le Christ ; chaque baptisé est une pierre vivante de ce grand temple qu'est l'Eglise. Quand par négligence ou délibérément, on refuse d'entrer dans cette édification du Temple et dans ce sacrifice de toute l'Eglise, on fait bande à part, on donne naissance à une sorte de cancer. En n'exerçant pas sa dignité sacerdotale, on rend l'Eglise malade.

Ce n'était évidemment pas l'attitude de Marthe. Elle a même compensé pour tous ceux qui ne s'offrent pas. Car pour elle le prêtre ne saurait être le seul offrant du sacrifice de la messe ; c'est aussi tout le peuple chrétien qui doit s'offrir. Elle croit fondamentalement que le sacerdoce commun des fidèles consiste à consacrer toute leur vie à Dieu. Marthe nous explique cette dignité sacerdotale dans un texte remarquable :

> «*Toute existence est un calvaire et toute âme est un Gethsémani où chacun doit boire en silence le calice de sa propre vie.*
>
> «*Toute vie chrétienne est une* «*Messe*» *et toute âme en ce monde est une* «*Hostie*». *Ecoutons Saint Augustin :* «*Ne cherchez pas en dehors de vous l'hostie dont vous avez besoin : cette hostie vous la trouvez en vous-même*». *Saint Paul achève de vous le montrer en disant :* «*Je vous en conjure, faites de votre corps une hostie vivante, sainte et agréable à Dieu*».

«Vous l'avez entendu, l'hostie de votre sacrifice, de votre messe, c'est vous-même ; c'est vous avec tout ce que vous êtes, tout ce que vous avez, tout ce que vous faites.

«Vous avez donc vous-même votre hostie ; mais elle doit avoir quelque ressemblance avec celle du Prêtre, qui est formée du froment le plus pur ; qui de plus est un pain azyme, c'est-à-dire sans levain.

«Vous aussi vous devez être des hosties sans levain. Ce levain dont je vous parle symbolise tout ce qui n'est pas pur, tout ce qui est mauvais, tout ce qui n'est pas selon l'esprit chrétien. Vous devez donc éliminer de vous-même toute trace de ce triste levain, dont une seule miette suffit à contaminer toute la pâte. Cherchez en vous, dans votre esprit, dans votre volonté, dans votre cœur, dans vos intentions, dans toutes vos actions, vos pensées et vos désirs, tout ce qui est trop naturel, trop humain, tout ce qui n'est pas absolument digne d'une bonne et parfaite chrétienne... et puis arrachez-le, détruisez-le, chaque jour dépouillez-vous de quelque chose, purifiez-vous davantage, sanctifiez-vous sans cesse... Chaque jour devenez plus surnaturelle, plus pure, plus sainte, plus divine, et, alors votre hostie ressemblera un peu mieux et toujours plus à celle du Prêtre.

Comment s'offrir tout entier ? Pour l'expliquer, Marthe va reprendre des expressions qui sont tirées de sa consécration de 1925. Par là, elle nous invite discrètement à l'imiter dans son don d'elle-même, comme elle a imité le Christ.

«Le Prêtre prend l'hostie dans ses mains et il l'offre à Dieu.

«Vous aussi vous avez à faire à Dieu l'offrande de votre hostie qui est toute spirituelle : et c'est vous-même. Prenez-vous donc tout entière et sans faire de réserve et offrez-vous à Dieu avec Jésus, la divine Victime sans cesse immolée pour le salut de tous. Prenez votre corps avec tous ses sens, votre âme avec toutes ses pensées, votre volonté avec

tous ses vouloirs, votre cœur avec toutes ses affections ; prenez votre vie tout entière, votre vie de chaque jour avec tous vos travaux, vos souffrances, vos peines, vos luttes, vos efforts, vos bonnes actions et dites à Dieu : Seigneur, tout cela est pour vous, je vous offre tout en union avec mon Jésus, par le Cœur Immaculé de ma Mère et avec votre Prêtre au Saint Sacrifice de l'Autel.

«*Cette offrande de vous-même, faites-la totalement, généreusement et joyeusement. Ne faites pas comme Caïn qui n'offrait au Seigneur que ce qu'il avait de moindre, mais offrez à Dieu ce que vous avez de meilleur, le meilleur de votre âme, le meilleur de votre cœur, le meilleur de votre vie... et votre vie tout entière.*

«*Ne faites pas non plus comme Ananie et Saphire, qui voulaient garder pour eux une partie de leurs biens, mais offrez à Dieu votre hostie tout entière ; offrez lui tout ce que vous êtes, tout ce que vous avez, tout ce que vous faites, ne réservez rien, ne gardez rien, ni pour vous ni pour les autres.*»

L'offrande de soi-même, c'est l'acte fondamental du sacerdoce des fidèles, le premier acte de la messe mystique. On se rend compte ici que l'être liturgique de tout baptisé le pousse autrement plus loin qu'à faire publiquement une lecture au cours de la messe, à chanter ou à donner à la quête. Faire de sa vie une liturgie, c'est inévitablement passer du don de ce qu'on possède, au don de ce qu'on est ; c'est chercher Dieu, écouter sa voix et se donner à Lui.

Déjà dans l'Ancien Testament, Israël était appelé à cette dignité sacerdotale par l'écoute, l'obéissance et le don : «*Si vous entendez ma voix et gardez mon alliance, vous serez ma part personnelle parmi tous les peuples, vous serez pour moi un royaume de prêtres*» (Exode XIX - 5 - 6). Et dans le Nouveau Testament, Saint Paul insiste sur cette offrande de soi-même : «*Je vous exhorte... à vous offrir vous-mêmes en sacrifice vivant, saint et agréable à Dieu : ce sera là votre culte spirituel*» (Romains XII - 1).

Entendons bien qu'il ne peut s'agir ici d'un culte de

bouche seulement. Quand Paul exhorte les chrétiens de Rome à devenir un sacrifice vivant, un holocauste, il précise rapidement que cette offrande doit se manifester dans la vie des communautés chrétiennes. «*La bienfaisance et l'entraide communautaire*», dira l'épitre aux Hébreux (XIII - 16) sont les sacrifices qui plaisent à Dieu.

Marthe, s'offrant avec le Christ pour le salut du monde entier, Marthe donnant tout à Dieu et aux hommes, son temps, son argent, son corps, sa mémoire, son intelligence, ses pensées, sa volonté, Marthe distribuant tout ce qu'elle recevait, portant le fardeau de tous les cabossés de la vie et stimulant les membres des Foyers de Charité à mettre en commun leurs biens matériels, intellectuels et spirituels, quel culte spirituel fut sa vie !

La dignité royale

Le sacerdoce des fidèles compte une deuxième dignité, généralement peu connue et encore moins comprise : la dignité royale. De quoi s'agit-il ?

Bien des hommes se montrent incapables de régir leurs instincts et leurs passions. «C'est plus fort que moi» avouent-ils. Et ils se laissent entraîner par les forces du mal. Comme disait St Paul : «*Ce que je veux, je ne le fais pas ; mais ce que je hais, je le fais... Prisonnier de la loi du péché qui est dans mes membres. Malheureux homme que je suis !*» (Romains VII 15, 23 et 24). Toute l'humanité est ainsi asservie à l'empire du péché.

Or, en s'offrant à Dieu, on cesse d'être un mouton de Panurge, on s'arrache au troupeau des porcs qui se jettent à la mer, comme ceux dont il est question dans l'Evangile et on devient leader d'un monde nouveau... L'offrande de soi-même, la volonté de conformer sa vie familiale, professionnelle, sociale et politique, à la volonté de Dieu, forge une personnalité hors pair qui est à l'opposé de celle des hommes qui préfèrent se coucher dans le sens du vent. Vraiment quand de toutes ses forces on cherche à ressembler au Père du ciel qui gère son soleil aussi bien pour les bons que pour les méchants, on entraîne immanquablement des hommes dans son sillage ; ensemble on entreprend de bâtir un monde qui repose sur la vérité, la justice et le partage fraternel ; on entre ensemble dans la victoire du Christ sur les forces du mal. C'est pourquoi l'acte effectif d'offrande de soi-même apporte un éclat royal.

Un rite d'offrande qui serait en dehors de la vie, n'aurait pas de sens. Mais l'acte sacerdotal prend sa substance dans le quotidien de la vie. Car en annonçant l'Evangile et ses exigences de vie, en travaillant à refaire le monde pour qu'il soit comme Dieu l'entend, on rend un culte authentique (Romains I - 9), on officie auprès des non-croyants que l'on côtoie afin qu'à leur tour, gagnés par le parfum du bonheur divin, ils deviennent une offrande agréable à Dieu (XV - 16).

Il ne doit pas être nécessaire de souligner fortement que Marthe a porté cette dignité royale d'enfant de Dieu. Elle a régi à la perfection ses sens et ses pensées ; elle avait cela tellement à cœur qu'elle demanda la grâce de mourir sur le coup plutôt que de reculer devant la volonté de Dieu. L'apostolat de Marthe ne relevait pas de l'éloquence, du brillant des mots. C'est pourquoi la grande handicapée de Châteauneuf-de-Galaure a fait école. Trouvez-moi quelqu'un qui cherche de toutes ses forces le Royaume de Dieu ; même s'il habite loin des routes, vous pouvez être sûr que les hommes iront le visiter. De Jean-Baptiste à Marthe Robin, c'est une loi, la loi de l'éclat royal. Car en Dieu on devient lumière du monde...

La dignité prophétique

«Il y avait une femme qui était prophète... Elle était fort avancée en âge... Elle participait au culte nuit et jour par des prières ; elle se mit à célébrer Dieu et à parler de l'Enfant» (Luc II - 36 - 38).

Ce beau texte de l'Evangile, qui désigne Anne, mais qu'on croirait écrit pour présenter Marthe, a d'abord l'avantage de nous expliquer le rôle du prophète. Car on se fait bien des idées fausses à ce sujet.

Le prophète n'est pas un devin. A plusieurs reprises nous avons souligné que Marthe se taisait ou ne répondait pas aux lettres quand on la prenait pour un devin, c'est-à-dire pour quelqu'un qui par ses propres forces prédirait un avenir préfabriqué.

Le prophète n'est pas plus un polémiste qui dénonce des situations politiques.

Etymologiquement, le prophète est le porte-parole de Dieu. Autrement dit, ce n'est pas tant ce qu'il dit qui le constitue prophète, mais le fait que Dieu l'ait choisi pour cet office et qu'il est en relation avec Lui. Le prophète en définitive est un homme de Dieu, qui est sensible au dessein de Dieu sur le monde ; il annonce ce dessein, même si on ne veut pas l'écouter, et il dénonce tout ce qui s'oppose à ce dessein. Sans Dieu, il n'y a pas de prophète, car le prophète est un mystique qui a pris parti pour Dieu «Va, je t'envoie pour planter et arracher, pour construire et pour renverser». (Jérémie I - 10)

On ne sait malheureusement pas assez que cette mission, belle mais souvent redoutable, et qui demande une grande force d'âme, n'est pas réservée à des personnalités très rares. Tous les chrétiens ont reçu au baptême une onction qui a fait d'eux des prophètes. Tous doivent être les témoins du Dieu vivant. Hélas, soit qu'ils ne sont pas à l'écoute de Dieu, soit qu'ils ont peur de parler, le nombre des vrais prophètes est effectivement restreint, mais il y en a à toutes les époques et de tous les âges.

«*Il y avait une femme qui était prophète*». Anne n'a pas beaucoup parlé ; elle a parlé à 84 ans ; on ne sait plus textuellement ce qu'elle a dit, mais on sait qu'elle a parlé de «l'Enfant». Ce qu'elle a dit a marqué.

Dans l'Evangile, on trouve des femmes qui savent parler du Christ, révéler la foi qu'elles ont en Lui, puis s'effacer pour laisser agir la grâce. La Vierge Marie a été prophète, mais aussi les deux sœurs Marthe et Marie, et la samaritaine, et encore ces femmes qui au matin de Pâques sont allées annoncer aux apôtres la résurrection de Jésus. Tout se passe comme si, à partir du Nouveau Testament, les femmes avaient une grâce particulière pour être prophètes. Jean-Paul II ne déclarait-il pas, à propos de la mission du peuple de Dieu : «*Si cela est vrai, tout comme il est vrai que l'Eglise au sens hiérarchique est dirigée par les successeurs des apôtres et donc par les hommes, il est certainement d'autant plus vrai qu'au sens charismatique les femmes la conduisent tout autant et peut-être encore plus*». (discours au parc des Princes, à Paris).

En tout cas, la prophétie nous semble être le don propre de Marthe Robin. Non pas seulement parce qu'elle a fait au Père Finet l'annonce prophétique de la mission qui l'attendait, mais surtout parce qu'elle a été révélatrice du mystère de Jésus-Christ crucifié. Gisèle Signé, Marguerite Lautru, tous les visiteurs savaient bien que Marthe n'était pas un devin, mais un prophète pour notre temps, un prophète qui avait reçu un don pour parler de la part de Dieu aux hommes, pour les éclairer, les conseiller, les exhorter et les encourager. Nous n'employons pas ces mots au hasard. Ce sont ceux-là mêmes qui sont utilisés par Saint Paul et les Actes des apôtres pour décrire l'office des prophètes.

Ça et là, nous avons souligné la sûreté théologique de cette femme étonnante qui n'a jamais étudié. Comme on nous l'a fait remarquer, il s'agit plutôt en elle du souffle vivant de l'éternel amour qui la pénétrait, du Souffle de Sagesse et d'Intelligence, du Souffle de Science et de Piété. Car il n'est pas un des sept dons de l'Esprit qui ne soit reconnaissable en elle, jusqu'au plus grand et au plus précieux, le don de sainteté.

Il y avait à Châteauneuf-de-Galaure une femme qui était prophète...

Littéralement, elle priait et elle jeûnait nuit et jour, elle célébrait Dieu et elle parlait de l'Enfant et de sa Mère... Sa vie, pendant plus d'un demi-siècle, a été une messe mystique et ininterrompue. Rendue participante de la charge sacerdotale, royale et prophétique du Christ, elle exultait de joie, comme Marie, devant la beauté de ce sacerdoce commun des fidèles qui fait d'eux des êtres pour Dieu.

> «*Faites donc, que votre vie, votre vie tout entière, soit une offrande perpétuelle et de tous les instants. Et c'est ainsi que vous accomplirez le premier acte de votre messe mystique.*

Mais quel prodige ! Dire que c'est à nous, petites âmes d'amour, à qui le Seigneur a daigné ouvrir les yeux et les oreilles !»

Cette exclamation, solidaire des petits, humble et émerveillée devant le sacerdoce des fidèles, c'est le Magnificat de Marthe Robin.

La Visitation - Valence
14 janvier 1985

APPENDICE

Anecdotes et Fioretti

Un prêtre de Paris, M. l'abbé de Mallmann, a eu l'amabilité de nous communiquer un grand nombre d'anecdotes et fioretti qu'il a recueillies. Nous sommes heureux d'en publier quelques-unes : elles disent le rayonnement de Marthe et l'estime qu'avaient pour elle les papes Pie XI et Pie XII.

MARTHE ET LA 2e GUERRE MONDIALE

En mai 1940, lors de l'invasion, par les Allemands, de la Belgique et de la Hollande, Mgr Pic vint à Paris et demanda à rencontrer le Président du Conseil Daladier. On lui dit qu'il ne pourrait pas le voir mais serait reçu par le Garde des Sceaux, Champetier de Ribes. L'évêque lui déclara :

— «Je viens vous dire, de la part de Marthe Robin, qu'il ne faut pas que les troupes françaises entrent en Belgique. La France serait perdue : ce n'est pas dans sa mission d'attaquer».

— «M. Charles Roux (ambassadeur au Vatican) vient de nous transmettre le même message de la part du Saint-Père», répondit le garde des Sceaux.

— Je ne puis vous dire qu'une chose, c'est qu'ils ne se sont pas mis d'accord».

Un conseil de guerre se réunit. Le généralissime Gamelin décida de passer outre...

LES PAPES ET MARTHE

Pie XI aimait beaucoup Marthe, m'a dit (je pense en 1947) le Père Finet.

Marthe a assisté à sa mort et à pu en donner tous les

détails : «Il est allé tout droit au Ciel».

La Mère Yvonne-Aimée l'a dit aussi.

«Il avait tellement souffert avant», commente le Père.

Cette mort est survenue le 10 février 1939.

Dans sa première entrevue avec le Père, le 10 février 1936 (anniversaire de la consécration de la France à Marie, par Louis XIII en 1638), Marthe avait dit qu'il mourrait bientôt et aurait pour successeur le Cardinal Pacelli, dont le pontificat serait au moins aussi glorieux.

A la fin de la première retraite sacerdotale en 1948, Mgr Pic, évêque de Valence, vint présider le repas. Il raconta qu'il était allé à Rome en mai 1940 pour la béatification de la Mère Philippine Duchêne, originaire du diocèse et l'une des premières compagnes de sainte Madeleine Sophie Barat.

Selon l'usage, il donna la bénédiction du Très Saint Sacrement le soir devant le Saint-Père. A la fin de la cérémonie, on vient lui dire que le Pape voulait lui parler. Il se rendit donc au trône et là une conversation s'engagea :

«Quand partez-vous ?»

«Etant donnés les événements, je pense devoir regagner mon diocèse dès demain»

«Alors écrivez-moi tout ce que vous m'avez dit de Marthe».

La conversation s'étant prolongée plusieurs minutes, des prélats murmuraient : «Voilà que le Pape donne maintenant des audiences à la basilique Saint-Pierre !»

— Un soir où je dinais avec Mgr Urtasun, successeur de Mgr Pic, chez les religieuses de Valence, avenue R. Poincaré à Paris (elles l'hébergeaient et moi j'y célébrais la messe chaque semaine pour les jeunes filles de H.E.C. J.C.), nous parlons naturellement de Châteauneuf, de Pie XII. L'évêque me dit : «Je ne vous dis pas ce que le Pape m'a dit de Marthe».

«J'ai l'impression que je m'en doute», ai-je répondu.

Je pense que c'est consigné dans les archives...

Notes et références

1 - Témoignage de M. l'abbé Boutherin, qui le tient lui-même de l'abbé Faure, curé de Châteauneuf-de-Galaure de 1923 à 1955.

2 - Témoignage de M. l'abbé Boutherin.

3 - Nous aurons l'occasion de parler à plusieurs reprises de cette amie de Marthe qui devint sœur, puis Mère Marie-Thérèse au monastère des clarisses de Vals-les-Bains, en Ardèche.

4 - Marie-Rose Achard, à qui nous empruntons cette citation, était une aînée de Marthe et sa voisine au quartier des Moïlles. Devenue institutrice laïque, elle a raconté ses souvenirs sur la vie à la campagne au début du XXe siècle, dans un petit livre alerte et délicieux : «*Alors le monde commençait*».

5 - Citation de Marie-Rose Achard.

6 - Il s'agit sans aucun doute de Sœur Benigna Consolata Ferrero, de la Visitation Ste-Marie de Côme. Cette religieuse est retournée à Dieu le 1er vendredi de septembre 1916. D'après un petit feuillet qu'un ami de Paris nous a retrouvé, un livre de 128 pages a été publié sur Sœur Benigna ; la bibliothèque paroissiale de Châteauneuf a dû se procurer l'ouvrage au bureau diocésain «de la garde d'honneur», 33 rue Vaubecour à Lyon.

Dans les «Fleurs de confiance et d'amour» citées dans le feuillet et extraites de la biographie, quelques pensées ont dû retenir l'attention de Marthe. Voici par exemple ce que disait le Christ à Sœur Benigna.

«Je prépare l'œuvre de ma Miséricorde. Je veux une nouvelle résurrection dans la société et je veux qu'elle soit l'œuvre de l'Amour.

«Je ne me lasse pas de trouver des misères pourvu que je trouve une bonne volonté. Ecoute, ô ma joie, écris ceci : Si l'on veut me faire un grand plaisir, il faut croire à mon Amour, si l'on veut m'en faire un plus grand, il faut y croire davantage, et pour me faire le plus grand de tous les plaisirs, il ne faut pas mettre de limites à cette foi dans mon Amour.

«...Si tu savais le travail que je ferais dans une âme, pourvu qu'elle me laissât faire ! L'amour n'a besoin de rien ; il a seulement besoin de ne pas trouver de résistance...

«Mon épouse, donne-moi des âmes. C'est par le sacrifice que tu peux m'en donner... Il faut que tu sois en un état continuel d'holocauste... Le monde court au précipice, mais je l'arrêterai dans sa course vertigineuse au moyen de ce petit bataillon d'âmes généreuses qui combattront sous ma conduite».

7 - Jeanne Bonneton, devenue clarisse à Vals-les-Bains, était interrogée sur ce fait quelque soixante ans après !

8 - Témoignage recueilli à Vals-les-Bains, le 21 février 1982.

9 - Extraits de l'analyse graphologique, faite par Mme Jacqueline Genêt, psychologue-graphologue à Valence.

10 - L'âge de la majorité n'a été fixé à 18 ans que bien plus tard, en 1974.

11 - En fait, il ne faut rien exagérer. En ces années 1925-1930, Mlle Caillet et plusieurs autres camarades sont montées visiter Marthe ; certaines l'ont fait jusqu'à sa mort. Mais il faut tenir compte de l'éloignement de la maison Robin par rapport au village et du fait qu'une maladie de longue durée n'attire pas des visiteurs en grand nombre. Mais il est vrai que certains habitants de Château-

neuf regardaient Marthe comme «hystérique».

12 - Cette amie, d'après Gisèle Signé, n'est pas allée voir Marthe pour la même raison que Jeanne Bonneton : *«peur de la maladie, peur de la contagion»*. On se rappelle que Jeanne Bonneton a attendu 1929 et la «mission» prêchée à Châteauneuf-de-Galaure pour changer de comportement.

13 - Celle qu'elle avait connue à Saint-Péray.

14 - Jean-François Six : «Vie de Thérèse de Lisieux», p. 234 - Ed. du Seuil.

15 - Cette première version a été conservée soigneusement par une nièce de l'abbé Perrier, Mlle Marie-Louise Sassoulas, qui nous en fit part en 1981, après le décès de Marthe.

16 - On se rappelle qu'en raccompagnant Marguerite Lautru à la gare de St-Vallier, en avril 1927, l'abbé Faure évoqua une mystérieuse mission de Marthe. Il avait donc été mis au courant de ce message reçu par celle-ci avant le mois d'avril, et même avant le mois de mars.

17 - Extraits de l'analyse graphologique faite par Mme Jacqueline Genêt, psychologue-graphologue à Valence.

18 - Citations tirées du n° spécial de «L'Alouette» (revue publiée par le Foyer de Charité de Châteauneuf-de-Galaure), paru en août-septembre 1981.

19 - Ce fait a été rapporté par «Famille chrétienne» du 9 avril 1981.

20 - Citation de Marthe, dans «L'Alouette» de août-septembre 1981, page 19.

21 - Il s'agit de la retraite qui se déroule à ce moment-là à Châteauneuf-de-Galaure.

22 - Il s'agit de Mme Pernod. Témoignage rapporté par Françoise Degaud, du Foyer de Châteauneuf-de-Galaure.

23 - Exemple rapporté par Mgr Robert, le 4 novembre 1982, à Lugny (Saône-et-Loire). Mgr Robert fut le premier retraitant homme du Foyer de Charité de Châteauneuf-de-Galaure, ainsi que nous le verrons dans un prochain chapitre.

24 - Témoignage de Mme Cotte, de Châteauneuf-de-Galaure, qui le tenait de l'abbé Joseph Petit.

25 - Citation extraite du bulletin «*La mission de l'Immaculée*» après le premier anniversaire de la mort de Marthe.

26 - Pensée de Marthe, citée par le chanoine Bérardier, curé de St-Louis à St-Etienne (Loire), dans un rapport de 1942.

27 - Ce témoignage nous a été rapporté par l'abbé Boutherin, alors qu'il était curé de Claveyson, village proche de Châteauneuf-de-Galaure. C'est de lui aussi que nous tenons les détails précédents sur le patronage.

28 - Par la suite, à l'école primaire se sont ajoutés, toujours à Châteauneuf, deux collèges. Nous en reparlerons dans un prochain chapitre.

29 - Témoignage paru dans un article de «*Feu et Lumière*», n° 5, février 1984, sous la signature d'Anne Merlo.

30 - Le récit qu'on va lire est une reprise et une synthèse de ce que le Père Finet a raconté plus de cent fois. C'est à dessein que nous avons gardé son style oral et savoureux.

31 - Mgr Pic, originaire du diocèse de Valence où il fut supérieur du grand séminaire avant d'être nommé évêque de Gap, fut nommé ensuite en 1932 évêque de son diocèse d'origine.

32 - Le témoignage rapporté est celui de Mgr Robert et a été recueilli le 4 novembre 1982 à Lugny (Saône-et-Loire). Mgr Robert a connu l'abbé Finet au séminaire français de Rome. Homme d'une grande culture et d'une solide piété, Mgr Robert s'est révélé aussi être grand homme d'action.

33 - L'Alouette, numéro spécial août-septembre 1981, page 45.

34 - Pour cette nuit d'adoration, des cars sont organisés, chaque année, à partir de Valence, Lyon, St-Etienne, Grenoble et la Savoie. A ce sujet, qu'on nous permette de citer un fait qui concerne les éditions Peuple Libre. L'organisation d'un car partant de Valence pour Châteauneuf-de-Galaure date de 1951. Les inscriptions des personnes étaient prises à l'épicerie Junique, rue Madier-de-Montjau. En 1954, quand les propriétaires ont voulu vendre leur magasin, Mme Junique s'est inquiétée auprès de Marthe dès le mois de juillet ou d'août : «Et maintenant qui va prendre les inscriptions ?» Elle a répondu évasivement, comme cela lui arrivait : «*Vous trouverez sur une petite place !*»

Mme Junique se demandait bien ce que Marthe voulait dire. Elle ressassait cette phrase en elle. Elle cherchait de quelle place il pourrait s'agir. Or, un jour en arrivant sur la petite place de l'Université, elle vit l'enseigne toute nouvelle «Librairie Peuple Libre». Nous venions alors juste de prendre pignon sur rue. Le directeur-fondateur, le Père Vignon, accepta tout de suite la proposition de Mme Junique, et c'est ainsi que depuis trente ans, Peuple Libre prend à Valence les inscriptions pour la nuit d'adoration. «*Vous verrez sur une petite place*». Marthe a décidément un don de «science»... Nous aurons l'occasion d'en reparler.

35 - Voir le chapitre : «En communion avec Marie et les saints du ciel», page 107.

36 - C'est à dessein que nous écrivons retraitants et non pas retraitantes. Car à partir du 8 septembre 1941, les hommes ont été admis à faire retraite dans le Foyer. A l'époque, c'était une révolution en douceur. Dix ans après, dans un diocèse de France, on rechignait contre les retraites mixtes. Marthe dit à cette occasion que le silence d'un bout à l'autre était la condition de la qualité d'une retraite mixte.

37 - Jusqu'en 1942, Marthe était dans la chambre donnant sur la cour ; le lit de Mme Robin était en équerre par rapport au divan de Marthe.

38 - Dans le prochain chapitre, nous relaterons la surveillance qui a été exercée sur Marthe, sur ordre de l'évêque, de manière à ne permettre aucun doute.

39 - Voir deuxième partie, chapitre 3, p. 77 : «Ta mort, Seigneur, nous la rappelons» dans notre chair.

40 - «Semaine Religieuse de Valence» du 25 février 1961, page 107.

41 - «Feu et Lumière», n° 5, février 1984.

42 - Témoignage de Mme Junique, de Valence, en présence de son mari et de sa fille.

43 - Témoignage de Mme Elise Chevalier, Serves, 26600 Tain-l'Hermitage.

44 - Anonyme de la Drôme.

45 - Anonyme, Drôme.

46 - Anonyme, Drôme.

47 - Nous avons déjà donné de nombreux témoignages dans notre premier livre : «Marthe Robin, la croix et la joie».

48 - Paulette Plantevin.

49 - Cité par le chanoine Bérardier, de St-Etienne, en 1942.

50 - Cité par «Feu et Lumière», février 1984, page 22.

51 - Témoignage du Père Corvez, couvent dominicain de Lyon.

52 - Mme Peillon Marie-Caroline, Bourg-les-Valence.

53 - Cité dans «Feu et Lumière», n° 5, février 1984.

54 - La Mère, c'est Marguerite Lautru, devenue Mère générale de sa congrégation, comme nous l'avons dit au chapitre 3, première partie.

55 - Témoignage de Mme Marie-Catherine Jeanselme, Chabeuil.

56 - Extraits du livre «M. Pentecôte, David du Plessis» traduit par Emile Dallière (éditions Foi et Victoire - 76170 Lillebonne).

57 - Témoignage oral recueilli le 26 février 1985 par Ch. C.

58 - Extraits de «Feu et Lumière», n° 5, février 1984.

59 - (Ste-Thérèse d'Avila, château intérieur, 7e demeure, ch. 2)

60 - Témoignage de Mme Marie-Catherine Jeanselme, Chabeuil.

61 - Mlle Fagot, du Foyer de Charité de Châteauneuf-de-Galaure.

62 - Mme Odile Roux, Chabeuil.

63 - Chanoine Bérardier, curé de St-Louis à St-Etienne (témoignage d'août 1942)

64 - M. Rouet.

65 - L'alouette - n° spécial - août-septembre 1981, page 75.

66 - Témoignage de Françoise Degaud.

67 - «Ministère et vie des prêtres», ch. 1er - 2.

68 - «L'apostolat des laïcs», ch. 1er - 2.

Notes du Père Finet

69 - Pie XII disait : «Nous prions pour que Jésus hâte le jour qui doit venir, où une nouvelle effusion mystérieuse du Saint-Esprit enveloppera tous les soldats du Christ et les enverra apporter le salut parmi les misères de la terre. Et ce seront des jours meilleurs pour l'Eglise et, à travers l'Eglise, pour le monde entier».

Prière de Jean XXIII, le 25 décembre 1961 : «Puisse-t-il en être de la famille chrétienne d'aujourd'hui comme des apôtres à Jérusalem après l'ascension du Christ, lorsque toute l'Eglise nouvelle n'était qu'une seule âme autour de Pierre, pasteur des agneaux et des brebis, et priait avec lui et pour lui et daigne l'adorable esprit de Dieu exaucer les vœux ardents de tous et accepter cette prière qui monte vers lui chaque jour de toutes les parties du monde : «*Renouvelez en notre époque, comme pour une nouvelle Pentecôte, vos merveilles et accordez à la sainte Eglise que, dans une prière unanime, instante et persévérante avec Marie, la mère de Jésus, sous la conduite de Saint Pierre, s'étende le royaume du divin sauveur, royaume de vérité, de justice et de paix. Ainsi soit-il*».

Allocution de Paul VI le 26 septembre 1973 : «Nous dirons seulement que les conditions mêmes de notre temps, où selon certains, les valeurs religieuses seraient anéanties et selon d'autres, simplement assoupies et étouffées, en attendant de s'épanouir dans une nouvelle libération, ces conditions semblent être le prélude à une épiphanie chrétienne de l'Esprit».

«*L'Eglise d'aujourd'hui a, avant tout, besoin de ce miracle de Pentecôte, de ce vent, de ce feu, de cette énergie, de cette parole, de cette richesse, de cette puissance spirituelle qu'est l'Esprit-Saint*».

«*Jean XXIII et Paul VI n'ont pas prié en vain pour une nouvelle Pentecôte*», note le cardinal Suenens dans «Une nouvelle Pentecôte». «*Elle est là, sous nos yeux, comme une lueur d'aube*».

70 - «C'est à peu près à ce moment-là que Jésus lui est apparu, lui disant : c'est toi que j'ai choisie pour vivre ma Passion le plus totalement depuis ma Mère et personne ne la vivra aussi totalement après toi dans l'Eglise. Pour que tu la vives bien complètement, tu ne dormiras jamais, tu iras toujours en souffrant davantage. Pratiquement dormir, ce serait sortir de la souffrance, tu souffriras de plus en plus».

71 - «Marthe a eu ensuite un supplément de souffrances après : supplément de souffrances des sens pendant 9 mois et peine du dam pendant 3 mois. C'est alors qu'elle appelait son père : «Monsieur».

C'est alors que pendant la peine du dam, Marie-Ange étant allée la voir, elle lui a dit : prenez ce papier écrit sur ma commode et déchirez-le, car j'ai manqué ma vocation. En réalité ce document était les grandes confidences de Jésus à Marthe : c'est alors qu'il me parla... Marie-Ange le donna au Père Finet qui l'a toujours».

72 - «Marthe a fait de magnifiques prières pour les prêtres. En voici une par exemple :

«O Jésus Souverain Prêtre, divin Sacrificateur, vous qui dans un ineffable élan d'amour pour les hommes, avez laissé jaillir de votre Sacré Cœur le Sacerdoce Chrétien, daignez continuer à verser toujours plus surabondamment dans vos Prêtres les flots vivifiants, sanctifiants et divinisants de l'amour infini.

«Vivez en eux comme en votre plus cher Béthanie. Identifiez-les à vous, transformez-les tous en vous... faites-les saints et divins comme vous. Rendez-les par votre grâce les instruments parfaits de vos miséricordes et de votre amour... agissez en eux, avec eux et par eux, et faites qu'après s'être pleinement revêtus de vous par la fidèle imitation de vos vertus adorables, ils opèrent tous en votre nom et par la force de votre Esprit, les œuvres que vous avez accomplies vous-même par le salut du monde.

«O divin Rédempteur des âmes, voyez les nations couchées dans la boue... voyez combien grande est la multitude de ceux qui donnent encore dans les ténèbres de l'erreur ; comptez le nombre de ces malheureux qui gisent dans les profondeurs du péché, de ces brebis infidèles si frileusement penchées aux bords des précipices ; considérez la foule des pauvres, des affamés, des malades, des ignorants et des faibles qui gémissent dans l'abandon et l'oubli.

«O Jésus, revenez vers nous, régnez sur nous par vos prêtres... Revivez véritablement, pleinement en eux, continuez-vous par eux et parcourez à nouveau le monde : enseignant, pardonnant, consolant, bénissant, sanctifiant, sauvant, renouant les liens sacrés de l'Amour entre le Cœur de Dieu et le cœur de l'homme».

Ainsi soit-il.

73 - «Du haut du ciel, elle obtient des guérisons miraculeuses. La petite Eglantine de Chartres de 3 ans 1/2 était atteinte de mucoviscidose, maladie du pancréas. Le pancreas suinte, il colle les poumons et on n'en guérit jamais. Ses parents venus en retraite ont demandé à Marthe de prier pour leur fille, quelques jours après la retraite, ils sont venus un vendredi avec elle qui n'avait plus que 3 semaines à vivre. Ils ont demandé de prier chez Marthe avec leur petite fille. Ils ont couché au Foyer le samedi. Le mardi suivant le médecin a constaté qu'elle était totalement guérie. Or, selon l'avis unanime des médecins, c'est une maladie dont on ne guérit jamais».

Table des matières